DESARROLLANDO LOS DONES Y HABILIDADES

PASO TRES

DR. HENDRIK J. VORSTER

MANUAL DEL DISCIPULOS

ÍNDICE

DESARROLLANDO LOS DONES Y HABILIDADES

PAS TRES

-- Manual Del Discípulos --

Fundamentos del discipulado
Paso 3
Desarrollando los Dones y Habilidades
(Manual del Discipulos)
By Dr. Hendrik J. Vorster

Una guía práctica para aprender los valores y las disciplinas espirituales del Reino de Dios como lo enseñó el Señor Jesucristo.
A parte de este manual, necesitarás los siguientes artículos para completar su estudio:
Una Biblia en la Nueva Versión Internacional.
Lápiz o lapicero para escribir sus respuestas.
Lapices de color (rojo, azul, verde y amarillo).

Para obtener más copias e información, visite y escribanos at: www.churchplantinginstitute.com
resources@churchplantinginstitute.com

Church Planting Doctor es un ministerio Registrado de Cornerstone Ministries International.

ISBN 978 1 955923-57-6

ENCUENTRO DE FIN DE SEMANA DESCUBRIENDO LOS DONES

FIN DE SEMANA UNO

AGENDA DEL ENCUENTRO

1

INTRODUCCIÓN
SESIÓN UNO

Dios nos salvó para _____!

Dios nos salvó para servir. Para servir bien al propósito de Dios, necesitamos ser equipados apropiadamente.

Dios nos equipa con _____ Espirituales para Servir!

La forma en que Dios equipa a su pueblo es dándole dones y habilidades, y a estos los llamamos dones espirituales. Conocer y comprender los dones espirituales y como Dios los usa en y a través de nuestras vidas, nos capacita para ministrar de manera más efectiva a la edificación del Cuerpo de Cristo.

¿Qué es un Don Espiritual?

" Un Don Espiritual es una _______ distinguida dada a nosotros, por el Espíritu Santo, específicamente para la ________ del Cuerpo de Cristo."

Dones Espirituales

La Biblia enseña que todo creyente es y debe funcionar como una parte vital del cuerpo de Cristo. Dios ha otorgado muchos dones a su iglesia. El ha dotado a los miembros con habilidades y ministerios especiales para el beneficio del cuerpo en su totalidad, tanto a nivel local como mundial.

Las Habilidades _________ no son Dones Espirituales

Primero analicemos los talentos o habilidades naturales. Una habilidad natural puede ser algo con lo que naces, como la coordinación física. O puede ser un talento que ha desarrollado a lo largo de los años, como tocar un instrumento musical.

Estas habilidades o talentos naturales pueden ser útiles o entretenidos, pero se relacionan principalmente con las áreas superficiales de la vida. La preocupación fundamental de la relación nuestra con Dios no la toca. Las habilidades y los talentos afectan a las personas de forma temporal, no eterna, y el crecimiento espiritual no es necesario para su desarrollo.

Los dones espirituales son, por lo tanto, habilidades que el Espíritu Santo nos da por Gracia. El propósito de la activación de estos Dones en nuestras vidas es para nuestra edificación y la edificación del Cuerpo de Cristo.

La Naturaleza de los Dones Espirituales

1. Los Dones Espirituales son habilidades, poderes y operaciones "_________".

Los Dones Espirituales son otorgados por el Espíritu Santo para el uso exclusivo de los creyentes.

1 Corintios 12:7 (NVI) "A cada uno se le da una manifestación especial del Espíritu para el bien de los demás."

Los dones espirituales no son solo talentos humanos, son habilidades, poderes y operaciones inspirados divinamente. La Biblia no toma solamente un conjunto en particular de dones como más sobrenaturales que otros.

> *1 Corintios 12:28 (NVI)* "**En la iglesia Dios ha puesto** , *en primer lugar, apóstoles; en segundo lugar, profetas; en tercer lugar, maestros; luego los que hacen milagros; después los que tienen dones para sanar enfermos, los que ayudan a otros, los que administran y los que hablan en diversas lenguas.*"

Los dones de sanidad y lenguas están justo en medio de los dones de ayuda y administración. Aunque algunos Dones parecen ser más explícitamente prominentes y visibles que otros, operan por el mismo Espíritu Santo, con el mismo propósito.

2. Los dones espirituales son "_____________" para los creyentes.

Los dones espirituales son regalados por gracia a su pueblo. La palabra para Don es "charismata", que literalmente significa "dados por gracia." Esto significa que se nos da gentilmente para nuestro uso. Ha sido dado con un propósito.

> *1 Pedro 4:10 (NVI) Cada uno ponga al servicio de los demás el don que haya recibido,* ***administrando fielmente la gracia de Dios*** *en sus diversas formas.*

3. Los dones espirituales deben ser "_______", y no tratados ni atesorados como trofeos ordinarios.

Se nos anima a todos a servir y usar nuestros Dones en la medida de fe que recibimos. Debemos ser humildes por el hecho de que hemos sido bendecidos por poseer dones espirituales.

> *1 Pedro 4:10 (NVI)* **Cada uno ponga al servicio de los demás el don que haya recibido,** administrando fielmente la gracia de Dios en sus diversas formas.

4. Los dones espirituales operan por "_" y deben ser "___________" y nutridos.

Los dones espirituales se reciben por impartición, mediante la imposición de manos.

> *1 Timoteo 4:14 (NVI)* Ejercita el don que recibiste mediante profecía, **cuando los ancianos te impusieron las manos.**

> *2 Timoteo 1:6 (NVI)* "Por eso te recomiendo que avives la llama del don de Dios que recibiste cuando te impuse las manos."

Los dones espirituales se ejercen de acuerdo con la fe de unos.

> *Romanos 12:6 (NVI)* "*Tenemos dones diferentes, según la gracia que se nos ha dado. Si **el don de alguien es de profecía**, que lo use en proporción con su fe, si es el de prestar un servicio, que lo preste; si es el de enseñar, que enseñe; si es el de animar a otros, que los anime; si es el de socorrer a los necesitados, que dé con generosidad; si es el de dirigir, que dirija con esmero; si es el de mostrar compasión, que lo haga con alegría.*"

Los dones espirituales están sujetos a la voluntad del usuario.

> *1 Corintios 14:32 (NVI)* "El don de profecía está bajo el control de los profetas."

La Biblia enseña que los dones espirituales deben fomentarse y nutrirse.

> *1 Corintios 14:1 (NVI)* Empéñense en seguir el amor y **ambicionen los dones espirituales**, sobre todo el de profecía.

> *1 Corintios 14:12 (NVI)* "Por eso ustedes, ya que tanto ambi-

cionan dones espirituales, procuren que estos abunden para la edificación de la iglesia."

1 Corintios 14:39 (NVI) Así que, hermanos míos, **ambicionen el don de profetizar,** *y no prohíban que se hable en lenguas.*

2 Timoteo 1:6 (NVI) "Por eso te recomiendo que **avives la llama del don de Dios,** *que recibiste cuando te impuse las manos."*

Deberíamos ambicionar los Dones Espirituales.

1 Corintios 12:31 (NVI) "Ustedes, por su parte, **ambicionen los mejores dones, El amor** *Ahora les voy a mostrar un camino más excelente."*

1 Corintios 14:1 (NVI) "Empéñense en seguir el amor y ambicionen los dones espirituales, sobre todo el de profecía."

1 Corintios 14:12 (NVI) Por eso ustedes, **ya que tanto ambicionan dones espirituales, procuren** *que estos abunden para la edificación de la iglesia.*

5. Los dones espirituales se dan para la "_________" del Cuerpo de Cristo.

El verdadero propósito de los dones espirituales es la edificación.

1 Corintios 12:7 (NVI) "A cada uno se le da una manifestación especial **del Espíritu para el bien de los demás"**

1 Corintios 14:4 (NVI) El que habla en lenguas se edifica a sí mismo; **en cambio, el que profetiza edifica a la iglesia.**

*1 Corintios 14:26 (NVI) ¿Qué concluimos, hermanos? Que, cuando se reúnan, cada uno puede tener un himno, una enseñanza, una revelación, un mensaje en lenguas, o una interpretación. **Todo esto debe hacerse para la edificación de la iglesia.***

Los Dones Espirituales son para glorificar al Señor Jesús.

*1 Pedro 4:10,11 (NVI) "Cada uno ponga al servicio de los demás el don que haya recibido, administrando fielmente la gracia de Dios en sus diversas formas. El que habla, hágalo como quien expresa las palabras mismas de Dios; el que presta algún servicio, hágalo como quien tiene el poder de Dios. **Así Dios será en todo alabado por medio de Jesucristo,** a quien sea la gloria y el poder por los siglos de los siglos. Amén."*

Lo que encontrará en las próximas páginas no debe usarse simplemente como una evaluación, sino como una herramienta de exploración para permitir que el Espíritu Santo avive Su Gracia y Dones dentro de su corazón.

Las siguientes escrituras exploran los dones espirituales del Espíritu Santo. Estas Escrituras no Exhortan a seguirlas y estar ansiosos por su asimilación y uso en nuestra vida.

1 Corintios 12:1 (NVI) Dones Espirituales "[12:1] En cuanto a los dones espirituales, hermanos quiero que entiendan bien ese asunto."

1 Corintios 14:1 (NIV) Los Dones de Lenguas y profecia "[14:1] Empeñense en seguir el amor y ambicionen los dones espirituales, sobre todo el de profecía."

1 Corintios 14:12 (NVI) "[12] Por eso ustedes, ya que tanto ambicionan dones espirituales, procuren que estos abunden para la edificación de la iglesia."

1 Corintios 14:39-40 (NIV) "Así que, hermanos míos, ambicionen el don de profetizar, y no prohíban que se hable en lenguas. [40] Pero todo debe hacerse de una manera apropiada y con orden"

Resurgimiento histórico del Espíritu Santo.

Antes de comenzar a examinar las **tres partes de los dones espirituales,** veamos el resurgimiento histórico contemporáneo del Espíritu Santo.

Uno de los distintivos de la Iglesia en Hechos, y las Iglesias del Nuevo Testamento que fue plantada, es su énfasis en los dones sobrenaturales del Espíritu que operan en la iglesia. A lo largo de la evolución de la historia de la iglesia, quedó un remanente que siempre abrazó la apertura a la obra y al ministerio del Espíritu Santo.

Durante la segunda mitad del siglo XIX, muchas personas de todo el espectro denominacional experimentaron y abrazaron la obra del Espíritu Santo y los dones de gracia con los que los bendijo. Las iglesias pentecostales y carismáticas evolucionaron a medida que la prominencia de la obra del Espíritu Santo ganó una renovada aceptación.

La aceptación de la Persona y la obra del Espíritu Santo nunca se ha limitado a estas denominaciones únicamente, pero como observamos, la mayoría de los creyentes de todo el mundo ven y aprecian Su obra, independientemente de la afiliación denominacional. Desafortunadamente, ha habido algunas teorías y prácticas diversas, incluido el uso indebido y el abuso, que acompañaron esta renovación de los dones espirituales. Independientemente el Espíritu Santo está aquí con nosotros, como Jesus prometió, y seguramente está obrando maravillosamente para edificar la iglesia a través de su pueblo.

Si bien la experiencia no debe ser nuestra autoridad, tiene un papel vital en el desarrollo de una comprensión práctica de este tema.

A principios del siglo XX, los primeros pentecostales descubrieron la enseñanza bíblica sobre el bautismo del Espíritu Santo, el hablar en lenguas y los dones del Espíritu, y buscaron seriamente recibir e implementar estas verdades. Cuando Dios derramó Su Espíritu con las señales que le seguían, lo que una vez encontraron oscuro, misterioso o meramente teórico, de repente se convirtió en una realidad clara y viva. A medida que siguieron la dirección del Espíritu, corrigieron conceptos erróneos y abusos refiriéndose a la Biblia y su explicación del propósito y funcionamiento de los dones espirituales.

Los Dones Espirituales se definen y explican en tres partes:

Hay principalmente tres porciones principales de las Escrituras que describen y definen los dones espirituales. Estas porciones nos ayudan a verlas en su asignación específica para nuestras vidas. Hagamos un breve resumen de estas tres diferenciaciones.

Tres pasajes en el Nuevo Testamento—Romanos 12, Efesios 4, y I Corintios 12—Enumeran algunos dones que Dios le ha concedido a la Iglesia.

1. Romanos 12 analiza las habilidades, talentos o funciones que Dios da a todos los creyentes. Estos se conocen comúnmente como **Dones de Servicio.**

2. Efesios 4 identifica los oficios especiales de liderazgo y ministerio que Dios le ha dado a la iglesia. Estos se conocen como **Dones Ministeriales.**

3. En I Corintios 12 y 14 encontramos señales, maravillas y milagros sobrenaturales que ocurren por el empoderamiento directo y la operación del Espíritu Santo a través de Su pueblo. Estos se conocen como **dones espirituales Sobrenaturales.**

En aras de la claridad, etiquetamos estas tres listas, respectivamente, como los dones de servicio, los dones del oficio ministerial y los dones sobrenaturales.

DONES DE LA OFICINA "_________" (Efesios 4:11)

Los dones ministeriales se encuentran principalmente en el capítulo 4 de Efesios y se conocen comúnmente como los dones ministeriales quintuples.

> *Efesios 4:11-12 (NVI) [11] Él mismo constituyó a unos, **apóstoles**; a otros **profetas**; a otros **evangelistas**; y a otros, **pastores y maestros**, [12] a fin de capacitar al pueblo de Dios para la obra de servicio, para edificar el Cuerpo de Cristo.*

- Apóstol
- Profeta
- Evangelista
- Pastor
- Maestro

DONES DE "________" (Romanos 12:3-8)

Los Dones de Servicio se registran principalmente en el capítulo 12 de Romanos y con frecuencia se los denomina Dones de Servicio.

> *Romanos 12:3-8 (NIV) "Por **la gracia que se me ha dado**, les digo a **todos ustedes:** Nadie tenga un concepto de sí más alto que el que debe tener, sino más bien piense de sí mismo con moderación, según la medida de fe que Dios le haya dado. Pues, así como cada uno de nosotros tiene un solo cuerpo con muchos miembros, y no todos estos miembros desempeñan la misma función, también nosotros, siendo muchos, formamos un solo cuerpo en Cristo, y cada miembro está unido a todos los demás. Tenemos dones diferentes, según la gracia que se nos ha dado. Si el don de alguien es el de **profecía**, que lo use en proporción con su fe; si es el de prestar un **servicio**, que lo preste, si es el de **enseñar**, que enseñe; si es el de **animar** a otros, que los anime; si es el de **socorrer** a los necesitados, que dé con generosidad; si es el de **dirigir**, que dirija con esmero; si es el de mostrar **compasión**, que lo haga con alegría"*

- Profecía
- Ministerio (Servicio)
- Enseñar
- Exhortación
- Dar
- Dirigir (gobernar en RVR 1960)
- Mostrar Misericordia

DONES SOBRENATURALES "_________" (1 Corintios 12:1-9)

Los Dones Espirituales Sobrenaturales se exploran específicamente en el Primer Libro a la Iglesia en Corinto. El uso extensivo de estos dones se ve a lo largo de los escritos del Nuevo testamento.

*1 Corintios 12:7-11 (NVI) [7] A cada uno se le da una manifestación especial del Espíritu para el bien de los demás. [8] A unos Dios les da por el Espíritu palabra de **sabiduría**; a otros por el mismo Espíritu, palabra de **conocimiento**; [9] a otros, **fe** por medio del mismo Espíritu; a otros, y por ese mismo Espíritu, **dones para sanar** enfermos; [10] a otros, **poderes milagrosos**; a otros, **profecía**; a otros, el **discernir espíritus**; a otros, el hablar en diversas **lenguas**;* y a otros, el **interpretar lenguas**.* [11] Todo esto lo hace un mismo y único Espíritu, quien reparte a cada uno según él lo determina.*

- Palabra de Sabiduría
- Palabra de Conocimiento
- Fe
- Dones de Sanidad
- Obras de Milagros
- Profecía (Explorado bajo los dones de Servicio)
- Discernimiento de espíritus
- Diferentes tipos de lenguas
- Interpretación de lenguas

En las siguientes sesiones veremos cada una de estas agrupaciones generales de una manera más detallada.

HOJA DE ASIMILACIÓN
INTRODUCCIÓN A LOS DONES ESPIRITUALES

1. Complete la oración. *Dios nos salvó para _____!*

2. ¿Que es un don espiritual? _________________________________
____
____
____

3. Complete la oración. *Los Dones Espirituales son habilidades, poderes y operaciones ___________.*

4. Complete la oración. *Los Dones Espirituales son ___________ para los creyentes.*

5. Complete la oración. *Los Dones Espirituales deben _____ y no tratarse ni apreciarse como trofeos ordinarios*

6. Complete la oración. *Los Dones Espirituales operan por fe y deben ___________ y nutrirse.*

7. Complete la oración. *Los Dones Espirituales se dan para la* __________ *del Cuerpo de Cristo.*

8. Nombra las tres partes de los Dones Espirituales. De al menos una referencia bíblica para fundamentar.

    1. ____

    2. ____

    3. ____

9. Nombre los Dones de la Oficina Ministerial.

    1. ____

    2. ____

    3. ____

    4. ____

    5. ____

10. Nombre dos Dones de Servicio.

    1. ____

    2. ____

11. Nombre dos dones espirituales sobrenaturales.

    1. ____

    2. ____

LOS DONES DE LA OFICINA MINISTERIAL

SESIÓN DOS

Durante esta sesión exploraremos los dones ministeriales.

*Efesios 4:11-12 (NVI) [11] Él mismo constituyó a unos, **apóstoles;** a otros, **profetas,** a otros **evangelistas;** y a otros, **pastores** y **maestros,** [12] a fin de capacitar al pueblo de Dios para la obra de servicio, para edificar el cuerpo de Cristo.*

Efesios 4:8 (RVR 1960) Por lo cual dice: ``Subiendo a lo alto, llevó cautiva la cautividad, y dio dones a los hombres.'

*Efesios 4:11-16 (RVR 1960) Y él mismo constituyó a unos, **apóstoles;** a otros, **profetas;** a otros, **evangelistas,** a otros, **pastores** y **maestros,** a fin de perfeccionar a los santos para la obra del ministerio, para la edificación del cuerpo de Cristo, hasta que todos lleguemos a la unidad de la fe y del conocimiento del Hijo de Dios, a un varón perfecto, a la medida de la estatura de la plenitud de Cristo; para que ya no seamos niños fluctuantes, llevados por doquiera de todo viento de doctrina, por estratagema de hombres que para engañar emplean con astucia las*

> *artimañas del error, sino que siguiendo la verdad en amor, crez-*
> *camos en todo en aquel ques es la cabeza, esto es, Cristo, de*
> *quien todo el cuerpo, bien concertado y unido entre sí por todas*
> *las coyunturas que se ayudan mutuamente según la actividad*
> *propia de cada miembro recibe su crecimiento par ir edifican-*
> *dose en amor."*

Este pasaje nos presenta lo que en el mundo se llama el ministerio quintuple. Los cinco ministerios enumerados no son simplemente los dones de Dios para las personas dentro de la iglesia, sino que son los dones de Dios (Griego, *dogmata*) para su iglesia en su conjunto. Mientras que Romanos 12 habla de habilidades o funciones, usando tanto sustantivos como verbos para describir la operación de los dones de servicio, Efesios 4 habla de oficios, usando sustantivos para designarlos. La indicación es que los dones de Efesios 4 son ministerios más formales o definidos en y para toda la iglesia. Cuando Jesus ascendió al cielo, dio dones a la iglesia— los ministros del evangelio.

Como revela el pasaje, las personas que ocupan estos cargos son líderes reconocidos en la iglesia, responsables de equipar a otros y, por lo tanto, ayudar a la iglesia a funcionar de manera efectiva, crecer en la madurez y establecerse en la verdad doctrinal. La naturaleza de su trabajo requiere que sean predicadores del evangelio. En la terminología moderna, normalmente los llamamos 'Pastor' o 'Sacerdote,' usando esta designación en un sentido especial, aunque en las versiones RVR 1960 y RVR 2015 el término *ministro* es en general y significa siervo o trabajador.

Dediquemos ahora unos minutos a analizar cada uno de estos Dones del oficio ministerial:

1. Apóstol.

Un **apóstol** (Griego, *Apostolos*) es literalmente alguien enviado en misión, mensajero, embajador o comisionado. Aunque nadie puede ocupar el lugar do los doce apóstoles del Cordero (Apocalipsis 21:14), que fueron testigos oculares de Cristo, otros cumplen un oficio apostolico sirviendo como misioneros pioneros y líderes de otros ministerios.

> *Apocalipsis 21:14 (NVI) La muralla de la ciudad tenía doce cimientos, en los que estaban los nombres **de los doce apóstoles** del Cordero.*

Durante el ministerio terrenal del Sennor Jesus, después de llamar primero a algunos a seguirle y a ser sus discípulos, Él un día – después de una noche en oración – designó a algunos de Sus discípulos para que fueran los primeros Apóstoles, Sus Enviados.

> *Lucas 6:12-13 (NVI) Los doce apóstoles "12 Por aquel tiempo se fue **Jesus a la montaña a orar**, y pasó toda la noche en oración a Dios. 13 **Al llegar la mañana, llamó a sus discípulos y escogió a doce de ellos, a los que nombró apóstoles.**"*

> *Marcos 3:13-19 (NVI) Nombramiento de los doce apóstoles 13 Subió Jesus a una montaña **y llamó a los que quiso,** los cuales se reunieron con él. 14 **Designó a doce, a quienes nombró apóstoles, para que lo acompañaran y para enviarlos a predicar 15 y ejercer autoridad para expulsar demonios.** 16 Estos son los doce que él nombró: Simón (a quien llamó Pedro); 17 Jacobo y su hermano Juan, hijos de Zebedeo (a quienes llamó Boanerges, que significa: Hijos del trueno); 18 Andres, Felipe, Bartolome, Mateo, Tomas, Jacobo, Hijo de Alfeo; Tadeo, Simon el Zelote. 19 y Judas Iscariote, el que lo traicionó.*

> *Mateo 10:7-8 (NVI) Dondequiera que vayan, prediquen este mensaje: 'El reino de los cielos está cerca.' 8 Sanen a los enfermos, resuciten a los muertos, limpien de su enfermedad a los que tienen lepra, expulsen a los demonios. Lo que ustedes recibieron gratis, denlo gratuitamente.*

De estos dos relatos aprendemos que Jesus eligió a doce de entre todos sus discípulos y los nombró apóstoles. La referencia en el Evangelio de Marcos nos ayuda a comprender la designación especial, como Apóstoles. La Biblia dice: *"para que estuvieran con él y para enviarlos a predicar 15 y tener autoridad para expulsar demonios."* La designación – Apóstol – indica que fueron nombrados con una encomienda, como Juan el Bautista, de ir delante del Señor Jesús para predicar dondequiera que Él los enviara, con Su bendicion y autoridad designada, y empoderamiento para *"curar enfermos, resucitar muertos y expulsar demonios."*

El apostolado no solo se limitó a los doce apóstoles.

Una de las asombrosas bendiciones que recibió la Iglesia del Nuevo Testamento fue la continuación del Señor para nombrar a los Apóstoles, como dones para la Iglesia.

Apóstoles Pablo y Bernabé

En la iglesia de Antioquía, mientras ayunaban y oraban, el Espíritu Santo habló e instruyó que Pablo y Bernabé fueran enviados para la obra para la que estaban llamados. Después de la oración y la imposición de manos, enviaron a Pablo y a Bernabé como misioneros pioneros, y se les conoció como apóstoles aunque ninguno de los dos formaba parte de los Doce originales.

> *Hechos 13:2-4 (NVI) "Mientras ayunaban y participaban en el culto al Señor, el Espíritu Santo dijo: "Apartadme ahora a **Bernabé y a Saulo** para el trabajo al que los he llamado." 3 Así que después de ayunar, orar e imponerles las manos, los despidieron. 4 Bernabe y Saulo, enviados por el Espíritu Santo, bajaron a Seleucia, y de allí navegaron a Chipre."*

Más adelante en el libro de los Hechos leemos acerca de *"los Apóstoles Bernabé y Pablo."*

*Hechos 14:14 (NVI) Al enterarse de esto los **los apóstoles Bernabé y Pablo,** se rasgaron las vestiduras y se lanzaron por entre la multitud, gritando:*

En algunas ocasiones vemos como Pablo defiende Su Apostolado.

*1 Corintios 9:2 (NVI) Aunque otros no me reconozcan como apóstol, ¡para ustedes si lo soy! **Porque ustedes mismos son el sello de mi apostolado en el Señor.***

El apóstol Pablo a menudo abre sus cartas pastorales con las palabras "Pablo, un Apóstol".

*Gálatas 1:1 (NVI) "**Pablo, apóstol** –no por investidura ni mediación humanas, sino por Jesucristo y por Dios Padre, que lo levantó de entre los muertos– "*

En la Carta pastoral a la iglesia en Galacia, Pablo triunfa sobre su apóstol como apóstol de los gentiles, así como Pedro fue apóstol de los judios.

*Gálatas 2:8-9 (NVI) "El mismo Dios que facultó a **Pedro como apóstol de los judios,** me facultó también a mí como **apóstol de los gentiles.** 9 En efecto, Jacobo, Pedro y Juan, que eran considerados columnas, al reconocer la gracia que yo había recibido, **nos dieron la mano a Bernabe y a mí en señal de compañerismo,** de modo que nosotros fuéramos a los gentiles y ellos a los judios."*

En la Carta Pastoral a la Iglesia de Corinto defiende el ministerio de un Apóstol.

*1 Corintios 4:1 (NVI) **Apóstoles de Cristo** Que todos nos consideren servidores de Cristo, encargados de administrar los misterios de Dios.*

> *1 Corintios 4:9 (NVI) Por lo que veo, a **nosotros los apóstoles Dios**
> **nos ha hecho desfilar en el último lugar, como a los senten-**
> ciados a muerte. Hemos llegado a ser un espectáculo para
> todo el universo, tanto para los ángeles como para los
> hombres.*

> *1 Corintios 9:1-2 (NVI) **Los derechos de un apóstol** ¿No soy libre?*
> *¿No soy apóstol? ¿No he visto a Jesús nuestro Señor? ¿No son*
> *ustedes el fruto de mi trabajo en el Señor? 2 Aunque otros no me*
> *reconozcan como apóstol, ¡para ustedes si lo soy! Porque ustedes*
> *mismos son el sello de mi apostolado en el Señor.*

Las señales de un apóstol se describen claramente en el segundo
libro de Corintios.

> *2 Corintios 12:12 (NVI) [12] Las marcas distintivas de un apóstol—*
> *señales, prodigios y milagros— se dieron constantemente entre*
> *ustedes.*

Del mismo modo, el hermano de Santiago el Señor, no uno de los
doce originales, fue llamado apóstol.

> *Gálatas 1:19 (NVI) No vi a ningún otro **de los apóstoles–solo vi a***
> ***Jacobo, el hermano del Señor.** Aunque no era uno de los Doce,*
> *era el líder de la iglesia en Jerusalén.*

> *Hechos 15:13 (NVI) Cuando terminaron, **Jacobo** tomó la palabra y*
> *dijo: "Hermanos, escúchenme. "*

El término Apóstol/es se encuentra 22/71 veces respectivamente en
la traducción NIV. Se traduce como **apóstol la mayoría de veces;**
mensajero u obrero un par de veces (2 Corintios. 8: 23; Filipenses 2: 25);
y **una vez más como mensajero en Juan** (Juan. 13: 16).

> *2 Corintios 8:23 (NVI) En cuanto a Tito, es mi compañero y **colabo-***

rador entre ustedes; y en cuanto a los otros hermanos, son enviados de las iglesias, son una honra para Cristo.

*Filipenses 2:25 (NVI) Ahora bien, creo que es necesario enviarles de vuelta a Epafrodito, mi hermano, **colaborador** y compañero de lucha, quien también es tu **mensajero**, a quien ustedes han enviado para atenderme en mis necesidades.*

*Juan 13:16 (NVI) Ciertamente les aseguro que ningún siervo es más que su amo, y ningún **mensajero** es más que el que lo envió.*

Al menos veinticuatro apóstoles están registrados en el Nuevo Testamento:

- Simón Pedro y su hermano Andrés (Mateo. 10:2)
- Santiago, hijo de Zebedeo y Juan su hermano (Mateo. 10:2)
- Felipe y su hermano Bartolomé (Mateo. 10:3)
- Santiago, hijo de Alfeo y Judas su hermano (Lucas 6:16) y
- Mateo, Hijo de Alfeo, quizás hermano de Santiago y Judas (Marcos. 2:14; Lucas. 6:15)
- Tomás (Mateo. 10:3)
- Simón Zelote, hermano de Santiago y Judas, según la tradición (Lucas. 6:15)
- Judas Iscariote (Mateo. 10:4)
- Matías (Hechos 1:26)
- Bernabe (1Corintios. 9:5-6 Hechos 13:1-3; 14: 4, 14; Gálatas. 2:9)
- Andrónico (Romanos. 16:7)
- Junias (Romanos. 16:7)
- Apolos (1Corintios. 4:6-9)
- Santiago, el hermano del Senor (Gálatas. 1:19; 2: 6; Jas. 1:1)
- Silas (1Tesalonisenses. 1:1; 2:6)
- Timothy (1Tesalonisenses. 1:1; 2:6)
- Tito (2Corintios. 8:23)

- Epafrodito (Filipenses. 2:25)
- Pablo (Galatas. 1:1; 2:8)
- Jesuscristo (Hebreos. 3:1)

El apóstol Pablo dice en Efesios capítulo 4 que el Señor dio dones a la iglesia, y estos dones de equipamiento son: Apóstoles, Profetas, Evangelistas, Pastores y Maestros.

> *Efesios 4:11-13 (NVI) "[11]* ***Él mismo constituyó a unos, apóstoles; a*** *otros, evangelistas; y a otros, pastores y maestros, [12] a fin de capacitar al pueblo de Dios para la obra de servicio, para edificar el cuerpo de Cristo. [13] De este modo, todos llegaremos a la unidad de la fe y del conocimiento del Hijo de Dios, a una humanidad perfecta que se conforme a la plena estatura de Cristo"*

Como conclusión de aprender sobre la existencia de los Apóstoles y lo que los define a ellos y a su trabajo, respondamos algunas preguntas de descubrimiento.

Preguntas de Descubrimiento.

Las respuestas a las siguientes preguntas podrían ser señales reveladoras que podrían ayudarlo a afirmar su designación como Apóstol.

- ¿Tiene un fuerte sentido de que Dios lo ungió para ser un líder, y se encuentra a menudo tomando la delantera entre los creyentes?
- ¿Tiene la fe segura de que dondequiera que Dios le envíe, podrá llevar a las personas a Cristo y discipularlas hacia la madurez?
- ¿Le parece que la gente suele seguir sus instrucciones?
- ¿Suenas e imaginas naturalmente nuevas iglesias plantadas?
- ¿La gente le pide a menudo que se desempeñe en puestos

de liderazgo debido a su capacidad para hacer que las cosas sucedan?

- ¿Tiene un fuerte sentido del llamado de Dios en su vida para ser pionero en nuevos ministerios?
- ¿Ha sido capaz de ser pionero con éxito en nuevas iglesias anteriormente?

Si la respuesta a todas estas declaraciones es un fuerte *"SI"*, entonces sin duda ha sido ungido por Dios como líder Apostolico para hacer avanzar Su iglesia. Si la respuesta es más *"SI, a veces"* entonces ciertamente debe abrirse a la posibilidad de que el Señor desee usarlo cada vez más para ser pionero en nuevos ministerios para El. Si su respuesta es un *"NO, **nunca he sentido tal impulso o motivación** ,"* entonces podría ser uno de esos preciosos creyentes que ha sido bendecido con algún otro don prominente para servir al Cuerpo de Cristo.

2. Profeta.

Un **profeta** es aquel que imparte y entrega mensajes e instrucciones especiales de Dios inspirados por Dios.

> *Hechos 11:27-30 (NVI) 27 Por aquel tiempo unos profetas bajaron de Jerusalén a Antioquia. 28 Uno de ellos, llamado **Ágabo, se puso de pies y predijo por medio del Espíritu que iba a haber una gran hambre en todo el mundo,** (lo cual sucedió durante el reinado de Claudio.) 29 Entonces decidieron que cada uno de los discípulos, según los recursos de cada cual, enviará ayuda a los hermanos que vivían en Judea. 30 Así lo hicieron, mandando su ofrenda a los ancianos por medio de Bernabé y Saulo.*

> *Hechos 15:32 (NVI) 32 **Judas y Silas, que también eran profetas,** hablaron extensamente para animarlos y fortalecerlos.*

> *Hechos 21:10-14 (NVI) 10 Llevábamos allí varios días cuando bajó*

*de Judea, **un profeta llamado Ágabo.** 11 Este vino a vernos y, tomando el cinturón de Pablo, se ató con él de pies y manos, y dijo: "**Así dice el Espíritu Santo: De esta manera ataran los judios de Jerusalén al dueño de este cinturón, y lo entregarán en manos de los gentiles."***

*12 Al oír esto, nosotros y los de aquel lugar le rogamos a Pablo que no subiera a Jerusalén. 13 "¿Por qué lloran? ¡Me parten el alma! respondió Pablo. Por el nombre del Señor Jesus estoy dispuesto no solo a ser atado, sino también a morir en Jerusalén." 14 Como no se dejaba convencer, desistimos, exclamando: "**¡Que se haga la voluntad del Señor!.**"*

Si bien muchas personas en la iglesia pueden profetizar de vez en cuando, el oficio del profeta lo ocupa alguien a quien Dios usa constantemente de esta manera en su ministerio público. Todos los predicadores deben predicar la Palabra de Dios y predicar bajo la unción del Espíritu Santo, pero el profeta está especialmente llamado y capacitado para proclamar la voluntad, el propósito y el consejo específicos de Dios a su pueblo. Con frecuencia comunicará mensajes sobre el plan de Dios para el futuro o la necesidad de la iglesia de actuar en el plan de Dios.

Los profetas son los que hablan por Dios.

> *Hebreos 1: 1 (NVI) "1 Dios, que muchas veces y de varias maneras habló a nuestros antepasados en otras épocas por medio de los profetas,"*

> *Hechos 3: 21 (NVI) 21 Es necesario que él permanezca en el cielo hasta que llegue el tiempo de la restauración de todas las cosas, como Dios lo ha anunciado desde hace siglos por medio de sus santos profetas.*

Los profetas son principalmente predicadores de justicia, que traen mensajes de aliento. fortalecimiento y consuelo.

Hechos 15: 32-34 (NVI) 32 Judas y Silas, que también eran profetas, hablaron extensamente para animarlos y fortalecerlos. 33 Después de pasar algún tiempo allí, los hermanos lo despidieron en paz, para que regresaran a quienes los habían enviado. [34] Pablo y Bernabe permanecieron en Antioquía, enseñando y anunciando la palabra del Señor en compañía de muchos otros.

1 Corintios 14: 3-5 (NVI) 3 En cambio, el que profetiza habla a los demás para edificarlos, animarlos y consolarlos. 4 El que habla en lenguas se edifica a sí mismo; en cambio, el que profetiza edifica a la iglesia. 5 Yo quisiera que todos ustedes hablaran en lenguas, pero mucho más que profetizaran. El que profetiza aventaja al que habla en lenguas, a menos que éste también interprete, para que la iglesia reciba edificación.

A veces, los profetas predicen el futuro.

Lucas 24: 44-49 (NVI) Cuando todavía estaba yo con ustedes, les decía que tenía que cumplirse todo lo que está escrito acerca de mí en la ley de Moisés, en los profetas y en los salmos. 45 Entonces les abrió el entendimiento para que comprendieran las Escrituras. 46 Esto es lo que está escrito --les explicó--: que el Cristo padecerá y resucitará al tercer día, 47 y en su nombre se predicaran el arrepentimiento y el perdón de pecados a todas las naciones, comenzando por Jerusalén. 48 Ustedes son testigos de estas cosas. 49 Ahora voy a enviarles lo que ha prometido mi Padre; pero ustedes quédense en la ciudad hasta que sean revestidos del poder de lo alto"

La profecía es uno de los dones del Espíritu.

1 Corintios 12:10 (NVI) 10 "a otros, poderes milagrosos; a otros, profecía; a otros el discernir espíritus; a otros, el hablar en diversas lenguas; y a otros, el interpretar lenguas."

El oficio del profeta es el siguiente en importancia a los apóstoles.

> *1 Corintios 12:28-31 (NVI) "28 En la iglesia Dios ha puesto, en primer lugar, apóstoles; en segundo lugar, profetas; en tercer lugar, maestros; luego los que hacen milagros; después los que tienen dones para sanar enfermos, los que ayudan a otros, los que administran y los que hablan en diversas lenguas. 29 ¿Son todos apóstoles? ¿Son todos profetas?¿son todos maestros? ¿Hacen todos milagros? 30 ¿Tienen todos dones para sanar enfermos? ¿Hablan todos en lenguas?¿Acaso interpretan todos? 31 Ustedes, por su parte, ambicionen los mejores dones."*

Aquellos que ejercen este don también son conocidos como profetas.

> *Hechos 13:1-3 (NVI) 1 En la iglesia de Antioquia eran profetas y maestros Bernabe; Simeon, apodado el Negro; Lucio de Cirene; Manaen, que se habia criado con Herodes el tetrarca; y Saulo. 2 Mientras ayunaban y participaban en el culto al señor, el Espíritu Santo dijo: "Apartadme ahora a Bernabe y a Saulo para el trabajo al que los he llamado" 3 Así que después de ayunar, orar e imponerles las manos los despidieron."*

Las instrucciones para el ejercicio de este don se encuentran en 1 Corintios capítulo 14.

> *1 Samuel 19:18-24 (NVI) 18 Después de huir y ponerse a salvo, David fue a Ramá para ver a Samuel y contarle todo lo que Saúl le había hecho. Entonces los dos se fueron a vivir a Nayot. 19 Cuando Saúl se enteró de que David estaba en Nayot de Ramá", 20 mandó a sus hombres para que lo apresaran. Pero se encontraron con un grupo de profetas, dirigidos por Samuel, que estaban profetizando. Entonces el Espíritu de Dios vino con poder sobre los hombres de Saúl, y también ellos cayeron en trance profético. 21 Al oír la noticia, Saúl envió otro grupo, pero*

ellos también cayeron en trance. Luego mandó un tercer grupo, y les pasó lo mismo. 22 Por fin, Saúl en persona fue a Ramá y llegó al gran pozo que está en Secu. ¿Dónde están Samuel y David? preguntó. En Nayot de Rama alguien le respondió. 23 Saul se dirigió entonces hacia allá, pero el Espíritu de Dios vino con poder también sobre él, y Saul estuvo en trance profé-tico por todo el camino, hasta llegar a Nayot de Ramá. 24 Luego se quitó la ropa y, desnudo y en el suelo, estuvo en trance en presencia de Samuel todo el dia y toda la noche. De ahí viene el dicho: "¿Acaso también Saul es uno de los profetas?"

*2 Crónicas 9: 29 (NIV) 29 Los demás acontecimientos del reinado de Salomón, desde el primero hasta el último, están escritos en las crónicas **del profeta Natan, en la profecía de Ahías** el silonita, y en **las visiones del vidente Idó acerca de Jeroboán hijo de Nabat***

Como conclusión de aprender sobre los profetas y lo que los define a ellos y a su trabajo, respondamos algunas preguntas de descubrimiento.

Preguntas de Descubrimiento.

Las respuestas a las siguientes preguntas podrían ser señales revela-doras de que Dios podría haberte ungido como profeta.

- ¿Tiene una fuerte experiencia de ver cosas que Dios le muestra antes de que sucedan?
- ¿Ves con frecuencia que los mensajes directos y especiales que Dios te da tienen un gran impacto en las personas?
- ¿Ha experimentado que la gente se sintió profundamente ofendida cuando les llevó el mensaje que Dios le dio?
- ¿Con frecuencia se encuentra orando para que los mensajes de Dios los entregue a su pueblo?

- ¿A menudo te piden que ores a Dios para que te oriente sobre las situaciones de la vida de las personas?
- ¿Tiene un fuerte sentido de confianza en que Dios revela y habla a través de usted a los demás?
- ¿Te encuentras a menudo viendo la vida de las personas como libros abiertos ante ti?
- ¿Escuchas a menudo como sucedieron las cosas tal como Dios dijo que ocurrirían a través de los mensajes que transmitiste a la gente?
- ¿Te encuentras naturalmente sintonizado para escuchar lo que Dios está diciendo, o quiere decir, a través de ti a la gente?

Si la respuesta a todas estas afirmaciones es un fuerte *"SI"*, entonces sin duda ha sido ungido por Dios como Profeta de la Iglesia. -si la respuesta es más *"SI, a veces"*, entonces ciertamente debería abrirse a la posibilidad de que el Señor desee usarlo cada vez más para escuchar, recibir y entregar sus mensajes directos y personales a las personas. Si su respuesta es un *"NO, **nunca he sentido tal impulso o motivación**,"* Entonces podrías ser uno de esos preciosos creyentes que ha sido bendecido con algún otro don prominente para servir al Cuerpo de Cristo.

3. Evangelista.

Un **evangelista** es literalmente un predicador del evangelio. Proclama las buenas nuevas para beneficio de los inconversos. Griego – **euan-gelistes**, literalmente significa **el portador de buenas nuevas**.

> *Hechos 21:8-9 (NVI) [8] Al día siguiente salimos y llegamos a Cesarea, y nos hospedamos en casa de **Felipe el evangelista**, que era uno de los siete. [9] este tenía cuatro hijas solteras que profetizaban.*

> *2 Timoteo 4:5 (NVI) [5] Tu, por el contrario, sé prudente en todas las*

*circunstancias, soporta los sufrimientos, **dedícate a la evangeli-zación,** cumple con los deberes de tu ministerio.*

Este término bíblico no se limita al uso moderno de un predicador itinerante que tiene servicios especiales. Connota a un ministro (a) que es **particularmente efectivo en ganar almas**, ya sea individualmente o en la predicación pública.

Como conclusión de aprender sobre los evangelistas y lo que los define a ellos y a su trabajo, respondamos algunas preguntas de descubrimiento.

Preguntas de Descubrimiento.

Las respuestas a las siguientes preguntas podrían ser señales reveladoras de que Dios lo ungió como evangelista.

- ¿Has podido llevar a la gente a Cristo?
- ¿Te encuentras a menudo compartiendo tu fe con otros de una manera que los mueve a aceptar también a Jesus como el Salvador y Senor?
- ¿Ves a menudo a personas responder al mensaje del Evangelio cuando lo dices?
- ¿Le resulta naturalmente fácil compartir con la gente como poner su fe en Jesús?
- ¿Escuchas a menudo que las personas llegaron a la fe en Jesucristo como resultado de tu compartir el Mensaje del Evangelio?
- ¿Te encuentras diariamente buscando oportunidades para compartir tu fe y guiar a las personas a Cristo?
- ¿Tiene un fuerte sentido de que Dios lo ungió con una habilidad especial para llevar a las personas a la salvación?
- ¿La gente le pide a menudo que venga y comparta el mensaje del Evangelio con los incrédulos?

Si la respuesta a todas estas declaraciones es un fuerte *"SI"* entonces probablemente hayas sido ungido como evangelista. Si su respuesta fue más *"SI, a veces"* Entonces ciertamente debes abrirte a la posibilidad de que el Señor desee usarlo cada vez más para compartir tu fe con los demás. Si la respuesta es un *"NO, nunca he sentido tal impulso o motivación más allá de la oportunidad ocasional de compartir mi fe,"* entonces podrías ser

uno de esos preciosos creyentes que ha sido bendecido con algún otro don promitente para servir al Cuerpo de Cristo

4. Pastor.

Un **pastor** (literalmente, **"Pastor"**) es alguien que dirige y cuida al pueblo de Dios. La palabra griega usada, y solo traducida aquí como pastor, es la palabra **"poimen."** Las otras 16 veces se traduce como "pastor". La Biblia también habla de él como (literalmente, **"Capataz, Supervisor"**) y un anciano.

I Pedro 5:1-4 describes the pastor's role of leading, overseeing, and instructing the believers under his care:

> *I Pedro 5:1-4 (NVI) "A los ancianos que están entre ustedes, yo, que soy anciano como ellos, testigo de los sufrimientos de Cristo y partícipe con ellos de la gloria que se ha de revelar, les ruego esto:* ***cuiden como pastores el rebaño de Dios que está a su cargo,*** *no por obligación ni por ambición de dinero, sino con afán de servir, como Dios quiere. No sean tiranos con los que están a su cuidado, sino sean ejemplos para el rebaño. Asi cuando aparezca el Pastor Supremo, ustedes recibirán la inmarcesible corona de gloria."*

El Nuevo Testamento siempre habla de ancianos en plural, indicando que en cada ciudad la iglesia estaba dirigida por un equipo pastoral. Las Escrituras, la historia y el sentido común indican que hubo un pastor principal o un anciano presidente.

Hoy podemos pensar en los ancianos de la iglesia en una ciudad como el pastor principal y el personal pastoral de una iglesia local, o como los pastores de varias congregaciones en una ciudad que cooperan como parte de la misma organización.

Las funciones de un pastor se comparan con las de un pastor. Podemos aprender más sobre estas características en Jun 10, donde leemos sobre el Gran Pastor y el corazón con el que pastoreaba a sus ovejas. **Ezequiel 34** también nos da una idea del corazón y el funcionamiento de un pastor.

Como conclusión de aprender sobre los pastores y lo que los define a ellos y a su trabajo, respondemos algunas preguntas de descubrimiento.

Preguntas de Descubrimiento.

Las respuestas a las siguientes preguntas podrían ser señales reveladoras que podrian ayudarlo a saber si ha sido llamado y ungido como Pastor.

- ¿Tiene la sensación de que Dios lo llamó y ungió específicamente para cuidar de su pueblo?
- ¿Le gusta atender las necesidades espirituales y de bienestar de las personas?
- ¿Se siente más cómodo trabajando con personas con las que tiene relaciones bien establecidas?
- ¿Te encuentras construyendo intencionalmente relaciones profundas y significativas con los demás para poder cuidarlos mejor?
- ¿Escuchas a menudo que la gente te aprecia por estar ahí para ellos y por cuidarlos bien?
- ¿Tiene un sentimiento profundo de que Dios le dio el don de caminar al lado y cuidar de las personas?
- ¿Se siente más satisfecho cuando se preocupa por las personas en sus situaciones más difíciles?
- ¿Te encuentras dando mensajes inspirados por el Espíritu Santo y ayudando a las personas en sus dificultades?

Si la respuesta a todas estas preguntas fue un fuerte "*SI*" entonces ciertamente has sido llamado y ungido como pastor. Si la respuesta fue más "*SI, a veces*" entonces ciertamente debes abrirte a la posibilidad de que el Señor desee usarlo cada vez más para cuidar de las necesidades y el bienestar de los demás. Si su respuesta es un "***NO, nunca he sentido tal impulso o motivación***" entonces podrías ser uno de esos preciosos creyentes que ha sido bendecido con algún otro don prominente para servir al Cuerpo de Cristo.

5. Maestro.

Un **maestro** es alguien que ha sido ungido y tiene un don especial para instruir en la Palabra de Dios. (Hechos 13:1)

> *Hechos 13:1 (NVI) [13:1] En la iglesia de Antioquia eran profetas y maestros: Bernabe; Simeon, apodado el Negro; Lucio de Cirene; Manaen, que se habia criado con Herodes el tetrarca; y Saulo.*

Como hemos visto, en este contexto, y específicamente en relación con estos Dones Espirituales en la Biblia, las funciones de predicación y enseñanza se asignan a los superintendentes de la iglesia local. Si bien muchas personas en la iglesia pueden tener el don de enseñar y pueden enseñar de manera efectiva en varios entornos, como la clase de la escuela dominical y los estudios bíblicos en el hogar, el oficio de pastor-maestro está por encima de ellos. El pastor-maestro es el principal predicador y maestro de la Palabra. Dios no solo le ha dado el don de enseñar, sino que Dios lo ha dado a la iglesia como su maestro y supervisor.

Como conclusión de aprender sobre los profesores y lo que los define a ellos y a su trabajo, respondamos algunas preguntas de descubrimiento.

Preguntas de Descubrimiento.

Las respuestas a las siguientes preguntas podrían ser señales reveladoras que seguramente afirmará que Dios lo llamó y lo ungió como Maestro del cuerpo de Cristo.

- ¿Crees que Dios te llamó y ungió para ser Maestro de la Palabra de Dios?
- ¿Disfruta enseñando a las personas de una manera sistemática y comprensible las verdades de la Palabra de Dios?
- ¿Disfruta estudiando la Palabra y descubriendo nuevas verdades que podría compartir?
- ¿Se encuentra con frecuencia buscando formas nuevas e innovadoras de comunicar de manera más eficiente las verdades de la Palabra de Dios?
- ¿Se siente honrado de poder ver que, al compartir las verdades de la Palabra de Dios, sus compañeros creyentes crecen en su fe?
- ¿Tiene un fuerte impulso de llevar la verdad a las personas para desplazar las creencias y doctrinas falsas?
- ¿Se deleita tanto en conocer las doctrinas de la Biblia como en compartirlas con otros?
- ¿Recibe a menudo elogios por ser un buen maestro de la PALABRA DE DIOS?

Si la respuesta a todas estas preguntas es un fuerte "**SI**" Entonces ciertamente has sido bendecido por Dios al ser dotado con el don de enseñar, así como también un don de Dios a la Iglesia. Si tu respuesta es más "**SI, a veces**" entonces ciertamente debes abrirte a la posibilidad de que el Señor desee usarte cada vez más para enseñar a otros a través de ti. Si tu respuesta es un "**NO, nunca he sentido tal impulso o motivación**" entonces podrias ser uno de esos preciosos creyentes que ha sido bendecido con algún otro don prominente para servir al cuerpo de Cristo.

¿Cuál es el propósito de estos cinco Dones Ministeriales?

El propósito de los Dones Ministeriales es equipar y activar los Dones de Dios en los creyentes.

> *Efesios 4:12-16 (NVI) [12] a fin de **capacitar al pueblo de Dios para la obra de servicio, para edificar el cuerpo de Cristo** [13] De este modo, **todos llegaremos a la unidad de la fe** y del **conocimiento del Hijo de Dios**, a una humanidad perfecta que se conforme a la **plena estatura de Cristo**. [14] Así ya no seremos niños, zarandeados por las olas y llevados de aquí para allá por todo . [15] Más bien, al vivir la verdad con amor, creceremos hasta ser en todo como aquel que es la cabeza, es decir, Cristo. [16] Por su acción todo el cuerpo crece y se edifica en amor, sostenido y ajustado por todos los ligamentos, según la actividad propia de cada miembro.*

La versión Nueva Biblia Viva expone maravillosamente el papel y la función de estos dones que Dios le dio a la iglesia.

> *Efesios 4:12-16 (AMP) [12] **Su propósito es que su pueblo esté perfectamente capacitado para servir a los demás, y para ayudar al cuerpo de Cristo a crecer** [13] De esta manera, todos llegaremos a estar unidos en la fe y en el conocimiento del Hijo de Dios, hasta que lleguemos a ser una humanidad en plena madurez, tal como Cristo. [14] Así dejaremos de ser como niños que cambian de creencias cada vez que alguien les dice algo diferente o logra astutamente que sus mentiras parezcan verdades. [15] Más bien, al vivir la verdad con amor, creceremos y cada vez seremos más semejantes en todo a Cristo, que es nuestra Cabeza. [16] Por lo que él hace, cada una de las partes del cuerpo, según el don recibido ayuda a las demás para que el cuerpo entero y unido crezca y se nutra de amor.*

El versículo 12 explica el propósito por el cual Dios dio apóstoles, profetas, evangelistas, pastores y maestros. Las comas en este versículo, en la RVR 1960, podrían llevar a alguien a interpretarlo como una descripción de tres tareas separadas de estos ministros, pero la puntuación no era parte del texto original de las Escrituras. Los traductores agregaron puntuación para ayudar en la lectura y la comprensión. En este caso, un estudio del texto griego y varias traducciones deja en claro que hay un propósito con una progresión triple, como sigue:

- Dios dio los dones ministeriales a la iglesia para el "**perfeccionamiento**" o "**equipar**" los creyentes.
- Los creyentes están equipados para que puedan hacer "**la obra del ministerio.**" Aquí, "**ministerio**" significa "**servicio**," o todas las funciones de la iglesia. **Todo creyente debe tener un ministerio**—no necesariamente un ministerio de predicación pública sino un lugar específico de servicio en el cuerpo de Cristo. **Esta tarea de los apóstoles, profetas, evangelistas, pastores y maestros ayudará a cada creyente a encontrar su obra de ministerio y entrenarlos para realizar esa tarea correctamente** dentro del cuerpo. Quienes ocupan los cinco cargos ministeriales deben *inspirar, motivar, discipular, instruir y preparar a los creyentes* para que **todos se conviertan en miembros activos y productivos del cuerpo.**
- Cuando cada miembro del cuerpo realiza su función adecuada, todo el cuerpo se edificará o se fortalecerá. El objetivo es alcanzar la madurez en Cristo. **Comenzando** con "*la unidad del Espíritu en el vínculo de la paz*" (Efesios 4:3), nosotros debemos perseguir "*la unidad de la fe*" y "**el conocimiento del hijo de Dios,**" a un varón perfecto, a la medida de la estatura de la plenitud de Cristo" (Efesios 4:13).

De acuerdo a Efesios 4:14-16, cada cuerpo local de creyentes debe buscar todo lo que Dios le permitió tener, que los caracterizará como creyentes maduros:

- Establecerse en la fe para que no se dejen influir por la falsa doctrina y los falsos líderes.
- Decir la verdad en amor. Deben aprender a ministrarse unos a otros y a los incrédulos con un equilibrio de honestidad y compasión, valorando y manifestando igualmente la verdad y el amor.
- Someterse al señorío de Jesucristo en todas las cosas y depender de Su suministro divino para todas las cosas.
- Todos aprenden a contribuir con su parte al trabajo de la iglesia, para que el cuerpo pueda crecer y edificarse en el amor, utilizando sus dones espirituales para edificar la Iglesia.

Resumen

Los dones para el oficio ministerial del capítulo 4 de Efesios son la investidura de Dios para la iglesia local y mundial con el propósito de equipar a los miembros para las tareas asignadas. Durante la próxima sesión veremos los dones de servicio de Romanos 12, especialmente en cuanto a cómo Dios le da a cada miembro de la iglesia una o más habilidades especiales para ayudar a la iglesia a funcionar productivamente como cuerpo.

3

LOS DONES DE SERVICIO
SESIÓN TRES

Los Dones de servicio son aquellos Dones sobrenaturales, que se dan a los creyentes, para que puedan desempeñarse y servir de formas extraordinarias y con una autoridad y capacidad extraordinarias.

*Romanos 12:3-8 (NVI) "Por **la gracia que se me ha dado**, os digo a todos **vosotros:** Nadie tenga un concepto de sí más alto que el que debe tener, sino más bien piense de sí mismo con moderación, según la medida de fe que Dios le haya dado. Pues, así como cada uno de nosotros tiene un solo cuerpo con muchos miembros, y no todos estos miembros desempeñan la misma función, también nosotros, siendo muchos, formamos un solo cuerpo en Cristo, y cada miembro está unido a todos los demás. Tenemos dones diferentes, según la gracia que se nos ha dado. Si el don de alguien es el de **profecía**, que lo use en proporción con su fe, si es el de prestar un **servicio**, que lo preste; si es el de **enseñar**, que enseñe; **si es el de animar a otros**, que los anime; si es **el de socorrer a los necesitados**, que dé con generosidad; si es **el de dirigir**, que dirija con esmero; **si es el de mostrar compasión**, que lo haga con alegría"*

La palabra griega para "dones" es *charismata*, el plural de *charisma*. También se usa para los nueve dones espirituales de I Corintios 12. Esta palabra está relacionada con *charis*, o "gracia," que se refiere a *la bendición gratuita e inmerecida y la obra de Dios*. La connotación es que estos dones son dones milagrosos, inmerecidos y gratuitos de Dios.

En este capítulo, Pablo citó siete vías de su revelación de los dones de servicio. Su forma de presentación revela que la lista de regalos aquí no *es exhaustiva, sino representativa o ilustrativa de las formas en que Dios usa a la personas en su Iglesia*. Hay muchos otros aspectos del servicio cristiano que este pasaje no identifica específicamente.

Estos son **verdaderos dones de Dios no logros meramente humanos.** Si bien hay algunas habilidades humanas naturales que corresponden a esta lista, al menos en parte, incluso los talentos que recibimos desde el nacimiento, y los que se nutren de nosotros, tienen su fuente última en el diseño, el propósito y la gracia de Dios.

En esta sesión exploraremos los siguientes dones de servicio:

- Profecía
- Servicio
- Ensenanza
- Exhortación
- Dar
- Dirigir (gobierna en RVR1960)
- Mostrar misericordia

1. Profecía.

El primero en la lista es la profecía, y se refiere a una expresión divinamente inspirada, o hablar bajo la unción divina para edificar a otros. Se refiere específicamente a un mensaje público sobrenatural en el idioma de la audiencia.

*Romanos 12:6 (NVI) Tenemos dones diferentes, según la gracia que se nos ha dado. **Si el don de alguien es el de profecía, que lo use en proporción con su fe.***

Se necesita fe para la profecía, ya que requiere fe saber que fue la voz del Espíritu Santo quien le trajo el mensaje, así como hablar para entregar el mensaje de una manera en que será escuchado y recibido con el énfasis correcto que el Espíritu Santo te lo entregó.

La palabra Griega que se usa es *"prophēteía"* y describe el significado del verbo: *"profetizar; el don de comunicar y hacer cumplir la verdad revelada."*

La Concordancia strong lo define como:

"4394 prophēteía (desde 4396 /prophḗtēs, "profeta," que se deriva desde 4253/pró, "antes de" y 5346 /phēmí, "dejar claro, afirmar como una prioridad") – propiamente, que es aclarado de antemano; profecía que involucra la predicación con poder divino (afirmando la mente de Dios) or foretelling (predicción) "[1]

La misma palabra se usa en el bosquejo de los 9 dones espirituales y su uso posterior. Solo puedo pensar que tiene tal prominencia en la edificación del Cuerpo de Cristo que Pablo lo enfatizó en estas dos compilaciones o resúmenes de los Dones.

El texto de Corintios 14 nos lleva a comprender que *"todos pueden profetizar,"* o en mis propias palabras *"traer mensajes alentadores y edificantes,"* sin embargo, la definición adicional, que distingue este uso de la referencia de 1 corintios 12 es que aqui esta la inyección de *"si alguien viene con una revelación"* el otro debe retirarse y permitir preferencia a ese tipo de profecía. Creo que esta última referencia podría referirse al *"nivel de fe"* que se requiere y se aplica en el uso del don espiritual. En mi opinión, al menos en lo que se refiere a la misma palabra, este don de servicio es el mismo don espiritual de profecía que se explora en 1 Corintios 12.

Algunos lo explican, e incluso lo traducen, para hacer referencia más al "don de la predicación ." Tengo que usar el texto Griego por defecto. La palabra Griega para *"predicación"* es *"kérugma"* y no hay ninguna indicación en el Griego de que sea lo que Pablo mencionó.

He would have used *"kérugma"* en vez de *"prophēteía"* si eso es lo que quiso decir.

> *1 Corintios 14:29-33 (NVI) [29] en cuanto a los profetas **que hablen dos o tres**, y que los demás examinen con cuidado lo dicho. [30] Si alguien que está sentado recibe una revelación, el que esté hablando ceda la palabra. [31] Así **todos pueden profetizar** por turno, **para que todos reciban instrucción y aliento**. [32] El don de profecía está bajo el control de los profetas. [33] porque Dios no es un Dios de desorden, sino de paz.*

Como en este caso parece que estos **"Profetas"** hablaron **"sin una revelación"** y, por lo tanto, estaría sujeto a aquellos que verdaderamente traen un mensaje profético y de pronóstico como resultado de una revelación divina que recibieron. Parece indicar el uso profético más general de ungido *"aliento, instrucción y guía piadosas"* hasta que alguien tenga una *"revelación"* la cual debe ser considerada con mayor respeto.

> *Hechos 2:17 (NVI) [17] "Sucederá que en los últimos días dice Dios, derramaré mi Espíritu sobre todo el género humano. **Los hijos y las hijas de ustedes profetizarán**, tendrán visiones los jóvenes y sueños los ancianos."*

> *1 Corintios 14:3 (NVI) "**[3] En cambio, el que profetiza habla a los demás para edificarlos, animarlos y consolarlos.**"*

Si alguien tiene este don, debe ejercerlo en proporción a su fe—tanto como su medida de fe le permita. Habla la Palabra por fe, que cambiará y transformará a quienes la escuchen y la apliquen en sus vidas. Se requiere fe para hablar lo que cree que Dios le está diciendo a usted y, a través de usted, a los demás.

Preguntas de Descubrimiento.

Como conclusión de aprender sobre el Don de Profecía y lo que lo define, respondamos algunas preguntas de descubrimiento. Las respuestas a las siguientes preguntas pueden ser señales reveladoras que pueden ayudarlo a saber si ha recibido este don.

- ¿Se deleita en entregar mensajes de aliento de Dios para edificar, exhortar y consolar a otros?
- ¿Encuentra a menudo mensajes de aliento, a través de su tiempo en la Palabra y la oración, que comparte con confianza con los demás?
- ¿Siente espontáneamente que el Espíritu Santo le da mensajes que animarán y fortalecerán a otros?
- ¿Escuchas a menudo esos mensajes proféticos que les diste a los demás, los animaste y les trajiste gran claridad y dirección a lo que Dios quería para ellos?
- ¿Se siente bendecido por poder recibir mensajes de Dios, y también bendecido por poder compartirlos con confianza con los demás?

Si su respuesta es un fuerte "**SI**" Entonces ciertamente has sido bendecido por Dios al recibir el don espiritual de profecía para servir a los demás. Si su respuesta es más "**SI, a veces**" entonces ciertamente debe abrirse a la posibilidad de que el Señor desee usarlo cada vez más para animar y fortalecer a otros a través de mensajes divinamente inspirados que Él le transmite a usted y a través de usted. Si la respuesta es un "**NO, nunca he sentido tal impulso o motivación,**" entonces podrías ser uno de esos preciosos creyentes que ha sido bendecido con algún otro don prominente para servir al Cuerpo de Cristo.

2. Servicio

Servicio significa servir a los demás, particularmente sirviendo en la iglesia. Algunas personas *están especialmente dotadas con una actitud y capacidad de servicio en ciertas capacidades.* La palabra Griega es *diakonia*, la cual es una palabra amplia que cubre una variedad de servicios, trabajo o asistencia. También puede referirse específicamente al trabajo de un diácono, que ayuda con los asuntos comerciales y organizativos en una iglesia local.

> *Romanos 12:7 (NVI)* **si es el de prestar un servicio, que lo preste;** *si es el de enseñar, que enseñe.*

> *Hechos 6:1-6 (NVI) [1] En aquellos días, al aumentar el número de los discípulos, se quejaron los judios de habla griega contra los de habla aramea de que sus viudas eran desatendidas en **la distribución diaria de los alimentos.** [2] Así que los doce reunieron a toda la comunidad de discípulos y les dijeron: "**no está bien que nosotros los apóstoles descuidemos el ministerio de la palabra de Dios para servir las mesas.** [3] Hermanos, escojan de entre ustedes a siete hombres de buena reputación, llenos del Espíritu y de sabiduría, **para encargarles esa responsabilidad** [4] Así nosotros nos dedicaremos de lleno a la oración y al ministerio de la palabra." [5] Esta propuesta agradó a toda la asamblea,. Escogieron a Esteban, hombre lleno de fe y del Espíritu Santo, y a Felipe, a Prócoro, a Nicanor, a Timón, a Parmenas y a Nicolas, un prosélito de Antioquía. [6] Los presentaron a los apóstoles quienes oraron y les impusieron las manos.*

Lo que aprendimos de la Carta a Timoteo es que aquellos que sirven como diáconos en la iglesia local deben demostrar que son mayordomos confiables y fieles. La iglesia organizada se ha beneficiado durante mucho tiempo del servicio de sacrificio de aquellos que operan en este don.

1 Timoteo 3:8-13 (NVI) Los diáconos, igualmente, deben ser honorables, sinceros, no amigos del mucho vino ni codiciosos de las ganancias mal habidas. [9] Deben guardar, con una conciencia limpia, las grandes verdades de la fe. [10] Que primero sean puestos a prueba, y después, si no hay nada que reprocharles, que sirvan como diáconos. (11) Así mismo, las esposas de los diáconos deben ser honorables, no calumniadoras, sino moderadas y dignas de toda confianza. (12) El diácono debe ser esposo de una sola mujer y gobernar bien a sus hijos y su propia casa. [13] Los que ejercen bien el diaconado se ganan un lugar de honor y adquieren mayor confianza para hablar de su fe en Cristo Jesús.

Preguntas de Descubrimiento.

Como conclusión de aprender sobre el Don de Servir y lo que lo define, respondamos algunas preguntas de descubrimiento. Las respuestas a las siguientes preguntas pueden ser señales reveladoras que pueden ayudarlo a saber si ha recibido este regalo.

- ¿Le encanta realizar tareas ordinarias que facilitan las cosas a los demás?
- ¿Le gusta ser parte del equipo que instala y empaca el equipo antes y después de los servicios de la iglesia?
- ¿Le gusta asegurarse de que las instalaciones y cosas como los platos estén limpios para que otros puedan disfrutar de un ambiente limpio y seguro?
- ¿Te encuentras siempre buscando hacer las pequeñas cosas que facilitan las cosas a los demás?
- ¿De verdad prefiere hacer esas cosas detrás de escena que hacen que las cosas vayan bien para aquellos que sirven al frente y frente a los demás?
- ¿Se siente privilegiado de poder servir y ayudar a otros a cumplir su propósito?

Si la respuesta a todas estas preguntas es un fuerte **"SI"** entonces ciertamente has sido bendecido por Dios al recibir este don espiritual para servir a los demás. Si la respuesta es más **"SI, a veces"** entonces debes abrirte a la posibilidad de que el Señor desee usarte cada vez más para servir a los demás a través de ti. Si la respuesta es un **"NO, nunca he sentido tal impulso o motivación"**, entonces podrías ser uno de esos preciosos creyentes que ha sido bendecido con algún otro don prominente para servir al Cuerpo de Cristo.

3. Enseñar.

El don de la **enseñanza**, o el dar instrucción, es ese don de Dios por el cual otros son enseñados en las verdades de la Palabra de Dios. Los líderes de los grupos en casas, los maestros de grupos de estudio Bíblico y los maestros de escuela dominical son posibles ejemplos de personas que operan en este don. Este es el don de abrir algo a través de la enseñanza a alguien, a través del poder del Espíritu Santo. Esta "apertura" es el don en operación donde se comparte alguna revelación personal o verdad de la Palabra de Dios de una manera que se entiende claramente, y donde los que reciben tal enseñanza se sienten inspirados para ponerla en práctica.

*Romanos 12:7 (NVI) si es el de prestar un servicio, que lo preste; **si es el de enseñar, que enseñe.***

Definición:

La palabra Griega para Maestro es *"didaskalos."* La palabra Griega para enseñar es *"didasko"*. Las herramientas de estudio de la Biblia lo definen como:

- enseñar
- sostener el discurso con otros para instruirlos, entregar discursos didácticos
- ser un maestro

- desempeñar el cargo de maestro, comportarse como maestro
- enseñar a alguien
- impartir instrucción
- inculcar doctrina a alguien
- lo enseñado u ordenado
- explicar o exponer una cosa
- enseñar algo

Jesus enseñó a la gente en las sinagogas y en las calles. Aprendemos mucho sobre este don espiritual por la forma en que Jesus operó con él.

> *Marcos 6:34 (NVI) Cuando Jesús desembarcó y vio tanta gente, tuvo compasión de ellos, porque eran como ovejas sin pastor. Así que, **comenzó a enseñarles muchas cosas.***

Jesús enseñó con autoridad y poder. Cuando alguien fluye en este don, encontrará que hay un nivel de autoridad y poder en tal enseñanza.

> *Lucas 4:32 (NVI) **Estaban asombrados de su enseñanza**, porque les hablaba **con autoridad.***

> *Lucas 4:36 (NVI) Todos se asustaron y se decían unos a otros: "**¿Qué clase de palabra es esta? Con autoridad y poder**, les da órdenes a los espíritus malignos, y salen!"*

Jesus nos señó que su enseñanza vino de arriba. Una enseñanza verdadera llevará consigo una unción celestial de revelación y se abrirán los ojos y corazones espirituales.

> *Juan 7:16-17 (NVI) 16 "**Mi enseñanza no es mía** -replicó Jesús-, sino del que me envió. 17 El que esté dispuesto a hacer la voluntad de*

*Dios reconocerá si **mi enseñanza proviene de Dios** o si yo hablo por mi propia cuenta."*

Los Apóstoles practicaron este don dondequiera que fueran. Las cosas que enseñaron se conocieron como las Enseñanzas de los Apóstoles.

*Hechos 2:42 (NVI) Se mantenían firmes en la **enseñanza de los apóstoles,** en la comunión, en el partimiento del pan y en la oración.*

*Hechos 5:28 (NVI) "Terminantemente les hemos prohibido enseñar en ese nombre. Sin embargo, **ustedes han llenado a Jerusalén con sus enseñanzas,** y se han propuesto echarnos la culpa a nosotros de la muerte de ese hombre."*

No le has enseñado a alguien hasta que haya aprendido, y no ha aprendido hasta que tú le has enseñado. La responsabilidad recae en el maestro para asegurarse de que los estudiantes aprendan. El fruto de este don es que las personas aprenden verdades cuando se las enseñas. Tú puedes comunicar cosas complejas de una manera simple y fácil de entender.

Hechos 13 nos dice que había Maestros y Profetas ayunando y orando juntos cuando el Espíritu Santo habló.

*Hechos 13:1 (NVI) En la iglesia de Antioquia eran profetas y **maestros** Bernabe; Simeon, apodado el Negro; Lucio de Cirene; Manaen, que se habia criado con Herodes el tetrarca; y Saulo.*

La intervención de la gracia para hacer que este don sea activo en nuestras vidas es el empoderamiento que proviene del Espíritu Santo, al permitirle compartir su instrucción y enseñanza de una manera que permita que otros sean enseñados y sean instruidos. Sabes que Dios te ungió para enseñar Su Palabra cuando sientes una fuerte voluntad de ser usado por Dios para enseñar las verdades de la

Palabra de Dios a otros, y cuando ves cómo las personas asimilan las verdades que compartes.

Preguntas de Descubrimiento.

Como conclusión de aprender sobre el Don de la Enseñanza y lo que lo define, respondamos algunas preguntas de descubrimiento. Las respuestas a las siguientes preguntas pueden ser señales reveladoras que pueden ayudarlo a saber si ha recibido este regalo.

- ¿Ha escuchado recientemente de parte de los creyentes que las verdades que compartió con ellos les ayudaron mucho?
- ¿Le gusta ver a las personas obtener nuevos conocimientos cuando comparte con ellos?
- ¿Disfruta estudiando la Palabra y descubriendo nuevas verdades que podría compartir?
- ¿Se encuentra con frecuencia buscando formas nuevas e innovadoras de comunicar de manera más eficiente las verdades de la Palabra de Dios?
- ¿Se siente honrado de poder ver que, al compartir las verdades de la Palabra de Dios, sus compañeros creyentes crecen en su fe?

Si la respuesta a todas estas preguntas es un fuerte **"SI"** entonces ciertamente has sido bendecido por Dios al recibir ese don espiritual para enseñar a otros. Si su respuesta es más **"SI, a veces"** entonces ciertamente debes abrirte a la posibilidad de que el Señor desee usarte cada vez más para enseñar a otros a través de ti. Si su respuesta es un **"NO, nunca he sentido tal impulso o motivación,"** entonces podrías ser uno de esos preciosos creyentes que ha sido bendecido con algún otro don prominente para servir al Cuerpo de Cristo.

4. Exhortación.

Exhortación significa dar ánimo o consuelo. Algunas traducciones en realidad usan alentar y animar en lugar de exhortación. *Exhortar es alentar.* Algunas personas ejercen este don mediante el testimonio público, mientras que otras lo hacen principalmente mediante el contacto personal. Quienes ejercen este Don suelen hacerlo de forma espontánea con extraños, sus amigos o personas que conocen que necesitan un poco de ánimo. Lo ejercen de diversas formas, como hablar de forma natural con la gente, hacer llamadas telefónicas, cartas y tarjetas.

> *Romanos 12:8 (NVI) "8 si es el de animar a otros, que los anime; si es el de socorrer a los necesitados, que dé con generosidad; si es de dirigir, que dirija con esmero; si es el de mostrar compasión, que lo haga con alegría."*

La palabra Griega proviene de la raíz **"parakaleō"** que quiere decir **"llamar la atención a una persona, llamarla a un lado."** para **"exhortar"** es ir al lado de alguien.

José era conocido por este don que los apóstoles le dieron por sobrenombre Bernabé, que significa *"Hijo de Consolación, consolador."*

> *Hechos 4:36-37 (NVI) [36] Jose, un levita natural de Chipre, a quien los apóstoles llamaban **Bernabé (que significa: Consolador),** [37] vendió un terreno que poseía, llevó el dinero y lo puso a disposición de los apóstoles.*

Bernabé practicó este don cuando llevó a Pablo a los Apóstoles, Camino junto a Pablo hasta que Pablo estuvo bien establecido en su vocación. Los Mentores a menudo operan en este don mientras infunden valor y esperanza en los protegidos.

> *Hechos 9:26-27 (NVI) [26] Cuando llegó a Jerusalén, trataba de juntarse con los discípulos pero todos tenían miedo de él, porque*

no creían que de veras fuera discípulo. [27] Entonces Bernabé lo tomó a su cargo y lo llevó a los apóstoles. Saulo les describió en detalle cómo en el camino había visto al Señor, el cual le había hablado, y cómo en Damasco había predicado con libertad en el nombre de Jesús.

El Apóstol operó en este don cuando habló en la sinagoga de Antioquía en una de sus visitas.

Hechos 13:15 (NVI) Al terminar la lectura de la ley y los profetas, los jefes de la sinagoga mandaron a decirles: "Hermanos, si tienen algún mensaje de aliento para el pueblo, hablen."

Pablo pareció operar bastante en este don cuando visitó la región de Macedonia y Grecia.

Hecho 20:1-2 (NVI) Recorrido por Macedonia y Grecia "1 Cuando cesó el alboroto, Pablo mandó llamar a los discípulos y, **después de animarlos,** *se despidió y salió rumbo a Macedonia. 2 Recorrió aquella regiones,* **alentando a los creyentes en muchas ocasiones,** *y por fin llegó a Grecia,"*

Cuando vivimos unidos con Cristo, siempre nos sentiremos animados.

Filipenses 2:1 (NVI) **"1 Por tanto, si sienten algún estímulo en su unión con Cristo,** *algún consuelo en su amor, algún compañerismo en el Espíritu, algún afecto entrañable,"*

A veces encontramos a un hermano o hermana que simplemente te da ánimo cuando está contigo.

Filemón 1:7 (NVI) "Hermano, tu amor me ha alegrado y **animado** *mucho porque has reconfortado el corazón de los santos."*

Preguntas de Descubrimiento.

Como conclusión de aprender sobre el don de exhortación y lo que lo define, respondamos algunas preguntas de descubrimiento. Las respuestas a las siguientes preguntas pueden ser señales reveladoras que pueden ayudarlo a saber si ha recibido este Don.

- ¿Ves de forma natural y espontánea el lado positivo de situaciones a veces difíciles?
- ¿Sueles encontrar algo edificante y positivo para decirles a los demás?
- ¿Te esfuerzas a diario por felicitar a la gente?
- ¿Escuchas con frecuencia que tu actitud positiva y tus palabras animan a los demás?
- En general, ¿se siente privilegiado de tener esta capacidad positiva de señalar a las personas las cosas buenas y bendecidas de la vida?

Si su respuesta a todas las preguntas es un fuerte "SI" entonces ciertamente has sido bendecido por Dios al recibir este don espiritual para dar ánimo y esperanza a los demás. Si su respuesta es más "**SI, a veces**" entonces ciertamente debes abrirte a la posibilidad de que el Señor desee usarlo cada vez más para exhortar a otros a través de ti. Si su respuesta es un "**NO, nunca he sentido tal impulso o motivación**," entonces podrías ser uno de esos preciosos creyentes que ha sido bendecido con algún otro don prominente para servir al Cuerpo de Cristo.

5. Don de Dar.

El **don de dar es compartir las bendiciones materiales con la iglesia y con los demás.**

Romanos 12:8 AMP "El que exhorta (anima), a su exhortación; el que aporta, que lo haga con sencillez y liberalidad; el que

ayuda y supervisa, con celo y sencillez de mente; el que hace
actos de misericordia, con genuina alegría y gozoso entusiasmo."

La Biblia Amplificada (**AMP**) dice dar con "**sencillez**," pero la mayoría de los comentaristas entienden que en el Griego significa "**liberalidad, y generosamente.**" También puede significar "**sencillez de corazón, preocupación sincera.**" Algunas personas son bendecidas significativamente más que otras con los medios y la oportunidad de dar a la causa de Dios.

1 Timoteo 6:17-19 (NVI) 17 A los ricos de este mundo, mándales que
no sean arrogantes ni pongan su esperanza en las riquezas, que
son tan inseguras, sino en Dios, que nos provee de todo en abun-
dancia para que los disfrutemos. 18 Mandales que hagan el bien,
que sean ricos en buenas obras, y generosos, dispuestos a
compartir lo que tienen. 19 De este modo atesorarán para sí un
seguro caudal para el futuro y obtendrán la vida verdadera.

No deben considerar sus bendiciones materiales como **una señal de superioridad,** sino como **un don de Dios con el propósito de ayudar a Su reino de una manera especial.** No deben ser egoístas sino generosos, reconociendo que en el plan de Dios tienen mayor capacidad y responsabilidad para dar que la mayoría de los demás.

2 Corintios 9:10-11 (NVI) 10 El que le suple semilla al que siembra
también le suplirá pan para que coma, aumentará los cultivos y
hará que ustedes produzcan una abundante cosecha de justicia.
11 Ustedes serán enriquecidos en todo sentido para que en toda
ocasión puedan ser generosos, y para que por medio de nosotros
la generosidad de ustedes resulte en acciones de gracias a Dios.

Preguntas de Descubrimiento.

Como conclusión de aprender sobre el Don de Dar y lo que lo define, respondamos algunas preguntas de descubrimiento. Las respuestas a las siguientes preguntas pueden ser señales reveladoras que pueden ayudarlo a saber si ha recibido este Don.

- ¿Eres bastante disciplinado en la gestión de tus finanzas?
- ¿Están sus finanzas en un estado el que generalmente puede dar generosamente a la obra del Señor?
- ¿Muestran sus registros financieros que puede dar más que solo su diezmo?
- ¿Se le acercan a menudo para dar a alguna causa de avance del Reino?
- ¿Puede dar generosamente cuando se le solicita dar?
- ¿Te encuentras a menudo, incluso cuando estás en situaciones estrechas, dando, solo porque crees en una causa y porque te encanta ver avanzar la obra de Dios?
- ¿Revisa con frecuencia su presupuesto para ver dónde puede reducir los gastos para que pueda hacer más por el avance del Reino de Dios?

Si su respuesta a todas estas preguntas es un fuerte "SI" entonces ciertamente has sido bendecido por Dios al recibir este don espiritual de ser un donador generoso. Si su respuesta es más "**SI, a veces**" entonces ciertamente debe abrirse a la posibilidad de que el Señor desee usarlo cada vez más para dar de modo que otros puedan ser bendecidos a través de su dar y apoyo. Si su respuesta es un "**NO, nunca he sentido tal impulso o motivación**," entonces podrías ser uno de esos preciosos creyentes que ha sido bendecido con algún otro don prominente para servir al Cuerpo de Cristo.

6. Don de Liderazgo.

Liderar, o gobernar en la versión RVR 1960, habla de dirección, guía e influencia dentro de la iglesia. Los líderes deben ejercer su papel con diligencia, cuidado y seriedad. Dios ha ordenado gobernantes o líderes en su iglesia.

La palabra Griega da una hermosa expresión de su significado. La palabra en el Griego es "**proistēmi**" y significa "***poner antes, poner encima y gobernar.***" Con diligencia que es la palabra "***spoudē***" y de donde sacamos nuestra palabra en espanol"*conveniente, oportuno*" para (***ser diligentes y serios en el esfuerzo.***)

> *Romanos 12:8 (NVI) 8 si es el de animar a otros, que los anime; si es el de socorrer a los necesitados, que dé con generosidad;* ***si es el de dirigir, que dirija con esmero;*** *si es el de mostrar compasión, que lo haga con alegría.*

Es importante someterse a la autoridad humana en la iglesia, siempre que los líderes humanos ejerzan su autoridad bajo Dios de acuerdo con las pautas de Su Palabra.

> *Hebreos 13:17 (NVI) 17 Obedezcan a sus dirigentes y sométanse a ellos, pues cuidan de ustedes como quienes tienen que rendir cuentas. Obedézcanlos a fin de que ellos cumplan su tarea con alegría y sin quejarse, pues el quejarse no les trae ningún provecho.*

La iglesia necesita varias personas con liderazgo y capacidad administrativa. Además del pastor y el personal pastoral, la congregación exitosa tendrá líderes capaces en varios departamentos y actividades, así como influyentes formadores de opinión y modelos a seguir que pueden o no tener un puesto oficial.

Preguntas de Descubrimiento.

Como conclusión de aprender sobre el don del liderazgo y lo que lo define, respondamos algunas preguntas de descubrimiento. Las respuestas a las siguientes preguntas pueden ser señales reveladoras que pueden ayudarlo a saber si ha recibido este regalo.

- ¿Encuentra que los demás siguen fácilmente las decisiones que toma?

- ¿Le parece que la gente a menudo lo busca en busca de orientación y dirección sobre qué hacer?
- ¿La gente le pregunta a menudo que hacer a continuación?
- ¿Crees que la gente sigue de forma natural las ideas y sugerencias que propones?
- ¿Siente que ha tenido la suerte de tomar decisiones bien pensadas?

Si su respuesta a todas estas preguntas es un fuerte "**SI**" entonces ciertamente has sido bendecido por Dios al recibir este don espiritual para guiar a otros. Si su respuesta es más "**Si, a veces**" entonces ciertamente deberías abrirte a la posibilidad de que el Señor desee usarte cada vez más para guiar a otros. Si su respuesta es un "**NO, nunca he sentido tal impulso o motivación**," entonces podrías ser uno de esos preciosos creyentes que ha sido bendecido con algún otro don prominente para servir al Cuerpo de Cristo.

7. Mostrar Misericordia.

Mostrar misericordia significa **ser misericordioso y amable con los demás.** Puede incluir visitar a los enfermos, ayudar a los pobres y ayudar a las viudas y los huérfanos.

> *Romanos 12:8 (NVI) si es el de animar a otros, que los anime; si es el de socorrer a los necesitados, que dé con generosidad; si es el de dirigir, que dirija con esmero; **si es el de mostrar compasión, que lo haga con alegría.***

> *Mateo 25:31-40 (NVI) Las ovejas y las cabras [31] "Cuando el Hijo del hombre venga en su gloria, con todos sus ángeles, se sentará en su trono glorioso. [32] Todas las naciones se reunirán delante de él, y él separará a unos de otros, como separa el pastor las ovejas de las cabras. [33] Pondrá las ovejas a su derecha, y las cabras a su izquierda. [34] "Entonces dirá el Rey a los que estén*

*a su derecha: "Vengan ustedes, a quienes mi Padre ha bendecido;
reciban su herencia, el reino preparado para ustedes desde la
creación del mundo. [35] Porque tuve hambre, y ustedes me
dieron de comer; tuve sed, y me dieron de beber; fui forastero, y
me dieron alojamiento; [36] necesité ropa, y me vistieron; estuve
enfermo, y me atendieron; estuve en la cárcel, y me visitaron.'
[37] "Y le contestarán los justos: "Señor, ¿cuándo te vimos
hambriento y te alimentamos, o sediento y te dimos de beber?
[38] ¿Cuándo te vimos como forastero y te dimos alojamiento, o
necesitado de ropa y te vestimos? [39] ¿Cuándo te vimos
enfermo o en la cárcel y te visitamos?' [40] "El Rey les responderá: "Les aseguro que todo lo que hicieron por uno de mis
hermanos, aún por el más pequeño, lo hicieron por mi.'*

*Gálatas 2:10 (NVI) [10] Solo nos pidieron que nos acordáramos de
los pobres, y eso es precisamente lo que he venido haciendo con
esmero.*

*Santiago 1:27 (NVI) [27] La religión pura y sin mancha delante de
Dios nuestro Padre es esta: atender a los huérfanos y a las
viudas en sus aflicciones, y conservarse limpio de la corrupción
del mundo.*

*Santiago 2:15-17 (NVI) [15] Supongamos que un hermano o una
hermana no tiene con qué vestirse y carece del alimento diario,
[16] y uno de ustedes le dice: "Que le vaya bien; abríguese y
coma hasta saciarse", pero no le da lo necesario para el cuerpo.
¿De qué servirá eso? [17] Así también la fe por sí sola, si no tiene
obras, está muerta.*

Una persona que cumple este papel debe hacerlo con alegría, no
de una manera a regañadientes, apesadumbrada o condescendiente.
Hasta cierto punto, todo cristiano maduro debería poder funcionar
en las siete áreas que acabamos de enumerar. **Todos los cristianos
deben ser** *testigos efectivos*, **en servir, animar, dar y mostrar miseri-**

cordia. Todos deben tener **alguna habilidad básica para instruir a los incrédulos en el plan de salvación y para guiar a los nuevos conversos en los caminos del Señor.**

Este pasaje nos dice, sin embargo, que cada cristiano tiene alguna área de fortaleza especial, dada por Dios. Sin embargo siempre deberíamos **"estar preparados para toda buena obra"** (Titos 3:1), necesitamos discernir cuales son nuestros puntos fuertes y usarlos de manera efectiva.

Preguntas de Descubrimiento.

Como conclusión de aprender sobre el Don de la Misericordia y lo que lo define, respondamos algunas preguntas de descubrimiento. Las respuestas a las siguientes preguntas pueden ser señales reveladoras que pueden ayudarlo a saber si ha recibido este Don.

•¿Prefieres trabajar y ayudar a las personas que se encuentran con discapacidades físicas y mentales?

- ¿Te encuentras a menudo y de forma natural cuidando a las personas con necesidades materiales y físicas?
- La gente suele llamarme para hacer visitas al hospital.
- ¿Te piden con frecuencia que visites a personas en circunstancias problemáticas?
- ¿Te encanta caminar al lado de las personas para ayudarlas a encontrar soluciones a sus problemas?
- ¿Se siente bendecido por poder tener el temperamento para ayudar a quienes se encuentran en situaciones desafiantes físicas, mentales y materiales?

Si su respuestas a todas las preguntas es un fuerte **"SI"** entonces ciertamente has sido bendecido por Dios al recibir este don espiritual para mostrar Misericordia a los demás. Si su respuesta es más **"SI, a veces"** entonces ciertamente debes abrirte a la posibilidad de que el Señor desee usarte cada vez más para extender y mostrar Misericordia a los demás. Si tu respuesta es un **"NO, nunca he sentido tal**

impulso o motivación," entonces podrías ser uno de esos preciosos creyentes que ha sido bendecido con algún otro don prominente para servir al Cuerpo de Cristo.

Conclusión

Para resumir, cada cristiano es parte del Cuerpo, el Cuerpo de Cristo que es y tiene un don, papel o función particular en la iglesia, o posiblemente varios de ellos. cualquier cosa que Dios le haya dado para hacer; debe ejercitarlo en toda su capacidad pero siempre con humildad.

Ser cristiano significa ser parte de un cuerpo.

1 https://biblehub.com/greek/4394.htm

2   https://www.biblestudytools.com/lexicons/greek/nas/didasko.html

4

LOS DONES ESPIRITUALES SOBRENATURALES

SESIÓN CUATRO

En esta sesión veremos y exploraremos los Dones Espirituales Sobrenaturales.

Los Dones Espirituales Sobrenaturales se definen principalmente en 1 Corintios capítulo 12.

> *1 Corintios 12:7-11 (NVI) [7] A cada uno se le da una manifestación especial del Espíritu para el bien de los demás. [8] A unos Dios les da por el Espíritu palabra de sabiduría; a otros, por el mismo Espíritu, palabra de conocimiento; [9] a otros, fe por medio del mismo Espíritu; a otros, y por ese mismo Espíritu, dones para sanar enfermos; [10] a otros, poderes milagrosos; a otros, profecía; a motors, el discernir espíritus; a otros, el hablar en diversas lenguas; y a otros, el interpretar lenguas. [11] Todo esto lo hace un mismo y único Espíritu, quien reparte a cada uno según él lo determina.*

Los Dones Espirituales Sobrenaturales son:

Reconocemos nueve dones en esta porción de la Escritura. Ellos son:

- Palabra de Sabiduría
- Palabra de Conocimiento
- Fe
- Dones de Sanidad
- Obrando en Milagros
- Profecía
- Discernimiento de espíritus
- Diversos tipos de lenguas
- Interpretación de Lenguas

1. Palabras de Sabiduría

Una Palabra de Sabiduría se caracteriza por ser un consejo y una guía sabia dentro de una situación específica. La Sabiduría que el Espíritu Santo revelará, traerá claridad, solidez y aplicación práctica dentro de una situación conocida. Responderá al "Cómo" y "¿Qué debo hacer" en una circunstancia determinada a la que te enfrentas?,

> *1 Corintios 2:6-8 (NVI) 6 **En cambio, hablamos con sabiduría** entre los que han alcanzado madurez, pero no con la sabiduría de este mundo ni con la de sus gobernantes, los cuales terminarán en nada. 7. Más bien, **exponemos el misterio de la sabiduría de Dios, una sabiduría que ha estado escondida y que Dios había destinado para nuestra gloria desde la eternidad** 8. Ninguno de los gobernantes de este mundo la entendió, porque de haberla entendido no habrían crucificado al Señor de la gloria.*

En esta referencia de las Escrituras vemos este Don de Palabras de Sabiduría en funcionamiento. Traemos mensajes que en esencia traen Sabiduría Sobrenatural, que no se conoce naturalmente. Como vemos en otro ejemplo en el capítulo seis de Hechos, que cuando este Don está en funcionamiento, es difícil enfrentarse a su solidez y claridad.

Hechos 6:3,10 (NVI) 3 Hermanos, escojan de entre ustedes a siete

*hombres de **buena reputación, llenos del Espíritu y de sabiduría**. Para encargarles esta responsabilidad. 10 Como no
podían hacer frente a la **sabiduría ni al Espíritu** con que
hablaba Esteban.*

El Apóstol Pablo expone cómo este Don trae la revelación de cosas que antes no se conocían.

*I Corintios 2:1-13 (NVI) 'Yo mismo, hermanos, cuando fui a anun-
ciarles el testimonio de Dios, no lo hice con gran elocuencia y
sabiduría. 2 Me propuse más bien, estando entre ustedes, no
saber de cosa alguna, excepto de Jesucristo, y de este crucificado.
3 Es más, me presenté ante ustedes con tanta debilidad que
temblaba de miedo. 4 No les hablé ni les predique con palabras
sabias y elocuentes, sino con demostración del poder del Espíritu, 5 para que la fe de ustedes no dependiera de la sabiduría
humana, sino del poder de Dios. 6 En cambio, hablamos con
sabiduría entre los que han alcanzado madurez, pero no con la
sabiduría de este mundo ni con la de sus gobernantes, los cuales
terminarán en nada. 7 Más bien, exponemos el misterio de la
sabiduría de Dios, una sabiduría que ha estado escondida y que
Dios había destinado para nuestra gloria desde la eternidad. 8
Ninguno de los gobernantes de este mundo la entendió, porque
de haberla entendido no habrían crucificado al Señor de la
gloria. 9 Sin embargo, como está escrito: Ningún ojo ha visto,
ningún oído ha escuchado, ninguna mente humana ha concebido lo que Dios ha preparado para quienes lo aman. 10 Ahora
bien, Dios nos ha revelado esto por medio de su Espíritu, pues el
Espíritu lo examina todo, hasta las profundidades de Dios. 11 En
efecto, ¿quién conoce los pensamientos del ser humano sino su
propio espíritu que está en él? Así mismo, nadie conoce los
pensamientos de Dios sino el Espíritu de Dios, 12 Nosotros no
hemos recibido el espíritu del mundo, sino el Espíritu que
procede de Dios, para que entendamos lo que por su gracia él
nos ha concedido. 13 Esto es precisamente de lo que hablamos,*

*no con las palabras que enseña la sabiduría humana, sino con
las que enseña el Espíritu, de modo que expresamos verdades
espirituales en términos espirituales. '*

Recibimos estas Palabras de Sabiduría por el Espíritu Santo. Esta Sabiduría no se adquiere de forma natural, la recibimos por revelación divina del Espíritu Santo.

*I Corintios 12:8 (NVI) 'A unos Dios les da por el Espíritu palabra de
sabiduría; a otros, por el mismo Espíritu, palabra de conocimiento, '*

Una forma en la que podemos recibir este Don es pedírselo a Dios. El apóstol Santiago exhorta a los que carecen de sabiduría a acudir a Dios y pedirle sabiduría.

*Santiago 1:5,6 (NVI) 'Si a alguno de ustedes le falta sabiduría, pída-
sela a Dios, y él se la dará, pues Dios da a todos generosamente
sin menospreciar a nadie. 6 Pero que pida con fe, sin dudar,
porque quien duda es como las olas del mar, agitadas y llevadas
de un lado a otro por el viento.'*

De la segunda carta del apóstol Pedro se desprende claramente que el apóstol Pablo escribió Palabras de sabiduría que recibió de Dios.

*2 Pedro 3:15,16 (NVI) 15 Tengan presente que la paciencia de nuestro
Señor significa salvación, tal como les escribió también nuestro
querido hermano Pablo, con la sabiduría que Dios le dio. 16 En
todas sus cartas se refiere a estos mismos temas. Hay en ellas
algunos puntos difíciles de entender, que los ignorantes e incons-
tantes tergiversan, como lo hacen también con las demás Escrituras, para su propia perdición.*

Preguntas de Descubrimiento.

Las respuestas a las siguientes preguntas pueden ser señales reveladoras que pueden ayudarlo a saber si ha recibido este Don.

- ¿Le resulta fácil aplicar los principios bíblicos, en contexto, en su vida?
- ¿Sueles encontrar soluciones a situaciones bastante complicadas?
- ¿Te encuentras con frecuencia ayudando a los creyentes a encontrar soluciones y respuestas a través de ejemplos e historias bíblicas?
- ¿Escuchas a menudo que la Verdad Bíblica que compartes es más relevante y específica para las necesidades sentidas?
- ¿Tiene una sensación de profunda paz y confianza personal cuando necesita tomar decisiones importantes?

Si su respuestas a todas estas preguntas es un fuerte "**SI**" entonces ciertamente has sido bendecido por Dios al recibir el don espiritual de la Sabiduría para ayudar y guiar a otros. Si su respuesta es más "**SI, a veces**" entonces ciertamente debes abrirte a la posibilidad de que el Señor desee usarte cada vez más para ayudar y guiar a otros a través de la sabiduría que te dio. Si tu respuesta es un "**NO, nunca he sentido tal impulso o motivación,**" entonces podrías ser uno de esos preciosos creyentes que ha sido bendecido con algún otro don prominente para servir al Cuerpo de Cristo.

2. Palabras de Conocimiento.

Una palabra de conocimiento se caracteriza por el conocimiento que se revela sobrenaturalmente a un creyente que no tenía conocimiento previo o percepción de los detalles revelados. Jesus y muchos creyentes experimentaron posteriormente la operación de este Don extraordinario.

Leemos de un ejemplo prominente, de este Don en operación, en el capítulo cinco de Hechos donde el Santo revela el conocimiento sobre una transacción que tuvo lugar, y un plan ideado, para mentir sobre el producto de la venta.

> *Hechos 5:1-11(NVI) 1-2 Un hombre llamado Ananías también vendió una propiedad y, en complicidad con su esposa Safira, se quedó con parte del dinero y puso el resto a disposición de los apóstoles. 3 --Ananías--le reclamó Pedro--, ¿Cómo es posible que Satanás haya llenado tu corazón para que le mintieras al Espíritu Santo y te quedaras con parte del dinero que recibiste por el terreno? 4 ¿Acaso no era tuyo antes de venderlo? y una vez vendido, ¿no estaba el dinero en tu poder? ¿Cómo se te ocurrió hacer esto? ¡No has mentido a los hombres, sino a Dios! 5 Al oír estas palabras, Ananías cayó muerto. Y un gran temor se apoderó de todos los que se enteraron de lo sucedido. 6 Entonces se acercaron los más jóvenes, envolvieron el cuerpo, se lo llevaron y le dieron sepultura. 7 Unas tres horas más tarde entró la esposa, sin saber lo que había ocurrido. 8 --Dime--le preguntó Pedro--, ¿vendieron ustedes el terreno por tal precio? -- Sí--dijo ella--, por tal precio. 9 --¿Por qué se pusieron de acuerdo para poner a prueba al Espíritu del Señor? --le recriminó Pedro- -. ¡Mira! Los que sepultaron a tu esposo acaban de regresar y ahora te llevarán a ti. 10 En ese mismo instante ella cayó muerta a los pies de Pedro. Entonces entraron los jóvenes y, al verla muerta, se la llevaron y le dieron sepultura al lado de su esposo. 11 Y un gran temor se apoderó de toda la iglesia y de todos los que se enteraron de estos sucesos. '*

Algunos dones del Espíritu Santo estaban operando aquí. El resultado de sus intrigas fue desastroso.

Es asombroso cómo el Espíritu Santo puede traer conocimiento a una persona. Esto solo puede ser comprendido y recibido por aquellos que disfrutan de la morada del Espíritu Santo.

I Corintios 2:14 (NVI) 'El que no tiene el Espíritu no acepta lo que procede del Espíritu de Dios, pues para él es locura. No puede entenderlo, porque hay que discernirlo espiritualmente. '

Recibimos este don del Espíritu Santo.

*I Corintios 12:8 (NVI) 'A unos Dios les da por el Espíritu palabra de sabiduría; a otros, por el mismo Espíritu, **palabra de conocimiento, '***

El "Conocimiento" Pablo se refiere, en su segunda carta a la iglesia en Corintios, así como en su discurso a la iglesia en Colosas, es este Don del Conocimiento.

*2 Corintios 11:6 (NVI) 'Quizás yo sea un mal orador, pero **tengo conocimiento.** Esto se lo hemos demostrado a ustedes de una y mil maneras. '*

Colosenses 2:2,3 (NVI) 'Quiero que lo sepan para que cobren ánimo, permanezcan unidos por amor, y tengan toda la riqueza que proviene de la convicción y del entendimiento. Así conocerán el misterio de Dios, es decir, a Cristo, 3 en quien están escondidos todos los tesoros de la sabiduría y del conocimiento. '

Oro para que muchos de ustedes estén llenos de este tipo de Conocimiento Sobrenatural, y que a través de su operación y uso en nuestras vidas, la sabiduría de Dios sea compartida y muchos le den alabanzas a Dios.

Palabras de Descubrimiento.

Las respuestas a las siguientes preguntas pueden ser señales reveladoras que pueden ayudarlo a saber si ha recibido este Don.

* ¿Encuentra con frecuencia que el Espíritu Santo le da una

idea de la vida de las personas sin ningún conocimiento previo de ellas y sus circunstancias?

- ¿A menudo encuentra que tiene conocimiento sobre las personas, sus hijos, su trabajo, su personalidad, sus circunstancias actuales, sin tener ningún conocimiento previo de ellos?
- ¿Te encuentras a veces conociendo los nombres de las personas, los nombres de los lugares, las condiciones de las personas, sin ni siquiera aprenderlo o ser presentado a ellos?
- ¿A menudo recibe y comparte información sobre las situaciones espirituales de las personas y, en consecuencia, ve como las acercó a Dios?
- ¿A menudo encuentra nuevas estrategias y técnicas al estudiar las Escrituras que eventualmente ve que ayudan a promover el Reino de Dios?
- ¿Se encuentra orando con frecuencia para comprender lo que Dios desea decirle a su pueblo, que se alinea con la Palabra?
- ¿A menudo encuentra que el Espíritu Santo le brinda conocimiento y comprensión de primera mano sobre situaciones?

Si la respuesta a todas estas preguntas es un fuerte "**SI**" entonces ciertamente has sido bendecido por Dios al recibir este don espiritual del Conocimiento. Si la respuesta es más "**SI, a veces**" entonces ciertamente debe abrirse a la posibilidad de que el Señor desee usarlo cada vez más para alentar a otros, o para dar una idea de situaciones y circunstancias específicas. Si su respuesta es un "**NO, nunca he sentido tal impulso o motivación,**" entonces podrías ser uno de esos preciosos creyentes que ha sido bendecido con algún otro don prominente para servir al Cuerpo de Cristo.

3. Fe

El don de Fe se ve en funcionamiento cuando se demuestra una fe extraordinaria que demuestra el poder y la grandeza de Dios.

> *Hechos 11:22-24 (NVI) 'La noticia de estos sucesos llegó a oídos de la iglesia de Jerusalén, y mandaron a Bernabe a Antioquia. 23 Cuando él llegó y vio las evidencias de la gracia de Dios, se alegró y animó a todos a hacerse el firme propósito de permanecer fieles al Señor, 24 pues era un hombre bueno, lleno del Espíritu Santo y de fe. Un gran número de personas aceptó al Señor. '*

Los apóstoles caminaron constantemente en este Don de FE.

> *Hechos 27:21-25(NVI) 'Llevábamos ya mucho tiempo sin comer, así que Pablo se puso en medio de todos y dijo: "Señores, debían haber seguido mi consejo y no haber zarpado de Creta; así se habrían ahorrado este perjuicio y esta perdida. 22 Pero ahora los exhorto a cobrar ánimo, porque ninguno de ustedes perderá la vida; solo se perderá el barco. 23 Anoche se me apareció un ángel del Dios a quien pertenezco y a quien sirvo, 24 y me dijo: "No tengas miedo, Pablo. Tienes que comparecer ante el emperador; y Dios te ha concedido la vida de todos los que navegan contigo. " 25 Así que ¡ánimo, señores! confío en Dios que sucederá tal y como se me dijo. '*

Como podemos ver aquí de nuevo, varios Dones operan juntos. La fe se eleva en nuestros corazones y Dios nos llena de valor para lograr lo que casi imposible cuando actuamos de acuerdo con Sus Palabras.

Abraham - el Padre de la FE

El Padre Abraham fue un hombre de Fe. Era conocido como el Padre de la FE debido a que caminaba en este tipo de FE Sobrenatural.

Romanos 4:18-21 (NVI) 'Contra toda esperanza, Abraham creyó y esperó, y de este modo llegó a ser padre de muchas naciones, tal como se le había dicho: "¡Así de numerosa será tu descendencia!" 19 Su fe no flaqueo, aunque reconocía que su cuerpo estaba como muerto, pues ya tenía unos cien años, y que también estaba muerta la matriz de Sara. 20 Ante la promesa de Dios no vaciló como un incrédulo, sino que se reafirmó en su fe y dio gloria a Dios, 21 plenamente convencido de que Dios tenía poder para cumplir lo que había prometido. '

Recibimos esta Fe del Espíritu Santo.

I Corintios 12:9 (NVI) 'a otros, fe por medio del mismo Espíritu; a otros, y por ese mismo Espíritu, dones para sanar enfermos, '

Hebreos 11 es un capítulo completo dedicado a las personas que practicaron su fe.

Preguntas de Descubrimiento.

Las respuestas a las siguientes preguntas pueden ser señales reveladoras que pueden ayudarlo a saber si ha recibido este Don.

- ¿Te resulta fácil confiar en Dios cuando te da nuevas asignaciones?
- ¿Se encuentra a menudo haciendo cosas y asumiendo cosas que no se han intentado o hecho antes, simplemente porque sintió la dirección del Espíritu Santo en ellos?
- ¿Te encuentras con frecuencia dando un paso de fe para hacer cosas?
- ¿Escuchas con frecuencia como la gente te admira por la audacia que observan, que aplicas, para promover el Reino de Dios?
- ¿Se siente seguro para hacer las cosas cuando tiene un fuerte sentido de convicción personal?

Si la respuesta a todas estas preguntas es un fuerte "**SI**" entonces ciertamente has sido bendecido por Dios al recibir el don espiritual de la fe. Si tu respuesta es más "**SI, a veces**" entonces ciertamente debe abrirse a la posibilidad de que el Señor desee usarlo cada vez más para avanzar en Su obra aplicando el Don de FE. Si su respuesta es un "**NO, nunca he sentido tal impulso o motivación,**" entonces podrías ser uno de esos preciosos creyentes que ha sido bendecido con algún otro don promitente para servir al Cuerpo de Cristo.

4. Dones de Sanidad

El Don de Sanidad se ve en operación cuando los creyentes se sienten impulsados a imponer sus manos sobre los enfermos y reciben su sanidad de una manera sobrenatural. Los Apóstoles operaban en este Don con bastante frecuencia. Una de esas ocasiones fue cuando Pedro y Juan sanaron al lisiado en la Puerta Hermosa.

> *Hechos 3:1-10 (NVI) 'Un día subían Pedro y Juan al templo a las tres de la tarde, que es la hora de la oración. 2 Junto a la puerta llamada Hermosa había un hombre lisaiado de nacimiento, al que todos los días dejaban allí para que pidiera limosna a los que entraban en el templo. 3 Cuando este vio que Pedro y Juan estaban por entrar, les pidió limosna. 4 Pedro, con Juan, mirándolo fijamente, le dijo: --¡Míranos! 5 El hombre fijó en ellos la mirada, esperando recibir algo. 6 --No tengo plata ni oro -- declaró Pedro--, pero lo que tengo te doy. En el nombre de Jesucristo de Nazaret, ¡levántate y anda! 7 Y tomándolo por la mano derecha, lo levantó. Al instante los pies y los tobillos del hombre cobraron fuerza. 8 De un salto se puso en pie y comenzó a caminar. Luego entró con ellos en el templo con sus propios pies, saltando y alabando a Dios. 9 Cuando todo el pueblo lo vio caminar y alabar a Dios, 10 lo reconocieron como el mismo hombre que acostumbraba pedir limosna sentado junto a la puerta llamada Hermosa, y se llenaron de admiración y asombro por lo que le había ocurrido'*

Es mucho más fácil simplemente resaltar uno o dos versículos que nos saltan a la vista, sin embargo, oro para que al repasar todas las porciones captemos el Espíritu de ellos en toda su extensión.

Otro ejemplo de cómo estos Apóstoles caminaron en este Don a diario se ve en el capítulo cinco de Hechos. La Biblia dice que los Apóstoles "realizaron muchas señales y prodigios."

> *Hechos 5:12-16 (NVI) 'Por medio de los apóstoles ocurrían muchas señales y prodigios entre el pueblo; y todos los creyentes se reunían de común acuerdo en el Portico de Salomon. 13 Nadie entre el pueblo se atrevía a juntarse con ellos, aunque los elogiaban. 14 Y seguía aumentando el número de los que confiaban en el Señor. 15 Era tal la multitud de hombres y mujeres que hasta sacaban a los enfermos a las plazas y los ponían en camillas para que, al pasar Pedro, por lo menos su sombra cayera sobre alguno de ellos. 16 También de los pueblos vecinos a Jerusalén acudían multitudes que llevaban personas enfermas y atormentadas por espíritus malignos, y todas eran sanadas. '*

El resultado de estas señales y maravillas y sanidades milagrosas fue que muchos vinieron al Señor.

> *Hechos 9:32-35 (NVI) 'Pedro, que estaba recorriendo toda la región, fue también a visitar a los santos que vivían en Lida. 33 Allí encontró a un paralítico llamado Eneas, que llevaba ocho años en cama. 34 "Enesa --le dijo Pedro --, Jesucristo te sana. Levántate y tiende tu cama". Y al instante se levantó. 35 Todos los que vivían en Lida y en Sarón lo vieron, y se convirtieron al Señor.'*

> *Hechos 28:7-10 (NVI) 'Cerca de allí había una finca que pertenecía a Publio, el funcionario principal de la isla. Este nos recibió en su casa con amabilidad y nos hospedó durante tres días. 8 El padre de Publio estaba en cama enfermo con fiebre y disentería. Pablo entró a verlo y, después de orar, le impuso las manos y lo sanó. 9 Como consecuencia de esto, los demás enfermos de la*

isla también acudían y eran sanados. 10 Nos colmaron de muchas atenciones y nos proveyeron de todo lo necesario para el viaje. '

Recibimos este Don para sanar a los enfermos y realizar milagros del Espíritu Santo.

I Corintios 12:9,28 (NVI) '9 a otros, fe por medio del mismo Espíritu; a otros, y por ese mismo Espíritu, dones para sanar enfermos. 28 En la iglesia Dios ha puesto, en primer lugar, apóstoles; en segundo lugar, profetas; en tercer lugar, maestros; luego los que hacen milagros; después los que tienen dones para sanar enfermos, los que ayudan a otros, los que administran y los que hablan en diversas lenguas. '

Preguntas de Descubrimiento.

Las respuestas a las siguientes preguntas pueden ser señales reveladoras que pueden ayudarlo a saber si ha recibido este regalo.

- ¿Dios me ha usado para orar por los enfermos y ellos recibieron su sanidad?
- ¿Ves a personas que sufren de malestar espiritual y mental sanadas por tus oraciones?
- ¿Ves a menudo sanidades instantáneas bajo tu ministerio?
- ¿Encuentra con frecuencia personas alabando a Dios por sanarlas cuando oraba por ellas?
- ¿Tiene con frecuencia la sensación de que el Señor quiere sanar a las personas en su ministerio y luego, cuando ora por ellos, reciben su sanidad?

Si la respuesta a todas esas preguntas es un fuerte "SI" entonces ciertamente has sido bendecido por Dios al recibir este don espiritual de sanidad. Si su respuesta es más "SI, a veces" entonces ciertamente debes abrirte a la posibilidad de que el Señor desee usarte cada vez más para Sanar a otros. Si su respuesta es un "**NO, nunca he sentido tal impulso o motivación,**" entonces podrías ser uno de esos preciosos creyentes que ha sido bendecido con algún otro don prominente para servir al Cuerpo de Cristo.

5. Obra de Milagros

La Obra de Milagros se ve en operación cuando los Creyentes realizan milagros de una manera extraordinaria bajo la influencia del Espíritu Santo.

Resucitar a alguien de entre los muertos es imposible en lo natural a menos que Dios realice tal milagro, como fue el caso de Tabita.

> *Acts 9:36-42 (NVI) Había en Jope una discípula llamada Tabita (que traducido es Dorcas). Esta se esmeraba en hacer buenas obras y en ayudar a los pobres. 37 Sucedió que en esos días cayó enferma y murió. Pusieron el cadáver, después de lavarlo, en un cuarto de la planta alta. 38 Y como Lida estaba cerca de Jope, los discípulos, al enterarse de que Pedro se encontraba en Lida, enviaron a dos hombres a rogarle: "¡Por favor, venga usted a Jope en seguida!" 39 Sin demora, Pedro se fue con ellos, y cuando llegó lo llevaron al cuarto de arriba. Todas las viudas se presentaron, llorando y mostrándole las túnicas y otros vestidos que Dorcas había hecho cuando aún estaba con ellas. 40 Pedro hizo que todos salieran del cuarto; luego se puso de rodillas y oró. Volviéndose hacia la muerta dijo: "Tabita, levántate". Ella abrió los ojos y, al ver a Pedro, se incorporó. 41 El, tomándola de la mano, la levantó. Luego llamó a los creyentes y a las viudas, a quienes la presentó viva. 42 La noticia se difundió por todo Jope, y muchos creyeron en el Señor.*

Vemos que los milagros más increíbles ocurren cuando nos abrimos a la obra poderosa del Espíritu Santo. Pablo experimentó estos "milagros extraordinarios" dondequiera que fuera a predicar el Evangelio.

> *Hechos 19:11-12 (NVI) 'Dios hacía milagros extraordinarios por medio de Pablo, 12 a tal grado que a los enfermos les llevaban pañuelos y delantales que habían tocado el cuerpo de Pablo, y quedaban sanos de sus enfermedades, y los espíritus malignos salían de ellos. '*

Pablo resucitó a un niño en el capítulo veinte de Hechos.

> *Hechos 20:7-12 (NVI) 'El primer día de la semana nos reunimos para partir el pan. Como iba a salir al día siguiente, Pablo estuvo hablando a los creyentes, y prolongó su discurso hasta la medianoche. 8 En el cuarto del piso superior donde estábamos reunidos había muchas lámparas. 9 Un joven llamado Eutico, que estaba sentado en una ventana, comenzó a dormirse mientras Pablo alargaba su discurso. Cuando se quedó profundamente dormido, se cayó desde el tercer piso y lo recogieron muerto. 10 Pablo bajó, se echó sobre el joven y lo abrazó. "¡No se alarmen! --le dijo--. ¡Está vivo!" 11 Luego volvió a subir, partió el pan y comió. Siguió hablando hasta el amanecer, y entonces se fue. 12 Al Joven se lo llevaron vivo a su casa, para gran consuelo de todos.. '*

Pablo declaró que fue por el poder del Espíritu Santo que pudo realizar todos los milagros.

> *Romanos 15:18-19 (NVI) "18 No me atreveré a hablar de nada sino de lo que Cristo ha hecho por medio de mí para que los gentiles lleguen a obedecer a Dios. Lo ha hecho con palabras y obras, — 19 mediante poderosas señales y milagros, por el poder del Espíritu de Dios. Así que, habiendo comenzado en Jerusalén, he completado la proclamación del evangelio de Cristo por todas partes, hasta la región de Iliria."*

1 Corintios 12:10,28 (NVI) "10 a otros, poderes milagrosos; a otros, profecía; a otros, el discernir espíritus; a otros, el hablar en diversas lenguas; y a otros, el interpretar lenguas. 28 En la iglesia Dios ha puesto, en primer lugar, apóstoles; en segundo lugar, profetas; en tercer lugar, maestros; luego los que hace milagros; después los que tienen dones para sanar enfermos, los que ayudan a otros, los que administran y los que hablan en diversas lenguas."

Uno de los signos distintivos de un apóstol es que fluye en este don de obrar milagros.

2 Corintios 12:12 (NVI) "12 Las marcas distintivas de un apóstol, tales como señales, prodigios y milagros, se dieron constantemente entre ustedes."

Preguntas de Descubrimiento.

Las respuestas a las siguientes preguntas pueden ser señales reveladoras que pueden ayudarlo a saber si ha recibido este regalo.

- ¿Ves milagros extraordinarios cuando oras?
- ¿Ves a menudo espíritus demoníacos salir de las personas cuando les ministras?
- ¿Te encuentras orando con frecuencia para que las cosas imposibles se hagan posibles y luego sucede tal como oraste?
- ¿Encuentra con frecuencia que las cosas que declaró y por las que oró, se hacen realidad tal como las declaró?
- ¿Ves a menudo ojos ciegos abiertos y oídos sordos abiertos cuando oras por ellos?

Si la respuesta a todas estas preguntas es un fuerte "**SI**" entonces ciertamente has sido bendecido por Dios al recibir el Don espiritual de obrar Milagros. Si su respuesta es más "**Si, a veces**" entonces ciertamente deberías abrirte a la posibilidad de que el Señor desee usarte cada vez más para realizar poderosos milagros a través de ti. Si tu respuesta es un "**NO, nunca he sentido tal impulso o motivación,**" entonces podrías ser uno de esos preciosos creyentes que ha sido bendecido con algún otro don prominente para servir al Cuerpo de Cristo.

6. Profecía

El Don de Profecía, como a menudo sólo se explora aquí, se explicó en la sesión anterior. Este Don se experimenta cuando un creyente trae una revelación de alguna actividad, evento o suceso futuro a través de la habilitación del Espíritu Santo, y sucede consistentemente tal como fue profetizado.

7. Discernimiento de Espíritus

El Don del Discernimiento de Espíritus se experimenta cuando un creyente llega a discernir con precisión los diferentes espíritus. Esto resulta especialmente útil para discernir espíritus opuestos.

> *Lucas 4:33-35 (NVI) 33 Había en la sinagoga un hombre que estaba poseído por un espíritu maligno, quien gritó con todas sus fuerzas: 34 --¡Ah! ¿Por qué te entrometes, Jesús de Nazaret? ¿Has venido a destruirnos? Yo se quien eres tú: ¡El Santo de Dios! 35 -- ¡Callate! --lo reprendió Jesús--. ¡Sal de ese hombre! Entonces el demonio derribó al hombre en medio de la gente y salió de él sin hacerle ningún daño."*

> *Hechos 16:16-18 (NVI) Pablo y Silas en la cárcel "16 Una vez, cuando íbamos al lugar de oración, nos salió al encuentro una joven esclava que tenía un espíritu de adivinación. Con sus poderes ganaba mucho dinero para sus amos. 17 Nos seguía a Pablo y a nosotros, gritando: --Estos hombres son siervos del Dios Altísimo, y*

les anuncian a ustedes el camino de salvación." 18 Así continuó durante muchos días. Por fin Pablo se molestó tanto que se volvió y reprendió al espíritu: --¡En el nombre de Jesucristo, te ordeno que salgas de ella! y en aquel mismo momento el espíritu la dejó."

Necesitamos mucho más el discernimiento de los espíritus en el día en que vivimos. Para un ministerio poderoso, necesitamos discernir el espíritu dentro de un hombre y, si es necesario, expulsarlo. Creo que hay más personas atormentadas por espíritus malignos de las que les prestamos atención. Jesus ascendió a nosotros para tener poder sobre todo el poder del maligno y para echar fuera demonios.

I Corintios 12:10 (NVI) "10 a otros, poderes milagrosos; a otros, profecía; a otros, el discernir espíritus; a otros, el hablar en diversas lenguas; y a otros, el interpretar lenguas."

Que podamos caminar en ese discernimiento todos los días. Oro para que tengamos celo y deseo de tener este Don, de ver a los cautivos liberados a nuestro alrededor.

I Juan 4:1-6 (NVI) "1 Queridos hermanos, no crean a cualquiera que pretenda estar inspirado por el Espíritu, sino sométanlo a prueba para ver si es de Dios, porque han salido por el mundo muchos falsos profetas. 2 En esto pueden discernir quién tiene el Espíritu de Dios: todo profeta que reconoce que Jesucristo ha venido en cuerpo humano es de Dios; 3 todo profeta que no reconoce a Jesus no es de Dios, sino del anticristo. Ustedes han oído que este viene; en efecto, ya está en el mundo. 4 Ustedes, queridos hijos, son de Dios y han vencido a esos falsos profetas, porque el que está en ustedes es más poderoso que el que está en el mundo. 5 Ellos son del mundo; por eso hablan desde el punto de vista del mundo, y el mundo los escucha. 6 Nosotros somos de Dios, y todo el que conoce a Dios nos escucha; pero el que no es de Dios no nos escucha. Así distinguimos entre el Espíritu de la verdad y el espíritu del engaño."

Preguntas de Descubrimiento.

Las respuestas a las siguientes preguntas pueden ser señales reveladoras que pueden ayudarlo a saber si ha recibido este Don.

- ¿Te encuentras a menudo viendo a través de las pretensiones de las personas, especialmente antes de que sea evidente para otras personas?
- ¿Ves a menudo el llamado y el propósito específicos de Dios en las personas?
- ¿Tiene un fuerte sentido de seguridad para discernir cuando una persona está afligida por un espíritu maligno?
- ¿Puedes discernir rápidamente si una enseñanza es de Dios, Satanás o de una persona misma?
- ¿Se da cuenta fácilmente si una persona que habla en lenguas está trayendo un mensaje divino, simplemente orando en el Espíritu o fingiéndolo?

Si su respuesta a todas estas preguntas es un fuerte "SI" entonces ciertamente has sido bendecido por Dios al recibir este don espiritual de Discernimiento de Espíritus. Si la respuesta es más "**SI, a veces**" entonces ciertamente debes abrirte a la posibilidad de que el Señor desee usarte cada vez más para discernir los espíritus en un lugar y en las personas. Si la respuesta es un "**NO, nunca he sentido tal impulso o motivación,**" entonces podrías ser uno de esos preciosos creyentes que ha sido bendecido con algún otro Don prominente para servir al Cuerpo de Cristo.

8. El Don de Lenguas

El Don de Lenguas es la capacidad de hablar en un idioma, no aprendido, pero recibido del Espíritu Santo cuando recibió el bautismo del Espíritu Santo. El Don de Lenguas es una habilidad sobrenatural de llevar mensajes de Dios a su pueblo en un idioma que no se entiende necesariamente en el lenguaje natural. Podemos usar el Don de Lenguas para comunicarnos, con la ayuda del Espíritu Santo dentro de nosotros, con el Padre de una manera inexplicable.

Marco 16:17 (NVI) "17 Estas señales acompañarán a los que crean: en mi nombre expulsaran demonios; hablarán en nuevas lenguas;"

Hechos 2:1-13 (NVI) "1 Cuando llegó el día de Pentecostés, estaban todos juntos en el mismo lugar. 2 De repente, vino del cielo un ruido como el de una violenta ráfaga de viento y llenó toda la casa donde estaban reunidos. 3 Se les aparecieron entonces unas lenguas como de fuego que se repartieron y se posaron sobre cada uno de ellos. 4 Todos fueron llenos del Espíritu Santo y comenzaron a hablar en diferentes lenguas, según el Espíritu les concede expresarse. 5 Estaban de visita en Jerusalén judios piadosos, procedentes de todas las naciones de la tierra. 6 Al oír aquel bullicio, se agolparon y quedaron todos pasmados porque cada uno los escuchaba hablar en su propio idioma. 7 Desconcertados y maravillados, decían: "¿No son galileos todos estos que están hablando? 8 ¿Cómo es que cada uno de nosotros los oye hablar en su lengua materna? 9 Partos, medos y elamitas; habitantes de Mesopotamia, de Judea y de CApadocia, del Ponto y de Asia, 10 de Frigia y de Panfilia, de Egipto y de las regiones de Libia cercanas a Cirene; visitantes llegados de Roma; 11 judios y prosélitos; cretenses y árabes: ¡todos por igual los oímos proclamar en nuestra propia lengua las maravillas de Dios!"" 12 Desconcertados y perplejos, se preguntaban: "¿Qué quiere decir esto?"? 13 Otros se burlaban y decían: "lo que pasa es que están borrachos"

Pedro se puso de pie en medio de ellos y les reiteró que ninguno de ellos estaba ebrio de vino, sino que fue el efecto del bautismo del Espíritu Santo lo que hizo que se comportaran y actuaran de la manera en que lo hacían. Fue la influencia del Espíritu Santo lo que les permitió hablar en idiomas distintos a los que ellos conocían, Era el Don de lenguas en pleno funcionamiento.

> *Hechos 10:44-46 (NVI) "44 Mientras Pedro estaba todavía hablando, el Espíritu Santo descendió sobre todos los que escuchaban el mensaje. 45 Los defensores de la circuncisión que habían llegado con Pedro se quedaron asombrados de que el don del Espíritu Santo se hubiera derramado también sobre los gentiles, 46 pues los oían hablar en lenguas y alabar a Dios. Entonces Pedro respondió."*

> *Hechos 19:1-7 (NIV) "1 Mientras Apolos estaba en Corinto, Pablo recorrió las regiones del interior y llegó a Éfeso. Allí encontró a algunos discípulos. 2 ¿Recibieron ustedes el Espíritu Santo cuando creyeron? --les preguntó. --No, ni siquiera hemos oído hablar del Espíritu Santo --respondieron. 3 --Entonces, ¿qué bautismo recibieron? --El bautismo de Juan. 4 Pablo les explicó: --El bautismo de Juan no era más que un bautismo de arrepentimiento. Él le decía al pueblo que creyera en el que venía después de él, es decir, en Jesús." 5 Al oír esto, fueron bautizados en el nombre del Señor Jesús. 6 Cuando Pablo les impuso las manos, el Espíritu Santo vino sobre ellos, y empezaron a hablar en lenguas y a profetizar. 7 Eran en total unos doce hombres.*

> *1 Corintios 12:10,28 (NVI) "a otros, poderes milagrosos; a otros, profecía; a otros, el discernir espíritus; a otros, el hablar en diversas lenguas; y a otros, el interpretar lenguas. 28 En la iglesia Dios ha puesto, en primer lugar, apóstoles; en segundo lugar, profetas; en tercer lugar, maestros; luego los que hacen milagros; después los que tienen dones para sanar enfermos, los*

que ayudan a otros, los que administran y los que hablan en diversas lenguas.."

1 Corintios 14:13-19 (NVI) "13 Por esta razón, el que habla en lenguas pida en oración el don de interpretar lo que diga. 14 Porque, si yo oro en lenguas, mi espíritu ora, pero mi entendimiento no se beneficia en nada. 15 ¿Qué debo hacer entonces? Pues orar con el espíritu, pero también con el entendimiento; cantar con el espíritu, pero también con el entendimiento; cantar con el espíritu, pero también con el entendimiento. 16 De otra manera, si alabas a Dios con el espíritu, ¿cómo puede quien no es instruido decir "amén" a tu acción de gracias, puesto que no entiende lo que dices? 17 En ese caso tu acción de gracias es admirable, pero no edifica al otro. 18 Doy gracias a Dios porque hablo en lenguas más que todos ustedes.. 19 Sin embargo, en la iglesia prefiero emplear cinco palabras comprensibles y que me sirvan para instruir a los demás que diez mil palabras en lenguas."

Preguntas de Descubrimiento.

Las respuestas a las siguientes preguntas pueden ser señales reveladoras que pueden ayudarlo a saber si ha recibido este regalo.

- ¿Ha recibido el Don de hablar en un idioma que nunca había aprendido, pero recibió esta asombrosa habilidad cuando recibió el Bautismo en el Espíritu Santo?
- ¿Siente a menudo, aparte de sus momentos de oración privados, que Dios podría traerle un mensaje específico a usted y a través de usted cuando ora en el Espíritu?
- ¿Tiene un fuerte sentido de que Dios a veces le da un mensaje discernible para su pueblo mientras habla en lenguas?
- ¿Te ha dicho la gente que cuando hablaste en lenguas sintieron como Dios habló a través de ti y que la interpretación de las lenguas lo confirmó?

- ¿Tiene un sentido claro cuando habla en lenguas, ya sea un mensaje divino o simplemente usted mismo orando en el Espíritu?

Si la respuesta a todas estas preguntas fue un fuerte "**SI**" entonces ciertamente has sido bendecido por Dios al recibir este don espiritual de hablar en lenguas. Si su respuesta es más "**SI, a veces**" entonces ciertamente debe abrirse a la posibilidad de que el Señor desee usarlo cada vez más para llevar el mensaje divino en lenguas, que finalmente bendecirá y alentará a otros a través de él y su interpretación. Si su respuesta es un "**NO, nunca he sentido tal impulso o motivación**", entonces podrías ser uno de esos preciosos creyentes que ha sido bendecido con algún otro don prominente para servir al Cuerpo de Cristo.

9. Interpretación de Lenguas

El Don de Interpretación de Lenguas se experimenta a menudo entre los creyentes cuando alguien, o el propio hablante, recibe un mensaje divinamente inspirado en lenguas, y luego comprende cuál es el mensaje específico a través de él para ser entregado para aliento, exhortación o edificación de los compañeros creyentes.

> *1 Corintios 14:13 (NVI) "13 Por esta razón, el que habla en lenguas pida en oración el don de interpretar lo que diga."*

> *1 Corintios 14:5 (NVI) "5 Yo quisiera que todos ustedes hablaran en lenguas, pero mucho más que profetizaran. El que profetiza aventaja al que habla en lenguas, a menos que este también interprete, para que la iglesia reciba edificación."*

> *1Corintios 14:26-28 (NVI) "26 ¿Qué concluimos, hermanos? Que, cuando se reúnan, cada uno puede tener un himno, una ense-ñanza,una revelación, un mensaje en lenguas, o una interpreta-*

*ción. Todo esto debe hacerse para la edificación de la iglesia. 27
Si se habla en lenguas, que hablen dos --o cuando mucho tres--,
cada uno por turno; y que alguien interprete. 28 Si no hay intér-
prete, que guarden silencio en la iglesia y cada uno hable para sí
mismo y para Dios."*

Preguntas de Descubrimiento.

Las respuestas a las siguientes preguntas pueden ser señales reveladoras que pueden ayudarlo a saber si ha recibido este Don.

- ¿A menudo se encuentra sabiendo lo que Dios quiere
  decirle a su pueblo cuando alguien trae un mensaje en
  lenguas?
- ¿Recibes a menudo, instantáneamente, la interpretación
  de lenguas cuando alguien trae un mensaje en lenguas?
- ¿Se da cuenta de que sabe lo que dice la gente a pesar de
  que no ha aprendido un idioma?
- ¿Se encuentra orando por la interpretación de lenguas
  para que Dios pueda usarlo para llevar mensajes de
  esperanza, a través de la interpretación, para edificar a la
  gente?
- ¿Ha escuchado a la gente decirle que los mensajes que
  usted trajo a través de la interpretación del mensaje dado
  en lenguas, les habló y los animó?

Si la respuesta a todas estas preguntas es un fuerte **"SI"** entonces
ciertamente has sido bendecido por Dios al recibir este Don espiritual para enseñar a otros. Si su respuesta fue más **"SI, a veces"**
entonces ciertamente debes abrirte a la posibilidad de que el Señor
desee usarte cada vez más para enseñar a otros a través de ti. Si su
respuesta fue un **"NO, nunca he sentido tal impulso o motivación,"**
entonces podrías ser uno de esos preciosos creyentes que ha sido
bendecido con algún otro don prominente para servir al Cuerpo de
Cristo.

Conclución

Con esto concluye nuestro breve viaje para comprender los Dones Espirituales Sobrenaturales. Durante las sesiones finales de este encuentro, completaremos un cuestionario para aprender y conocer nuestros Dones Espirituales. También aprovecharemos este tiempo para afirmar los dones espirituales en la vida de quienes están aquí con nosotros. Oro para que las partes finales de este encuentro de fin de semana les sirvan de gran aliento.

5

DESCUBRIENDO SUS DONES ESPIRITUALES

SESIÓN CINCO

Esta guía ha sido desarrollada para ayudarle a descubrir sus Dones Espirituales y no debe considerarse como una prueba. Las únicas respuestas correctas aquí son respuestas honestas y sinceras. Las respuestas que proporcione lo ayudarán a encontrar las áreas donde la habilitación del Espíritu Santo podría aplicarse mejor para edificar la iglesia.

Antes de que empieces

Siga estos Seis Pasos:

Paso 1 - Imprima la hoja de respuestas de las siguientes páginas.

Repase la lista de 100 afirmaciones del cuestionario de la cuarta parte. Para cada uno, marque en la hoja de respuestas hasta qué punto la afirmación es cierta en su vida:

3 = A MENUDO
2 = ALGUNAS VECES
1 = POCO

0 = **NUNCA**

Ten Cuidado! No des tu puntaje de acuerdo con lo que crees que debería ser cierto o con la esperanza de que podría serlo en el futuro. Sea honesto y califique sobre la base de las experiencias actuales y recientes. Si es un recién cristiano o nuevo en la fe, los resultados necesitarán un cuidado especial en la interpretación.

Paso 2 - Califique su cuestionario.

Cuando haya terminado, califique el cuestionario de acuerdo con las instrucciones de la hoja de calificación.

Paso 3 – Identifica tus 3 mejores Regalos.

Identifique de los 3 a 5 Dones principales en los que obtuvo 10 o más en su puntaje.

Paso 4 – Afirmense unos a otros los 3 mejores Regalos.

Pídale a un amigo cercano dentro del grupo, o incluso a su pastor, que le califique identificando sus 3 Dones principales tal como ellos los ven. Vea si esto confirma su puntuación. En la mayoría de los casos, a menos que la persona que lo evalúen no lo conozcan en absoluto, el evaluador probablemente afirmara del 80 al 100% los Dones más destacados de Dios en su vida

Paso 5 - Estudie sus Dones.

Estudie específicamente las definiciones de los Dones y las referencias bíblicas de esos dones en los que obtuvo una puntuación de 10 o más. busque formas en las que pueda desarrollarlos cada vez más, o donde pueda abrirse para que el Espíritu Santo lo use para usarlo más dentro de esas áreas identificadas.

Paso 6 –Usa tus Dones.

Use estos dones en su ministerio para edificar el Cuerpo de Cristo, y siempre esté en la búsqueda de desear ansiosamente más Dones Espirituales para usar.

6

CUESTIONARIO SOBRE LOS DONES ESPIRITUALES (POR: VORSTER)

SESIÓN SEIS

P ara cada afirmación, marque hasta que punto es verdad en su vida:

- 3= A MENUDO
- 2= A VECES
- 1= POCO
- 0= NUNCA

¡Marque las 100 afirmaciones en el Cuestionario Vorster en las siguientes páginas!

HOJA DE PREGUNTAS PARA EL DESCUBRIMIENTO DE LOS DONES ESPIRITUALES (VORSTER)	
No. **Preguntas Sobre el Descubrimiento de los Dones**	**Puntaje**
1 A menudo recibo y entrego mensajes directos de Dios que edifican, exhortan o consuelan a otros.	
2 Disfruto ayudando a realizar tareas ordinarias que facilitaran las cosas a los demás.	
3 He escuchado que he ayudado a los creyentes a aprender las verdades de la Biblia al compartir.	
4 Veo de forma muy natural y espontánea el lado positivo de situaciones a veces difíciles.	
5 Soy bastante disciplinado en el buen manejo de mis finanzas, lo que me permite dar generosamente a la obra.	
6 Me resulta fácil tomar decisiones que otros están dispuestos a seguir.	
7 Tengo una fuerte preferencia por ayudar a aquellos que tienen discapacidades físicas y mentales, y poder así ayudarles a aliviar su sufrimiento.	
8 Me resulta fácil aplicar los principios bíblicos, en contexto, en mi propia vida.	
9 A menudo encuentro que el Espíritu Santo me da una idea de las personas de las que no tengo conocimiento previo.	
10 Me resulta bastante fácil aceptar nuevas asignaciones que siento que el Señor me instruyó a hacer.	
11 Dios me ha usado para orar por los enfermos y ellos recibieron su sanidad.	
12 A menudo veo que ocurren milagros extraordinarios cuando oro en el Nombre del Señor Jesús.	
13 A menudo me encuentro siendo capaz de ver a través de las pretensiones de la gente, incluso antes de que fuera evidente para otras personas.	

14	Recibí el Don de hablar en un idioma que nunca había aprendido, pero recibí esta asombrosa habilidad cuando recibí el Espíritu Santo.	
15	A menudo me doy cuenta de que soy capaz de saber instantáneamente lo que el Señor quiere decirle a su pueblo cuando alguien trae un mensaje en lenguas.	
16	Siento que Dios me ungió como líder, especialmente cuando estoy con otros creyentes.	
17	Siento que Dios me ungió como alguien que ve las cosas antes de que sucedan.	
18	He podido llevar a la gente a aceptar a Jesús como su Señor y Salvador.	
19	Siento que Dios me ungió como alguien para cuidar a otros creyentes.	
20	Siento que Dios me ungió para enseñar a otros creyentes las cosas profundas de Dios.	
21	Recibí del Espíritu Santo y proclamé cosas específicas que sucederían en el futuro, y sucedieron tal como lo vi.	
22	Siempre encuentro gozo limpiando, arreglando cosas o empacando cosas después de las oportunidades de ministerio.	
23	Me encanta ver a las personas obtener nuevas percepciones de la Palabra de Dios al compartirlas con ellos.	
24	Siempre encuentro algo edificante y positivo que decir a los demás.	
25	Doy considerablemente más que un Diezmo de mis ingresos a la obra del Señor, y esto se refleja en mis registros presupuestarios mensuales.	
26	Encuentro que la gente generalmente me busca en busca de orientación sobre lo que se debe hacer.	
27	Me he preocupado por otros cuando han tenido necesidades materiales o físicas.	
28	A menudo me encuentro buscando soluciones a situaciones bastante complicadas.	

29	A menudo recibo y comparto ideas sobre situaciones espirituales con personas que las ayudan a acercarse a Dios.	
30	A menudo hago cosas que no se han hecho o intentado antes, simplemente porque siento la dirección del Espíritu Santo al hacerlo.	
31	A menudo veo a personas con problemas espirituales que se curan a través de mis oraciones y ministerio.	
32	A menudo veo espíritus demoníacos salir de las personas cuando les ministro.	
33	A menudo veo el llamado y el propósito específicos de Dios en ciertas personas.	
34	A menudo siento, aparte de mis momentos de oración privados, que Dios puede traer un mensaje específico a través de mi cuando oro en el Espíritu.	
35	A menudo oro y recibo la interpretación cuando alguien habla en lenguas.	
36	Tengo la seguridad de que dondequiera que Dios me llame a un nuevo lugar o asignación, podré llevar a las personas a Cristo y cuidarlas.	
37	Envié mensajes, en el momento adecuado, que impactaron enormemente en las vidas de las personas.	
38	A menudo comparto mi testimonio con los demás de cómo el Señor me salvó, y luego los veo poner su fe en Jesucristo también.	
39	Me encanta cuidar las necesidades espirituales y el bienestar de los creyentes.	
40	Me encanta enseñar a los creyentes la Palabra de Dios de una manera sistemática y lógicamente comprensible.	
41	Me han dicho que los mensajes personales específicos que traje a las personas, bajo la inspiración del Espíritu Santo, deben haber venido del Señor, ya que sucedió tal como el Señor dijo.	

42	Siempre busco oportunidades para ayudar con tareas domésticas para facilitar las cosas a los demás.	
43	Me encanta estudiar la Palabra de Dios y buscar cosas que antes no se veían o entendían.	
44	Diariamente me tomo un tiempo para felicitar a los demás.	
45	A menudo se me pide que dé algunas causas para el avance del reino, y por la gracia de Dios puedo encontrar los fondos para dar a esas causas.	
46	A menudo me piden que dé directivas sobre lo que debe suceder a continuación.	
47	A menudo me piden que visite a personas en hospitales y en circunstancias problemáticas.	
48	Con frecuencia me encuentro guiando a los creyentes a encontrar soluciones a partir de ejemplos e historias bíblicas.	
49	A menudo encuentro estrategias y técnicas divinas, a través de mi tiempo en la Biblia y la oración, que Dios parece usar para promover su Reino.	
50	Con frecuencia me encuentro dando un paso de fe para hacer cosas.	
51	Con frecuencia me encuentro en situaciones ministeriales en las que oro por personas enfermas y reciben sanidad instantánea.	
52	Con frecuencia me encuentro en situaciones de ministerio en las que oro para que lo imposible se vuelva posible y luego sucede tal como oré.	
53	Tengo un fuerte sentido de seguridad para discernir cuando una persona está afligida por un espíritu maligno.	
54	Tengo un fuerte sentido de que Dios a veces me da un mensaje discernible para su pueblo mientras hablo en lenguas.	
55	Tengo un gran sentido para discernir lo que dice la gente, aunque no sepa el idioma.	

56	A menudo veo que las personas hacen lo que les pido que hagan sin cuestionarme.	
57	Se ha molestado profundamente la gente cuando les llevé el Mensaje que Dios me dio para darles.	
58	A menudo veo como la gente responde positivamente al mensaje del evangelio cuando lo entrego.	
59	Me siento mucho más cómodo trabajando con personas con las que desarrollé una relación durante un largo periodo de tiempo y para compartir su bienestar diario.	
60	Me siento cómodo defendiendo la verdad de la Palabra de Dios contra las creencias falsas.	
61	A menudo tengo un fuerte sentido de lo que Dios quiere decirles a las personas en relación con sus situaciones particulares.	
62	Prefiero hacer el trabajo duro detrás de escena para ayudar a que la obra de Dios se desarrolle sin problemas.	
63	A menudo me tomo el tiempo para pensar en formas en las que compartir las verdades de la Palabra de Dios de manera más efectiva para ayudar a los creyentes en su caminar con Dios.	
64	A menudo escucho que mi actitud positiva y mis palabras animan a la gente.	
65	A menudo doy con sacrificio y me comprometo a dar de manera constante, aunque a veces me exija más de lo que tengo disponible, solo por mi fe en un asunto y por mi amor por sembrar en la obra de Dios.	
66	Mis ideas y sugerencias suelen ser aceptadas por la mayoría como la forma de seguir adelante.	
67	Me encanta dedicar mi tiempo a ayudar a las personas a encontrar soluciones y resultados a sus problemas.	
68	A menudo escucho que la verdad bíblica que comparto es más relevante y específica para las necesidades sentidas por los hermanos en la fe.	

69	Diariamente busco entender lo que Dios desea decirle a su pueblo, que se alinee con la Biblia	
70	A menudo escucho que la gente me admira por los pasos audaces que doy para avanzar en la obra de Dios.	
71	A menudo escucho que la gente honra a Dios por sanarlos a través de mis oraciones y ministerio.	
72	A menudo me encuentro en situaciones en las que ocurren provisiones y avances sobrenaturales después de mis oraciones y declaraciones.	
73	Reconozco rápidamente si una persona está enseñando algo que recibió de Dios, de Satanás o de si mismo.	
74	La gente me ha dicho que cuando hablaba en lenguas, sentían como Dios hablaba a través de mí, y que la interpretación de las lenguas lo confirmaba.	
75	Siempre oro para que Dios me de entendimiento cuando la gente habla en lenguas para que yo pueda animar y traer mensajes de esperanza que edifiquen a la gente.	
76	Siempre tengo un deseo ardiente de ser enviado a comenzar una nueva iglesia.	
77	Siempre tengo un deseo ardiente de escuchar a Dios y llevar mensajes de esperanza y aliento a su pueblo.	
78	Me da una gran satisfacción decirle a la gente como poner su fe en Jesucristo para ser su Señor y Salvador.	
79	Tengo esta noción de querer construir relaciones profundas y significativas con las personas y, a través de esa interacción, servirles mejor.	
80	Conozco las doctrinas de la Biblia y me encanta compartirlas con los creyentes.	
81	A menudo siento que sé exactamente lo que Dios quiere decir y hacer en una reunión y que ministerio específico se necesita en un momento específico.	
82	Me siento privilegiado de poder servir a los demás haciendo las tareas desagradables.	

83	Me siento honrado de ver a la gente crecer en su fe como resultado de haber compartido con ellos las verdades de la Palabra de Dios
84	Me siento privilegiado de tener una perspectiva naturalmente positiva y de poder mostrarle a la gente las cosas buenas y bendecidas de sus vidas.
85	Constantemente he bajado mi nivel de vida para avanzar en la obra de Dios.
86	Me resulta fácil tomar decisiones bien pensadas.
87	Me siento bendecido y llamado a ayudar a quienes se encuentran en circunstancias físicas, mentales o materiales menos afortunados.
88	A menudo siento una gran paz y confianza personal cuando se deben tomar decisiones importantes.
89	A menudo encuentro que el Espíritu Santo me da conocimiento y comprensión de las situaciones de primera mano.
90	A menudo hago cosas cuando tengo un sentido de gran convicción personal.
91	A menudo tengo el sentido de orar por los enfermos en mi ministerio, y luego veo que ocurren sanidades asombrosas.
92	A menudo oro por los ciegos, los sordos y los lisiados, y luego veo que ocurren milagros asombrosos.
93	Por lo general, puedo decir de inmediato si una persona que habla en lenguas trae un mensaje divino, o simplemente ora en el Espíritu o lo finge.
94	Tengo un sentido claro cuando hablo en lenguas, ya sea un mensaje divino o simplemente orando en el Espíritu.
95	He escuchado a otros decirme que las palabras que pronuncié después de que alguien habló en lenguas realmente les hablaron, los edificaron y los animaron.
96	A menudo me piden que sirva en puestos de liderazgo debido a mi capacidad para hacer que las cosas sucedan.

97	A menudo me piden que ore sobre situaciones y escuche lo que Dios dice que hagamos en esas situaciones	
98	A menudo escucho a la gente decir que fue al compartir el mensaje del evangelio que fueron salvos.	
99	A menudo escucho a la gente decir que soy un buen amigo, especialmente porque siempre estoy ahí para ellos, los entiendo y me preocupo por ellos.	
100	A menudo escucho a la gente decir que soy un buen maestro de la Palabra de Dios.	

En conclusión

En la próxima sesión agregaremos los resultados para determinar los Dones específicos que Dios ya le dio.

HOJA DE PUNTUACION DE LOS DONES (VORSTER)

ESCRIBA AQUÍ LAS PUNTUACIONES DEL CUESTIONARIO

En esta sesión contaremos los puntajes que le dimos a cada una de las preguntas en el Cuestionario de Descubrimiento de los Dones Espirituales por: Vorster

Instrucciones para el Puntaje

1.Vaya a su Hoja de Puntuación, hacia la parte posterior del libro, después de leer estas instrucciones.

2.Sume las respuestas de la hoja de puntuación, de izquierda a derecha, y escriba ese total en la columna de TOTAL al lado de cada Don.

Ejemplo: Sume el número que escribió en el cuadro 1, mas el numero en el cuadro 21, mas el numero en el cuadro 41, mas el numero en el cuadro 61 y el número en el cuadro 81. Esos cinco números, sumados, se convierten en su puntaje total para ser escrito en en la columna **TOTAL.**

HOJA DE PUNTUACION DE LOS DONES (VORSTER)					TOTAL	Clasifique segun los resultados	Dones
Escriba aquí las puntuaciones del cuestionario							
1	21	41	61	81			Profecía
2	22	42	62	82			Servicio
3	23	43	63	83			Enseñanza
4	24	44	64	84			Exhortación
5	25	45	65	85			Dar
6	26	46	66	86			Liderar
7	27	47	67	87			Misericordia
8	28	48	68	88			Palabras de Sabiduría
9	29	49	69	89			Palabras de Conocimiento
10	30	50	70	90			Fe
11	31	51	71	91			Dones de Sanidades
12	32	52	72	92			Obrando en Milagros
13	33	53	73	93			Discernimiento de espíritus
14	34	54	74	94			Lenguas
15	35	55	75	95			Interpretación de lenguas
16	36	56	76	96			Apóstol
17	37	57	77	97			Profeta
18	38	58	78	98			Evangelista
19	39	59	79	99			Pastor
20	40	60	80	100			Maestro

Instrucciones

Cuando haya terminado de responder a las 100 afirmaciones y haya calificado su prueba, siga las instrucciones que se enumeran a continuación para comprender mejor.

PASO 1

Después de sumar sus puntos, debería tener varios puntajes notablemente altos. Estos son tus probables Dones espirituales. Indíquelos a continuación, comenzando con su puntaje más alto. Sin embargo, cualquier puntuación por debajo de 9 probablemente no sea un indicador positivo de un Don. Si obtuviste otros puntajes altos, o si estás seguro de que tienes ciertos dones a pesar de que no recibieron puntajes altos, anotalos también. Acabas de dar el primer paso para descubrir tus dones espirituales. Por favor comprenda que este ejercicio solo indica sus probables dones. Durante las próximas semanas, debe seguir los siguientes cinco pasos para determinar más claramente sus dones espirituales.

PASO 2

Orar, creyendo que Dios continuará revelándote los dones que te ha dado. No olvides 1 Corintios. 12:11: se han distribuido Dones "a cada individuo." Ore también por la sabiduría y el deseo de usar sus Dones con la mayor eficacia para El.

PASO 3

Estudie los pasajes de la Biblia que tratan específicamente con este tema: Romanos 12, 1 Corintios 12-14, Efesios 3, 4 y 1 Pedro 4. Y tómese un tiempo para reflexionar sobre los contextos de las muchas historias bíblicas de hombres y mujeres que usaron sus dones para Dios. Tales relatos sirven de ejemplo y de inspiración.

PASO 4

Experimente mediante el uso de sus nuevos dones. Esta puede ser una experiencia nueva y es posible que no sepa por dónde empezar. Consulte la página siguiente para obtener algunas sugerencias. A medida que comience a trabajar para Dios, sus dones se desarrollarán de una manera emocionante.

PASO 5

Confirmar los dones de los demás. cuando vea que otra persona usa su don de manera efectiva digalo. Esto no es un halago, es un paso vital en el proceso continuo del desarrollo del don espiritual.

Comencemos este proceso de inmediato. Marque los Dones espirituales que ha observado en tres hermanos cristianos de su congregación. Sus agudas observaciones serán apreciadas por cada uno de ellos y su pastor.

Esta es una buena oportunidad para que sus amigos sepan cuales son sus Dones, simplemente enumerándolos aquí. También es un buen momento para hackers saber, de una manera muy amable (y anónima), cuales no son sus Dones al dejar esos Dones fuera de la lista.. Haga de esta una evaluación honesta.

El resumen de Dones que comienza en la página siguiente puede ayudarle en su evaluación

PASO 6

Espere a la confirmación de sus Dones por parte de otros miembros de la iglesia. Después de entregar este inventario a su pastor, su inventario será devuelto con una lista de algunos de los dones que sus compañeros creyentes han observado en usted. Todos los que entreguen su inventario deben recibir una evaluación. ¡Puede que no esté de acuerdo con esta evaluación! Pero en lugar de descartar estas opiniones, explorelas. Busque formas de desarrollar las habilidades que los demás creen que posee.

Tómese un momento ahora para anotar las puntuaciones del cuestionario aquí.

Anote los tres Dones principales de acuerdo con los resultados de su puntuación.

TUS DONES ESPIRITUALES

1.

2.

3.

¿Te sorprende el resultado? ___________

¿Qué pensabas que eran antes de empezar?

1.

2.

3.

Tomate un momento para anotar al menos dos amigos.
DONES ESPIRITUALES DE TUS AMIGOS
AMIGO(A):_____________________

1.

2.

3.

AMIGO(A):_____________________

1.

2.

3.

Pídale a su pastor o líder espiritual su evaluación:
EVALUACIÓN POR PARTE DEL PASTOR SOBRE SU DON ESPIRITUAL:

1.

2.

3.

Lista de los Dones Espirituales:

Profecía

Servir

Enseñar

Exhortación

Dar

Liderar

Misericordia

Palabras de Sabiduría

Palabras de Conocimiento

Fe

Dones de Sanidades

Obrando en Milagros

Discernimiento de espíritus

Lenguas

Interpretación de Lenguas

Apóstol

Profeta

Evangelista

Pastor

Maestro

En Conclusión

Oro para que usted también encuentre esto muy inspirador, como muchos miles de otros Creyentes lo han hecho en el pasado. Oro para que busquen los Dones espirituales que edificaran y animarán el cuerpo de Cristo, especialmente el Don de Profecía.

> *1 Pedro 4:10-11 (NVI)* ***"Cada uno ponga al servicio de los demás el don que haya recibido,*** *administrando fielmente la gracia de Dios en sus diversas formas.* ***El que habla,*** *hágalo como quien expresa las palabras mismas de Dios;* ***el que presta algún servicio,*** *hágalo como quien tiene el poder de Dios. Así Dios será en todo alabado por medio de Jesucristo, a quien sea la gloria y el poder por los siglos de los siglos. Amen."*

Utilice los dones que Dios le dio para edificar la iglesia. Que Jesús sea glorificado por la forma en que usas los Dones del Espíritu Santo.

ENCUESTA SOBRE EL ENCUENTRO DEL FIN DE SEMANA BÍBLICO

FIN DE SEMANA DOS

CALENDARIO DEL ENCUENTRO

- Sesión 1 – Introducción
- Sesión 2 – La Autoridad de la Biblia
- Sesión 3 – Aprovechar al máximo mi tiempo en la Palabra
- Sesión 4 – Estudio Adicional

7

INTRODUCCIÓN
SESIÓN UNO

Jesús nos enseñó la disciplina espiritual de tener una ración diaria de la Palabra de Dios. Durante sus días de prueba, Jesús usó la Palabra para defender y perseverar a través de las tentaciones que Satanás probó con él. Jesus citó Deuteronomio 8 versículo 3 que: *"El hombre no solo de pan vivirá, sino de toda Palabra que salga de la boca de Dios."* En otra ocasión, Jesus se presentó como el pan de vida.

Cada Libro del Nuevo Testamento nos respalda y nos anima a abrazar las Palabras del Señor a diario.

Lucas 4:4 (RVR1960) 4 "Jesús, respondiéndole, dijo: Escrito está: No sólo de pan vivirá el hombre, sino de toda palabra de Dios."

Esto es lo que Jesús enseñó a través de su ejemplo cuando enfrentó la tentación de Satanás. A lo largo de los diversos aspectos de cómo Satanás intentó seducir y tentar a Jesus, su defensa fue consistente: se mantuvo firme en la Palabra y la usó como una espada y un escudo.

El salmista también nos habla de la increíble bendición e impacto que trae el meditar y deleitarse en la Palabra de Dios.

Salmos 1:1-3 NVI "1 Dichoso el hombre que no sigue el consejo de los malvados, ni se detiene en la senda de los pecadores ni cultiva la amistad de los blasfemos, 2 sino que en la ley del Señor se deleita, y día y noche medita en ella. 3 Es como el árbol plantado a la orilla de un río que, cuando llega su tiempo, da fruto y sus hojas jamás se marchitan. ¡Todo cuanto hace prospera!"

El apóstol Pablo exhorta a la iglesia en Colosas a permitir que la Palabra de Dios more en abundancia en ellos.

Colosenses 3:16 NVI "16 Que habite en ustedes la palabra de Cristo con toda su riqueza: instrúyanse y aconséjense unos a otros con toda sabiduría; canten salmos, himnos y canciones espirituales a Dios, con gratitud de Corazón."

La Palabra de Dios inculcada en nuestras vidas, activa la fe que tanto necesitamos para una vida sana y piadosa.

Romanos 10:17 NBLA "17 Así que la fe viene del oír, y el oír, por la palabra de Cristo."

La efectividad en asimilar y atesorar la Palabra de Dios está determinada por la actitud de corazón con la que tomamos el tiempo en la Palabra de Dios, así como nuestra disposición y determinación para ponerla en práctica.

La fecundidad y el éxito de nuestro crecimiento en el Señor, y nuestra fe en Él, se basan firmemente en que aceptemos la Biblia como la Palabra irrevocable de Dios para nosotros, y el fundamento sobre el cual edificaremos nuestra fe y nuestra vida.

En las siguientes sesiones exploraremos brevemente la Autoridad de la Palabra de Dios, así como también podemos aprovechar al máximo nuestro tiempo en la Palabra de Dios. Oro para que sea un gran activador en tu vida.

LA AUTORIDAD DE LA BIBLIA
SESIÓN DOS

La autoridad de la Biblia se puede argumentar a partir de una, _________, y dimensión profética. Es más que una coincidencia que personas sin Internet, redes sociales o servicios postales pudieran hablar con tanta precisión sobre eventos futuros, lo cual se cumplió, a menos que fuera divinamente inspirado.

Una de las cosas sobresalientes que Pablo le enseñó a Timoteo fue lo irrefutable y central que es la Palabra de Dios en nuestras vidas y para nuestro bienestar.

> *2 Timoteo 3:16 NVI Toda la Escritura es inspirada por Dios y útil para enseñar, para reprender, para corregir y para instruir en la justicia,*

The Apostle Peter also emphasised this essential aspect in his Pastoral letter.

> *2 Pedro 1:20-21 NVI Ante todo, tengan muy presente que ninguna profecía de la Escritura surge de la interpretación particular de nadie. 21 Porque la profecía no ha tenido su origen en la*

*voluntad humana, sino que los profetas hablaron de parte de
Dios, impulsados por el Espíritu Santo.*

Los _____ del Mar Muerto, entre otros manuscritos históricos, respaldan la precisión de los escritos y la infalibilidad de las Escrituras. Uno de los aspectos para confirmar y validar la Autoridad de las Escrituras es la __________ de su Mensaje a través de tantos escritores, durante tantos años, de tan variados orígenes. Todos escribieron el mismo mensaje coherente sin siquiera cruzarse para colaborar con sus percepciones.

> *Salmos 19:7-9 NVI La ley del Señor es perfecta: infunde nuevo
> aliento. El mandato del Señor es digno de confianza: da sabi-
> duría al sencillo. 8 Los preceptos del Señor son rectos: traen
> alegría al corazón. El mandamiento del Señor es claro: da luz a
> los ojos. 9 El temor del Señor es puro: permanece para siempre.
> Las sentencias del Señor son verdaderas: todas ellas son justas.*

Todos tenían el mismo mensaje y cuando "sus" mensajes se cumplieron, se afirmó su origen cohesivo y divinamente ordenado. A menudo hablamos de la mejor sabiduría que proviene de ver las cosas en retrospectiva. Cuantos más manuscritos se descubren, más se afirma el milagro de tener las "Palabras de Dios" en la memoria escrita.

Por lo tanto, construimos nuestras vidas sobre la Biblia como la infalible Palabra de Dios. Le animo a que tenga en alta estima su Biblia. Atesora su contenido, ya que tiene las llaves de la vida eterna. En una ocasión, Jesus señala a las personas el hecho de que permanecerán en el error mientras no conozcan la Escrituras.

> *Mateo 22:29 NVI "Jesús les contestó: --Ustedes andan equivocados
> porque desconocen las Escrituras y el poder de Dios."*

La Biblia es la Palabra Infalible de Dios.

La Biblia es el libro más respetable jamás escrito. La Biblia fue escrita en un periodo de ________ por más de 40 Autores que escribieron Mensajes de Dios a medida que el Espíritu Santo los inspiraba.

- **Se puede confiar en que es el manuscrito más confiable jamás escrito.**

Los numerosos manuscritos confirman su exactitud. *En Primer lugar,* tenemos el ______ de manuscritos que prueban que son exactamente iguales, y luego, en *segundo lugar,* tenemos la _________ en los manuscritos, lo que demuestra sin lugar a dudas su fiabilidad.

- **Consiste en una recopilación de más de 40 escritores.**

La Autoridad de la Biblia, como la Palabra de Dios, se refuerza aún más por el mensaje fuerte y consistente, independientemente de que haya sido escrito por más de _ escritores, muchos de los cuales vivieron en diferentes periodos y circunstancias. La única conclusión puede ser que todos los mensajes fueron escritos por el Espíritu Santo y reducidos a escritos por esta variedad de hombres y mujeres. Apenas encuentra un escritor que sea consistente durante su propia vida, sin embargo, para estos más de 40 escritores, hablaron de un corazón y una boca.

- **Escrito en un periodo de 1500-años**

El periodo durante el cual estos escritores escribieron abarca más de ___ años. Para poner eso en perspectiva solo piense en cuanto la vida y la humanidad evolucionó durante este periodo de 1500-años, sin embargo, sus mensajes trascendieron más allá del primitivismo, las diferencia de clase, la educación y la comunicación contextual. El mensaje continúa hablándonos independientemente de lo desarrollada y evolucionada que pueda ser la vida.

- **Más de 5 mil millones de Biblias impresas**

La Biblia sigue siendo el libro más impreso de cualquier tipo en el planeta. Ningún otro libro se ha reproducido tanto como la Biblia. Esta es una hazaña notable, ya que fue ilegalizada y quemada en muchas revoluciones desenfrenadas. Muchos intentaron disminuir su influencia y mensaje a lo largo de su historia, sin embargo, a pesar de los muchos intentos de destruirlo, sigue siendo el libro más impreso año tras año.

- **Más de 100 millones de Biblias vendidas cada año**

Se informa, y es ampliamente conocido, que la Biblia continúa vendiendo más de 100 millones de copias al año.

- **Primer libro escrito jamás impreso**

La introducción de _________ Press también vio la producción masiva de la Biblia como el primer libro en ser reproducido en masa en forma impresa. Gutenberg Press produjo la primera forma impresa de cualquier libro o manuscrito. Era apropiado que lanzara su línea de producción con la Biblia.

- **Los manuscritos más verificables y más antiguos de cualquier documento del planeta**

Sigue siendo uno de los testimonios notables de la grandeza de Dios, que Dios pudo sostener y contener tal consistencia y cuidado meticuloso de todos y cada uno de los manuscritos que alguna vez se reprodujeron de los diversos escritos de las partes de la Biblia.

La composición de la Biblia.

La Biblia fue compilada durante un periodo de tiempo y finalmente se determinó que sería la Sagrada Escritura tal como la disfrutamos hoy. El Primer Canon de las Escrituras fue la Biblia _____ y consistió en los escritos del Antiguo Testamento como lo conocemos hoy .

La Biblia Hebrea

La Biblia hebrea se conoce históricamente como el _____[1], que consta de tres partes o compilaciones.

La **Primera Parte** consiste en una recopilación de los primeros cinco libros de la Biblia y se conocía como la _____.

La **Segunda compilación** se conoce como _____[2] y consta de los *"Antiguos profetas"*, los libros de *Josué, Jueces, Samuel y Reyes,* y los libros proféticos de *Isaias, Jeremías y Ezequiel y los Doce profetas menores*.

La **tercera parte** consta del _____[3] que comprendía de *Salmos, Proverbios y Job, luego también el "Hamesh Migillot" que consiste en Lamentaciones, Ester, Cantar de los Cantares, Rut, Eclesiastés* y los libros restantes de *Daniel, Esdras-Nehemias y las Cronicas*.[4]

Esta compilación de tres partes se conoció como el **Tanakh** y fue aceptada como "Sagradas Escrituras" por la 2 BC[5]

La Septuaginta

La **Septuaginta** es la primera _____ del **Tanakh** al **Griego** y se usa ampliamente como el estándar contra el cual se miden las traducciones. La Septuaginta consistía

en el Pentateuco, los Libros Históricos, los Libros Poéticos y los Libros Proféticos Menores y Mayores.

- **El Pentateuco**

El Pentateuco consta de los **primeros** _____ **libros** de la Biblia. Estos son los libros que se sabe que escribió Moises. El Pentateuco consta de *Génesis, Éxodo, Leviticos, Números y Deuteronomio*.

El Pentateuco nos da un relato histórico de la primera familia y como crecieron y se desarrollaron, bajo el propósito de Dios, en la familia israelita.

El Pentateuco también nos proporciona un marco bíblico sólido para una vida piadosa a través de la observancia de las leyes de Moises, así como la comprensión del significado del Tabernáculo en lo que respecta a nuestro tiempo diario con Dios.

El Pentateuco nos ayuda a comprender la naturaleza de Dios y su trato con su pueblo. Aprendemos a saber que Dios es el Proveedor, el Guia, el Gran Pastor, el Hacedor de Milagros, el Libertador, el Dios Santo y el Gobernador Superior de las Naciones del Mundo.

El Pentateuco nos proporciona una base sólida para construir nuestro entendimiento de Dios, Su Poder y Autoridad. Estos libros se convertirán en un punto de referencia constante en su vida diaria, ya que se usaron y aplicaron en las vidas de los profetas, Jesús y los creyentes del Nuevo Testamento.

Oro para que su vida se enriquezca profundamente a través de su viaje por el Pentateuco.

- **Los libros Históricos**

Los libros Históricos se componen de todos los libros que nos brindan un relato histórico de la Nación Israelita, su conquista de la Tierra Prometida y cómo se convirtieron en una Nación que operaba dentro de Canaán. Los libros históricos se componen de *Josue, Jueces, Rut, 1 y 2 Samuel, 1 y 2 Reyes, 1 y 2 Cronicas, Esdras, Nehemias, Ester y Job.*

Los Libros Históricos nos enseñan cómo ganaron y perdieron batallas a medida que crecieron en su fe, así como también soportaron las consecuencias de no caminar con Dios.

Los libros históricos nos dan el viaje de como Dios dirigió a Israel. Primero los guió a través de Sus siervos obedientes Moises, Josue, los Jueces, los Sacerdotes hasta que exigieron un Rey.

Los Libros Históricos nos dan ese relato de los reyes y cómo dirigieron a Israel y luego al Reino dividido.

- **Los libros Poéticos**

Los Libros Poéticos se componen de los *Salmos, Proverbios, Eclesiastés, Lamentaciones y Cantar de los Cantares.*

Los libros poéticos nos brindan una guía increíble para la sabiduría y la vida piadosa, así como una gran guía para encapsular palabras para expresar y presentar nuestros pensamientos y oraciones más profundos y serios a Dios.

- **Libros Proféticos**

Los Libros Proféticos nos brindan declaraciones proféticas que se dirigieron tanto al pueblo de Israel, Judá como a las Naciones y sus Líderes a través de estos Profetas.

Los libros proféticos constan de dos partes, a saber: Profetas mayores y menores. **Los Profetas Menores** se componen de aquellos Profetas cuya vida e historia personales se convirtieron en una declaración profética, así como Dios los usó para hablar a los reyes y a la gente de su tiempo. Ellos son Oseas, Joel, Amos, Abdias, Jonas, Miqueas, Nahum, Habacuc, Sofonias, Hageo, Zacarias y Malaquias.

Los Profetas Mayores incluyen a Isaias, Jeremias, Lamentaciones, Ezequiel y Daniel. Estos libros fueron declarados "mayores" por la cantidad de texto, y no porque fueran considerados más importantes que los libros proféticos "menores". El profeta del Antiguo Testamento tendía a destacarse especialmente en tiempos de crisis. Dios usó a los profetas para proporcionar dirección y sabiduría en tiempos de crisis. Dios también los usó para recordarle al pueblo sus promesas del pacto.

La relevancia de la profecía bíblica no es solo la información revelada a la gente sobre las circunstancias que enfrentan en su tiempo o en un tiempo por venir, sino también lo que el mensaje revela sobre la naturaleza de Dios. La profecía en la Biblia es parte de la autorrevelación de Dios, mediante la cual llegamos a conocer a Dios a través de lo que ha hecho en el pasado y lo que planea hacer en el futuro.

Muchos de estos libros proféticos, no solo hablaron de sus circunstancias contemporáneas, sino que hablaron más específicamente de eventos futuros que aún deben experimentarse. Se encuentran ejemplos de esto en Daniel, Jeremias, Isaias, Joel y Hageo. De hecho, casi todos estos Profetas hablaron palabras relevantes para el día en que vivimos.

La Biblia

De la Septuaginta se compiló la Biblia tal como la tenemos hoy. La Septuaginta se tradujo al griego a partir del texto hebreo de aproximadamente el año **200 AC**, y luego se escribieron y compilaron los libros del Nuevo Testamento para componer lo que hoy se conoce como la Biblia. Esta compilación y redacción de la parte del Nuevo Testamento se prolongó hasta aproximadamente el año **100 DC**.

El texto completo más antiguo que se conserva del Nuevo Testamento es el "**Codex Sinaiticus**" (Biblia del Sinaí), que fue "**descubierto**" en el monasterio de Santa Catalina en la base del monte Sinaí en Egipto en las décadas de 1840 y 1850.[6] Data de alrededor de 325-360 EC, no se sabe dónde fue escrito, sin embargo, es muy posible que se haya hecho en Roma o incluso en Egipto.

Mucho se ha escrito a lo largo de los años de varios Concilios que, bajo la guía de Dios, determinaron qué letras y evangelios agregar para formar el canon final de la Escritura tal como lo conocemos hoy. Los libros incluidos en la Biblia se denominan ______________, lo que indica que el grupo que se reunió determinó que la colección refleja la verdadera representación de la palabra y la voluntad de Dios.

La Biblia consta del **Antiguo Testamento** y **Nuevo Testamento**. Las compilaciones del Antiguo Testamento se exploraron anteriormente.

- **El Nuevo Testamento**

El Nuevo Testamento es una colección de 27 libros que consta de 4 partes; a saber, los cuatro ______________, los ______________, las ________________ Pastorales y un Libro Profético Apocalíptico - Apocalipsis.[7] Estos libros fueron canonizados como Escritos Sagrados y fueron escritos entre 50 – 120 DC,[8] y afirmados a través de la determinación en varias reuniones de Líderes de la Iglesia. Ya en el año __ DC en el Concilio de Roma[9], la incorporación de estos 27 libros fue aceptada como parte de la Biblia completa.

- **Evangelios**

Los Evangelios constan de los relatos evangélicos de cuatro de los apóstoles, a saber: ***Mateo, Marcos, Lucas y Juan.*** Estos cuatro libros exploran la vida terrenal y el ministerio de Jesus e incluyen Su enseñanza a sus discípulos. Los Evangelios también nos dan un relato gráfico del gran precio que Cristo pagó por nuestra redención. Como creyentes, también aceptamos las instrucciones dadas a los apóstoles como instrucciones para nosotros como creyentes.

- **Los Hechos de los Apóstoles**

Los Hechos de los Apóstoles es el relato del apóstol Lucas del ministerio y obra de los apóstoles. También nos da una idea del crecimiento y desarrollo de la iglesia primitiva. En muchos sentidos, es un manual para aquellos que desean liderar iglesias que hacen discípulos. Encapsula lo esencial de la oración, el testimonio, el discipulado, la mayordomía, el estudio y la aplicación de la Palabra de Dios, el perseverar y defender la fe de uno en medio de mucha persecución.

- **Epistolas Pastorales**

Las Epístolas Pastorales consisten en varias cartas de los Apóstoles a una variedad de iglesias e individuos con una gran enseñanza y guía de vida cristiana para nosotros hoy.

- **Apocalipsis.**

El Libro del Apocalipsis se compone de una visión que Juan, el Apóstol, tuvo en la isla de Patmos, y nos prepara para lo que le espera a la iglesia y al mundo. También nos da un esquema correlativo de lo que vendrá en esta vida y en la eternidad.

Traducciones de la Biblia

La primera traducción de la Biblia, tal como la conocemos hoy, estuvo disponible primero en ______, y luego se tradujo posteriormente a través de los años a varios idiomas. Hoy en día existen muchas traducciones, algunas traducidas con mayor precisión y exactitud que otras. Recomiendo una traducción que sea más fácil de entender, especialmente porque el inglés es mi segundo idioma, pero también una que presente las verdades de la Palabra de Dios de una manera responsable y lo más cercano posible a la forma original para mi.

A lo largo de los años he escuchado muchos argumentos sobre la traducción específica que se debe leer. Mientras contemplaba a aquellos que discutían más arduamente sobre esto, observé muy poco de los valores de la Biblia traducidos en sus vidas. Creo que debemos abrazar la Palabra de Dios con una apertura para escuchar Su Voz y una actitud de corazón congruente para aplicarla y ponerla en práctica.

También creo que es de suma importancia abrazar al Autor y lo que tenemos en nuestras manos, más que lo que criticamos al medio en el que Su mensaje nos fue traído. Al final, tenemos que aceptar, cualquiera que sea la traducción que usemos, como la autoridad final en nuestras vidas. Entonces, cualquier traducción que use tiene que traer dentro de usted la sensación de que cree que esto se parece mucho al corazón y la intención de lo que Dios quería comunicar.

La Promulgación de las Escrituras

- **Las Tablas de Piedra**

La única instrucción escrita que Dios mismo escribió y dio fue la que se le dio a Moises en la montaña.

> *Éxodo 24:12 RVR1960 Entonces Jehová dijo a Moises: Sube a mi al monte, y espera allá, **y te daré tablas de piedra**, y mandamientos que **he escrito para enseñarles.**"*

Tenemos otro relato de donde el Dedo de Dios escribió un mensaje en la pared del Libro de Daniel. Aparte de estos dos relatos, el resto de las Palabras del Señor se redujeron a escribir bajo la instrucción del Señor.

- **Los Escritos en Rollos**

> *Jeremías 30:2-3 NVI Esta es la palabra que vino a Jeremías de parte del Señor: "Así habló Jehová Dios de Israel, diciendo: Escribete en un libro todas las palabras que te he hablado. 3 Porque he aquí que vienen días, dice Jehova, en que haré volver a los cautivos de mi pueblo Israel y Judá, ha dicho Jehová, y los traeré a la tierra que di a sus padres, y la disfrutaran.."*

Doy gracias a Dios por esos obedientes siervos suyos que escribieron las palabras que les dio. Es nuestra responsabilidad guardar Sus Palabras y asegurarnos de que no agreguemos ni disminuyamos lo que Él dijo.

- **La Biblia de Gutenberg**

La Biblia de Gutenberg en 1450 fue uno de los primeros libros impresos conocidos en el mundo. La imprenta revolucionó la multiplicación de escrituras. Además de que los orígenes de la Biblia se encuentran entre los registros más antiguos y reputados del mundo, la Biblia de Gutenberg proporcionó al mundo la primera Biblia impresa de la Vulgata latina original. Desde sus primeros éxitos, la

Biblia se siguió imprimiendo y hoy sigue siendo el libro más vendido en el mundo año tras año.

En Conclusión

Durante la próxima sesión exploramos formas en las que podemos aprovechar al máximo nuestro tiempo en la Palabra.

HOJA DE ASIMILACIÓN
LA AUTORIDAD DE LA BIBLIA

1. Complete la oración. *La Autoridad de la Biblia se puede argumentar desde una dimensión Arqueológica, _______, y profética.*

2. Complete la oración. *Los _____, del Mar Muerto, entre otros manuscritos históricos, apoyan la precisión de los escritos y la infalibilidad de las Escrituras.*

3. Complete la oración. *Uno de los aspectos para confirmar y validar la Autoridad de las Escrituras es la ________ de su mensaje a través de tantos escritores, a lo largo de tantos años, de tan variados antecedentes.*

4. Complete la oración. *La Biblia fue escrita durante un periodo de _______ por más de 40 Autores que escribieron Mensajes de Dios según los inspiraba el Espíritu Santo.*

5. Complete la oración. *En primer lugar, tenemos el _____ de manuscritos que prueba que es exactamente el mismo, y luego, en segundo lugar, tenemos la ________ en los manuscritos, lo que demuestra más allá de toda duda su fiabilidad*

6. Complete la oración. *La Autoridad de la Biblia, como Palabra de Dios, se ve reforzada por el mensaje fuerte y coherente, independientemente de que haya sido escrito por más de __ escritores, muchos de los cuales vivieron en diferentes periodos y circunstancias.*

7. Complete la oración. *El periodo durante el cual los escritores*

ESCRIBIERON, abarca más de ___ *años.*

8. Complete la oración. *La introducción* _______ *Press también vio la producción en masa de la Biblia como el primer libro en ser reproducido en masa en forma impresa.*

9. Complete la oración. *El primer Canon de las Escrituras fue la Biblia* _____ *y consistió en los escritos del Antiguo Testamento como lo conocemos hoy.*

10. ¿Cómo se conocía históricamente la Biblia hebrea? ________

11. El Tanakh (Tanaj) constaba de tres partes. Nombra las tres partes del Tanakh (Tanaj)

- ____________________
- ____________________
- ____________________

12. ¿Cómo se llamó la primera traducción de la Biblia hebrea y en qué idioma se tradujo?

____

____

13. La Torah (Torá) también fue conocida con que nombre?

____

14. Complete la oración. *El Pentateuco consta de los primeros* ____ *libros de la Biblia.*

15. Complete la oración. *Ya en el año* __ *D.C. En el Concilio de Roma*[10] *la incorporación de estos 27 libros fue aceptada como parte de la Biblia completa.*

16. Nombra las tres formas principales en las que la Palabra de Dios nos fue transmitida por escrito.

- ____________________
- ____________________
- ____________________
- ____________________

9

—————

APROVECHANDO AL MÁXIMO MI TIEMPO EN LA PALABRA

SESIÓN TRES

¿**C**ómo puedo aprovechar al máximo mi tiempo en la **Palabra de Dios?**

Durante esta sesión exploraremos las formas en las que podemos beneficiarnos más de nuestro tiempo en la Palabra, así como también cómo este tiempo en la Palabra puede ayudarnos a crecer y madurar mejor.

1. Una Buena disciplina para asimilar la Palabra de Dios es:

- **Comprométete a hacero a _____.**

Nada impacta nuestras vidas tanto como practicar disciplinas espirituales consistentemente. La mejor manera de crecer en nuestra fe es permanecer conectados a la Vid. Los domingos no son los únicos ni los mejores momentos para ingerir la Palabra de Dios, necesitamos una ración diaria de la Palabra. Por mucho que sepamos el valor de comer diariamente para nutrir y mantener un cuerpo físico saludable, sabemos que el compromiso de tomar y recibir diariamente la Palabra del Señor sostendrá y mantendrá una conexión saludable con la fuente de todo lo que necesitamos.

Juan 15:7 (NIV) 7 Si permanecen en mí y mis palabras permanecen en ustedes, pidan lo que quieran, y se les concederá.

- **Reserve un tiempo específico y dedicado para estar a solas con Dios y en su _______.**

Por lo general, disfrutamos del desayuno, el almuerzo y la cena en horarios establecidos. De la misma manera programe un tiempo u horarios en la Palabra. Reserve un tiempo y un lugar donde pueda estar a solas con Dios y Su Palabra.

- **Encuentre y siga un plan de _______ de la Biblia.**

Un plan de lectura le ayudará a leer toda la Biblia anualmente. También nos ayuda a mantener el rumbo para tener una alimentación equilibrada de la Palabra de manera constante. Los buenos planes de lectura de la Biblia consisten en una porción del Antiguo Testamento, una porción del Nuevo Testamento y, a menudo, un salmo o dos y quizás una porción de los Proverbios.

Obtenga una Biblia de Un Año.

Estos se pueden encontrar en Biblias de un año como la Biblia de un año de Zondervan NVI (Nueva Versión Internacional). He visto que mi esposa lo ha usado durante más de 30 años. Puede ser un recurso enorme y funciona.!

También puede encontrar planes de lectura de la Biblia en la aplicación de la Biblia YouVersion. Lo más importante es que empieces uno hoy.

2. El método de SOAP

Mientras lee la Biblia a diario, aplique el método de SOAP para asegurarse de no leer la Biblia como si fuera otro libro, sino como realmente es: la Palabra de Dios para usted y para mi, para que la vivamos. Comprométete a ponerlo en práctica.

El método de SOAP significa:

- S – _________ (La lectura específica del dia),
- O – __________ (¿Qué está diciendo Dios a través de la lectura de hoy?),
- A – _________ (¿Cómo puedo poner esto en práctica hoy? ¿Cómo puedo hacer esto? Y hacer un compromiso de hacerlo), y
- **P – Oración** (Tómate unos momentos para orar por la aplicación y el compromiso en tu vida.)

Por ejemplo., *"Padre Celestial, hoy me hablaste sobre el perdón a través de Tu Palabra. Elijo perdonar como tu quieres. Me comprometo a perdonar a los que hagan cosas que no me gustan. Yo los perdono. Perdono a los que me hacen daño y me lastiman. Ayúdame a perdonar rápidamente. Gracias por tu perdón. Amén."*

3. ¡Escuche y Hágalo!

Encuentre a Dios a través de su lectura diaria de la Biblia. Dios habla y desea hablarnos como sus hijos. ¡Escuche y Hágalo! Siempre te animarás y fortalecerás a través de la lectura y meditación de la Palabra.

4. Medite en la Palabra

Medita en la Palabra de Dios. Haga una pausa mientras lee y piénselo. Aprenda la Palabra de Dios.

5. Estudiar la Biblia.

Toma esas Escrituras que te llaman la atención, y aquellas de las que sientes que Dios te está hablando, y aprenderlas de memoria, medita en ellas y recuerdale a Dios las promesas que te hizo con regularidad.

6. Sea un hombre y una mujer de la Palabra de Dios.

¿Por dónde puedes empezar?

Un buen lugar para comenzar es comenzar leyendo el Evangelio de Juan. Lea al menos tres capítulos del Nuevo y Antiguo Testamento al día. Lea también 5 Salmos y 1 capítulo de Proverbios. Esto lo pondrá en una dieta de disciplina espiritual buena y saludable. Le tomará entre 15 y 45 minutos completar dicho régimen de lectura de la Palabra.

La lectura promedio de un plan de lectura de la Biblia toma alrededor de 20 minutos. Combinado con la meditación y la oración, necesitará alrededor de 60 minutos para dar algún tipo de credibilidad a su esfuerzo.

¡Una Buena estrategia a seguir!

Es posible que desee considerar las siguientes pautas cuando pase tiempo en la Palabra:

- El _______ de los libros

Cada libro tiene un mensaje. A veces es útil leer la introducción a un Libro de la Biblia para determinar el trasfondo histórico y político, y el tiempo contextual en el que se escribió el Libro. También ayuda a comprender a los contemporáneos bíblicos de la época. Muchas veces, existe un fuerte vínculo entre algunos de los Profetas y el momento en que se desarrolla cierto Libro. Esto ayuda a encontrar el contexto, así como a construir un entendimiento unificado de cómo Dios se comunica y como nuestro Dios Fiel trabaja con aquellos que le obedecen y lo siguen.

- **Dios nos _______a través de Su Palabra.**

Permita que el Espíritu Santo le hable cada vez que lea Su Palabra. Él quiere hablar. Abre tu corazón para escucharlo hablar contigo mientras lees y contemplas la Palabra. La razón por la que habló a su pueblo en la Biblia sigue siendo la misma razón por la que nos habla hoy. Las Mismas cosas que Él abordó con Su pueblo en la Biblia siguen siendo las mismas cosas de las que habla en nosotros hoy.

- **Como Dios habló a sus siervos a través de la _______.**

Lo que a menudo ayuda es cuando hacemos la conexión entre cómo Dios habló a sus siervos a lo largo del Antiguo Testamento y como continúa hablándonos hoy. Viva con la expectativa en su corazón de que Dios también le hablará a usted como les habló a Sus siervos a lo largo de la Biblia. Dios habló en los tiempos del Antiguo Testamento, en los tiempos del Evangelio y en los tiempos del Nuevo Testamento

- **Escuche a Dios hablarnos ___**

Es fundamental saber que Dios nos habla a través de la Palabra escrita. Dios también nos habla a través del Espíritu Santo mientras leemos y meditamos la Palabra de Dios. Escuche la Voz del Espíritu Santo. Dios nos habla a través de Sus siervos que nos traen la Palabra de Dios. En algún momento de su caminar con Dios, Dios no sólo le hablará a través de Su Palabra, sino que también le dará Palabras para entregar y llevar a los demás. Mientras lees y oras, mantén siempre la franqueza para comprender si el Señor te está hablando o quiere que animes a otra persona.

- **Es esencial que _______ de cada Palabra que procede de la boca de Dios.**

Comprométete a poner en práctica la Palabra. Actúe en Su Palabra para usted así como los hombres y mujeres de Dios actuaron y respondieron a las Palabras que Dios les habló. Constantemente buscaban al Señor para que los guiara en cada decisión de la vida que tomaban.

- **Necesitamos ser _______ por la Palabra de Dios.**

En el Antiguo Testamento aprendemos sobre el Urim y Tumim, las dos piedras que se utilizan para determinar los resultados y las respuestas del Señor.

Éxodo 28:30 (NVI) 30 Sobre el pectoral para impartir justicia pondrás el Urim y el Tumim. De esta manera, siempre que Aarón se presente ante el Señor, llevará en el pecho la causa de los israelitas.

El sacerdote debía establecer, de antemano, cómo se determinaría la respuesta del Señor. Una de esas ocasiones fue cuando Saulo le preguntó al Señor para determinar por qué nunca le respondió.

1 Samuel 14:41-42 (NVI) 41 Luego le rogó Saul al Señor Dios de Israel, que le diera una respuesta clara. La suerte cayó sobre Jonatán y Saúl, de modo que los demás quedaron libres. 42 Entonces dijo Saúl: --Echen suertes entre mi hijo Jonatán y yo. Y la suerte cayó sobre Jonatán.

Tenemos varias ocasiones en las que los Líderes no proceden antes de preguntar al Señor.

Esdras 2:63 (NVI) 63 A ellos el gobernador les prohibió comer de los alimentos sagrados hasta que un sacerdote decidiera su suerte por medio del Urim y el tumim.

De la misma manera, debemos consultar al Señor antes de tomar decisiones. Dejemos que la Palabra de Dios guíe y dirija nuestros pasos.

Salmos 119:105 (NVI) 105 Tu palabra es una lámpara a mis pies; es una luz en mi sendero.

Proverbios 3:5-6 (NVI) 5 Confía en el Señor de todo corazón, y no en tu propia inteligencia. 6 Reconócelo en todos tus caminos, y él allanará tus sendas.

Necesitamos construir nuestras vidas con los consejos obtenidos de la Palabra de Dios. Permita que Dios le hable a diario a través de Su Palabra.

- **No _____ o quite ninguna de las Palabras de Dios**

Es esencial que no leamos en la Palabra lo que no dice ni agreguemos a lo que dice. Algunas personas tienen el hábito de extender la verdad de la Palabra hasta tal punto que ni siquiera se parece a lo que la Palabra realmente dijo. Lealo y aplíquelo como un niño. Tómalo como nos fue dado.

Deuteronomio 4:2 (NVI) No añadan ni quiten palabra alguna a esto que yo les ordeno. Más bien, cumplan los mandamientos del Senor su Dios

Apocalipsis 22:18-19 (NIV) A todo el que escuche las palabras del mensaje profético de este libro le advierto esto: Si alguno le añade algo, Dios le añadirá a él las plagas descritas en este libro. 19 Y, si alguno quita palabras de este libro de profecía, Dios le quitará su parte del árbol de la vida y de la ciudad santa, descritos en este libro.

En Conclusión

La Palabra de Dios es viva y eficaz. La palabra de Dios nos ilumina guiándonos y dirigiéndonos por los caminos correctos. Cada momento que pasamos en la Palabra de Dios, activamos su poder transformador para dirigirnos, fortalecernos, guiarnos y edificarnos. Si Su Palabra permanece en nosotros, daremos mucho fruto.

HOJA DE ASIMILACIÓN

APROVECHAR AL MÁXIMO MI TIEMPO EN LA PALABRA

1. Complete la oración en la práctica de buenas disciplinas. *Comprométete a hacerlo __________.*

2. Complete la oración. *Reserve un tiempo específico y dedicado para estar a solas con Dios y Su ______.*

3. Complete la oración. *Encuentre y siga un plan de ________.*

4. Nombre las cuatro palabras del acrónimo SOAP.

- S - _____________________
- O - _____________________
- A - _____________________
- P - _____________________

5. Para convertirse en un Hombre y una Mujer de la Palabra, hay algunas estrategias a seguir. Complete las siguientes declaraciones.

- *El ________ de los libros*
- *Dios nos ______ a través de Su Palabra*
- *Como Dios habló a sus siervos a través de la ________*
- *Escuche a Dios hablarnos ___*

- *Es esencial que _______ de cada Palabra que sale de la boca de Dios.*
- *Necesitamos ser _______ por la Palabra de Dios*
- *No _______ o quitar alguna de las Palabras de Dios*

10

ESTUDIO ADICIONAL
SESIÓN CUATRO

Dado que la mayoría de nuestros discípulos pueden ser nuevos en la fe, debemos ayudarlos a comprender la Biblia, su Mensaje y cómo recibirlo y vivirlo a diario. La mejor manera de hacerlo es a través de un encuentro intensivo de fin de semana como este.

Para hacer de este Encuentro una experiencia mejorada, le recomendamos que también complete el curso "Estudio de la Biblia" de Bruce Wilkinson de Teach Every Nation. El Dr. Bruce Wilkinson es un maestro prolífico y este encuentro enriquecerá su comprensión y apreciación de la Palabra de Dios.

Su curso "Estudio de la Biblia" le ayudará a:

- Ver la imágen completa. Se le presentará la estructura de su biblia para que pueda administrar su contenido, propósitos y aplicaciones a lo largo de su vida.
- Descubra su historia en la suya. Verá el plan de Dios en la creación y su deseo de redimir a su pueblo de las consecuencias del pecado y ofrecer redención a toda la humanidad.

- Encuentra la diversión en el aprendizaje. Utilizando tarjetas para memorizar, animación y puesta en escena creativa, el contenido difícil se vuelve fácil y la memorización se vuelve fácil.
- Comprender la línea de tiempo histórica. Hemos dividido la línea de tiempo histórica en 20 periodos diferentes: 10 en el Antiguo Testamento y 10 en el Nuevo Testamento.
- Descubra quién, por qué y cuándo. Podrá hacer coincidir 10 personajes bíblicos clave con cada uno de esos periodos históricos del Antiguo y Nuevo Testamento.
- Finalmente, identifique qué y dónde. Explorarás mapas que tengan sentido para descubrir donde estaba el Jardín del Edén, de dónde vino Abraham, dónde caminó Jesus, Pablo fue encarcelado y mucho más.
- Descubra el cambio de vida a lo largo de su vida. La revisión constante es un elemento crucial para hacer suya esta herramienta general. Después de unas pocas sesiones, estará construyendo esta herramienta para una vida de crecimiento espiritual y ministerial.

Survey of the Bible Course

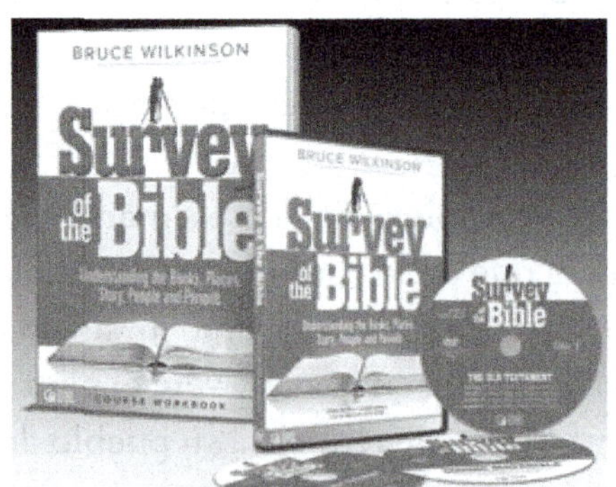

**Small Group Curriculum
(Also Great for Classes,
Family & Personal Devotions)**

Puedes adquirir este material en www.brucewilkinsoncourses.org

PARTE III

ENCUENTRO DE FIN DE
SEMANA PARA COMPARTIR
LA FE

FIN DE SEMANA TRES

CALENDARIO DE ENCUENTROS

- Sesión 1 – INTRODUCCIÓN A COMPARTIR NUESTRA FE
- Sesión 2 – COMPARTIENDO NUESTRA FE DE MANERA PRÁCTICA
- Sesión 3 – EL MENSAJE PRÁCTICO DEL EVANGELIO

11

INTRODUCCIÓN A COMPARTIR NUESTRA FE

SESIÓN UNO

Todos somos testigos de lo que Dios ha hecho en nuestras vidas. Nuestro llamado es testificar y compartir esto con otros.

Jesús enseñó a sus discípulos *la disciplina espiritual de* ________ cuando les enseñó por primera vez en la montaña. Les dijo que ellos eran *Luz* y *Sal* y que deberían dejar su *"luz brillar ante los demás para que puedan ver tus buenas obras y glorificar a tu Padre Celestial."* Esta es una directiva clara para ser un testigo, para ser una luz para el mundo.

Testificar requiere un compromiso de ser tanto una "___" como "__".

Mateo 5:13-16 (NIV) [13] ***"Ustedes son la sal de la tierra.*** *Pero, si la sal se vuelve insípida, ¿cómo recobrará su sabor? Ya no sirve para nada, sino para que la gente la deseche y la pisotee.* [14] ***"Ustedes son la luz del mundo.*** *Una ciudad en lo alto de una colina no puede esconderse.* [15] *Ni se enciende una lámpara para cubrirla con un cajón. Por el contrario, se pone en la repisa para que alumbre a todos los que están en la casa.* [16] *Hagan brillar su luz* *delante de todos, para que ellos puedan ver las buenas obras de ustedes y alaben al Padre que está en el cielo."*

Ser una "__" significa que nos comprometemos a exhibirnos en público como un ejemplo para que otros vean la *Luz* de Cristo brillando en nuestras vidas a través de las __________ que observan en nuestras vidas y a través de ellas.

Ser "__" requiere que vivamos dignamente, defendiendo los valores del Reino de Dios a través de nuestra conducta de altos principios. Por otro lado, ser testigos también requiere que compartamos la Palabra de Dios oralmente.

Testificar requiere un compromiso de "________" las Buenas Nuevas.

Durante los momentos de despedida antes de que Jesus ascendiera al cielo, les dio a sus discípulos la "**Gran ________.**" La Gran Comisión requiere que ________ al mundo entero y __________ las Buenas Nuevas acerca de Jesucristo y los __________ como seguidores obedientes de Jesucristo.

Marcos 16:15 (NVI) "15 Les dijo: vayan por todo el mundo y anuncien las buenas nuevas a toda criatura."

Marco 16:20 (NVI) "20 Los discípulos salieron y predicaron por todas partes, y el Señor los ayudaba en la obra y confirmaba su palabra con las señales que la acompañaban."

Testificar requiere un compromiso tanto de "________" como "__________."

Jesús no solo requiere que sus seguidores *"vayan por todo el mundo y prediquen el evangelio,"* sino que también les pide que ________ a aquellos cuyos corazones están abiertos y responden al mensaje del evangelio que se predica.

> *Mateo 28:19-20 (NVI) "19 Por tanto, vayan y hagan discípulos de todas las naciones, bautizándolos en el nombre del Padre y del Hijo y del Espíritu Santo, 20 enseñándoles a obedecer todo lo que les he mandado a ustedes. Y les aseguro que estaré con ustedes siempre, hasta el fin del mundo."*

La iglesia en Hechos hizo exactamente eso; predicaron e hicieron discípulos. Jesús nos instruyó a _______ el evangelio y a _______ a nuestros discípulos lo que Él nos enseñó. La iglesia primitiva hizo precisamente eso. Fue esta aceptación más amplia de la Instrucción Final que el Señor dio a Sus Discípulos lo que le dio prioridad a que se convirtiera en la "**Gran Comision.**"

> *Hechos 11:19-21 (NVI) "19 Los que se habían dispersado a causa de la persecución que se desató por el caso de Esteban llegaron hasta Fenicia, Chipre y Antioquía, sin anunciar a nadie el mensaje excepto a los judios. 20 Sin embargo, había entre ellos algunas personas de Chipre y de Cirene que, al llegar a Antioquía, comenzaron a hablarles también a los de habla griega, anunciándoles las buenas nuevas acerca del Señor Jesus. 21 El poder del Señor estaba con ellos, y un gran número creyó y se convirtió al Señor."*

> *Hechos 11:25-26 (NVI) 25 Después partió Bernabé para Tarso en busca de Saulo, 26 y, cuando lo encontró, lo llevó a Antioquia. Durante todo un año se reunieron los dos con la iglesia y enseñaron a mucha gente. Fue en Antioquía donde a los discípulos se les llamó "cristianos" por primera vez.*

Vemos este patrón replicado en muchos relatos en los Hechos de los Apóstoles. No es de extrañar que la iglesia primitiva creciera exponencialmente. Creo, y veo, que experimentaremos el mismo impacto y transformación de las naciones que experimentaron los Apóstoles y la iglesia primitiva cuando abrazamos nuevamente, como el cuerpo de Cristo, como creyentes, la "**Gran Comisión**" como nuestra misión. Cubriremos la tierra con la Buena Nueva de Jesucristo.

¿Cómo creerán sin que alguien les diga?

Periódicamente debemos preguntarnos: *¿Cómo creerán a menos que se ________?* La respuesta a esta pregunta siempre debe llevarnos a un compromiso de actuar y compartir nuestra fe.

> *Romanos 10:14-15 (NVI) 14 Ahora bien, ¿cómo invocarán a aquel en quien no han creído? ¿Y cómo creerán en aquel de quien no han oído? ¿Y cómo oirán si no hay quien les predique? 15 ¿Y quién predicará sin ser enviado? Así está escrito: "¡Qué hermoso es recibir al mensajero que trae buenas nuevas!"*

Jesús modelo la predicación y el discipulado

Jesús comenzó su ministerio terrenal haciendo exactamente eso; Predico un Mensaje de Arrepentimiento

> *Mateo 3:1-2 (NVI) "1 En aquellos días se presentó Juan el Bautista predicando en el desierto de Judea. 2 decía: "Arrepiéntanse, porque el reino de los cielos está cerca"."*

> *Mateo 4:17 (NVI) "17 Desde entonces comenzó Jesus a predicar: "Arrepiéntanse, porque el reino de los cielos está cerca.""*

Como resultado de esta predicación, Jesus encontró a sus primeros discípulos. Vemos ese proceso modelado por Jesus en el Evangelio de Lucas. Primero Jesús predicó, y luego realizó un milagro, y luego Pedro se arrodilló ante Jesus y lo siguió para ser Su discípulo.

> *Lucas 5:1 (NVI) "1 Un día estaba Jesús a orillas del lago de Genesaret, y la gente lo apretujaba para escuchar el mensaje de Dios."*

Jesus predicó la Palabra de Dios junto al lago de Genesaret. Es aquí donde conoció a Pedro, Andres, Santiago y Juan, los propietarios de dos arrastreros de pesca.

> *Lucas 5:4-6 (NVI) "4 Cuando acabó de hablar, le dijo a Simón: --Lleva la barca hacia aguas más profundas, y echen allí las redes para pescar. 5 --Maestro, hemos estado trabajando duro toda la noche y no hemos pescado nada --le contestó Simón--. Pero, como tu me lo mandas, echaré las redes. 6 Así lo hicieron, y recogieron una cantidad tan grande de peces que las redes se les rompían."*

Jesus realizó un milagro que los asombró. Uno de los elementos constantes que presenciamos en la obra de la iglesia primitiva fue su apasionada obediencia para ________ a Jesús, *"realizar milagros, señales y prodigios,"* y ________. En medio de una severa persecución, la iglesia avanzó e incluso ganó el hostil Imperio Romano.

> *Lucas 5:8-9 (NVI) "8 Al ver esto, Simon Pedro cayó de rodillas delante de Jesus y le dijo: --¡Apártate de mí, Señor; soy un pecador! 9 Es que él y todos sus compañeros estaban asombrados ante la pesca que habían hecho."*

En varias ocasiones, vemos que este mismo patrón de ministerio también se repite; Predicación, milagros, arrepentimiento y personas que se vuelven seguidores.

> *Lucas 5:10-11 (NVI) 10 "como también lo estaban Jacobo y Juan, hijos de Zebedeo, que eran socios de Simón. --No temas; desde ahora serás pescador de hombres --le dijo Jesus a Simón. 11 Asi que llevaron las barcas a tierra y, dejándolo todo, siguieron a Jesus."*

Estos primeros Discipulos del Senor presenciaron de primera mano un milagro, cuya impresión los impactó tanto que Pedro cayó de rodillas y _______ que era un pecador. El impacto de que *prediquemos* o hablemos la Palabra de Dios debería resultar en que las personas pongan su fe en Jesús.

Pedro preciso, realizó milagros y discipuló donde quiera que fue

El Apostol Pedro fue un ejemplo de cómo practicar esta Disciplina Espiritual desde el inicio de la Fundación de la Iglesia. Él es quien se puso de pie en el día de Pentecostés y predicó ese mensaje que vio a 3000 personas viniendo a Cristo.

> *Hechos 2:14 (NVI) Pedro se dirige a la multitud "14 Entonces Pedro, con los once, se puso de pie y dijo a voz en cuello: "Compatriotas judio y todos ustedes que están en Jerusalén, déjenme explicarles lo que sucede; presten atención a lo que les voy a decir."*

Pedro predicó a Jesús.

> *Hechos 2:22 (NVI) "22 "'Pueblo de Israel, escuchen esto: Jesús de Nazaret fue un hombre acreditado por Dios ante ustedes con milagros, señales y prodigios, los cuales realizó Dios entre ustedes por medio de él, como bien lo saben."*

Su mensaje incluye la muerte y resurrección de Jesús.

> *Hechos 2:31-33 (NVI) 31 Fue así como previó lo que iba a suceder. Refiriéndose a la resurrección del Mesías, afirmó que Dios no dejaría que su vida terminara en el sepulcro, ni que su fin fuera la corrupción. 32 A este Jesús, Dios lo resucitó, y de ello todos nosotros somos testigos. 33 Exaltado por el poder de Dios, y habiendo recibido del Padre el Espíritu Santo prometido, ha derramado esto que ustedes ahora ven y oyen"*

Ninguna predicación está completa a menos que culmine en una oportunidad o un llamado al _______________ y a _______ Cristo como Senor. La Mano del Senor estará sobre los oyentes para traer la convicción, pero tenemos que seguir adelante llevándolos a la salvación.

Esto es exactamente lo que sucedió cuando Pedro predicó ese increíble mensaje el día de Pentecostés. La gente tuvo tal convicción que realmente le preguntaron a Pedro: "¿Que haremos?" Querían ser salvos. Querían reconciliarse con Dios. Querían recibir a este Jesús en sus vidas.

> *Hechos 2:36-41 (NVI) 36 "Por tanto, sépalo bien todo Israel que a este Jesús, a quien ustedes crucificaron, Dios lo ha hecho Señor y Mesias." 37 Cuando oyeron esto, todos se sintieron profundamente conmovidos y les dijeron a Pedro y a los otros apóstoles:-- Hermanos, ¿qué debemos hacer? 38 --Arrepiéntase y bautícese cada uno de ustedes en el nombre de Jesucristo para perdón de sus pecados --les contestó Pedro--, y recibirán el don del Espíritu Santo. 39 En efecto, la promesa es para ustedes, para sus hijos y para todos los extranjeros, es decir, para todos aquellos a quienes el Señor nuestro Dios quiera llamar." 40 Y con muchas otras razones les exhortaba insistentemente: --¡Sálvense de esta generación perversa! 41 Así, pues, los que recibieron su mensaje fueron bautizados, y aquel día se unieron a la iglesia unas tres mil personas."*

En muchas otras ocasiones vemos que se sigue el mismo patrón de testigos seguidores; milagros, predicación y gente que pone su fe en Jesucristo.

En el capítulo tres de los Hechos de los Apóstoles, leemos sobre la sanidad del mendigo cojo, a lo que siguió la oportunidad de compartir sobre Jesús de Nazaret. 5000 personas vinieron al Señor como resultado de ese testimonio de que el Señor Jesus era el Cristo resucitado y el Mesías.

Hechos 3:9-10 (NVI) "9 Cuando todo el pueblo lo vio caminar y alabar a Dios, 10 lo reconocieron como el mismo hombre que acostumbraba pedir limosna sentado junto a la puerta llamada Hermosa, y se llenaron de admiración y asombro por lo que le había ocurrido."

El enfoque de su mensaje era claro: arrepientete, para que tus pecados sean borrados y lleguen tiempos de refrigerio.

Hechos 3:19 (NVI) "19 Por tanto, para que sean borrados sus pecados, arrepiéntanse y vuélvanse a Dios, a fin de que vengan tiempos de descanso de parte del Señor,"

El impacto del Señor trabajando con Pedro al dar testimonio del Señor Jesús fue increíble. Primero, los saduceos y los maestros de la ley se enfurecieron por los mensajes sobre la resurrección de Jesucristo que los encarcelaron, pero el impacto del mensaje fue tan poderoso que 5000 personas creyeron el mensaje. En segundo lugar, Pedro y Juan, después del encarcelamiento, salieron aún más fuertes y continuaron en la obra del Señor.

Hechos 4:2 (NVI) "2 Estaban muy disgustados porque los apóstoles enseñaban a la gente y proclamaban la resurrección, que se había hecho evidente en el caso de Jesus."

Hechos 4:4 (NVI) "4 Pero muchos de los que oyeron el mensaje creyeron, y el número de estos, contando sólo a los hombres, llegaba a unos cinco mil."

El impacto innegable fue claro para todos en Jerusalén y más allá. Cada vez más personas creían en el Señor, tanto por haber visto la demostración del Poder de Dios como por haber escuchado el Mensaje que les fue entregado por los Apóstoles.

Hechos 5:12 (NVI) Los apóstoles sanan a muchas personas "12 Por medio de los apóstoles ocurrían muchas señales y prodigios entre el pueblo; y todos los creyentes se reúnen de común acuerdo en el Portico de Salomon."

Hechos 5:14-15 (NVI) 14 Y seguía aumentando el número de los que confiaban en el Señor. 15 Era tal la multitud de hombres y mujeres que hasta sacaban a los enfermos a las plazas y los ponían en camillas para que, al pasar Pedro, por lo menos su sombra cayera sobre alguno de ellos.

Los primeros creyentes también predicaron en todas partes

Los primeros creyentes difundieron la Palabra de Dios dondequiera que fueran. El Evangelio se predicó en todas partes. La predicación es traer el mensaje de que Jesús es el Hijo de Dios, y por la fe en Él como su Señor y Salvador, Él puede salvarlo.

Hechos 8:4 (NVI) "4 Los que se habían dispersado predicaban la palabra por dondequiera que iban."

Mientras estos creyentes iban, predicaban tanto a judio como a gentiles.

Hechos 11:19-21 (NVI) "19 Los que se habían dispersado a causa de la persecución que se desató por el caso de Esteban llegaron hasta Fenicia, Chipre y Antioquía, sin anunciar a nadie el mensaje excepto a los judios. 20 Sin embargo, había entre ellos algunas personas de Chipre y de Cirene que, al llegar a Antioquía, comenzaron a hablarles también a los de habla griega, anunciándose las buenas nuevas acerca del Señor Jesus. 21 El poder del Señor estaba con ellos, y un gran número creyó y se convirtió al Señor."

Vemos como las Palabras de Jesus se cumplieron a través de estos Creyentes, cuando se convirtieron en testigos en Judea, Samaria y hasta los confines de la tierra. Aquí tenemos un relato de ellos predicando a los griegos y más tarde también a los samaritanos.

Felipe predicó a los Samaritanos

Felipe fue uno de los creyentes que se dispersó a través de la persecución que estalló en Jerusalén. En lugar de retroceder, fueron y difundieron el Evangelio por todas partes, incluso entre los samaritanos, lo cual era totalmente intercultural para ellos en ese momento.

> *Hechos 8:5 (NVI) "5 Felipe bajó a un ciudad de Samaria y les anunciaba al Mesías"*

> *Hechos 8:12 (NVI) "12 Pero, cuando creyeron a Felipe, que les anunciaba las buenas nuevas del reino de Dios y el nombre de Jesucristo, tanto hombres como mujeres se bautizaron."*

> *Hechos 8:25 (NVI) "25 Después de testificar y proclamar la palabra del Señor, Pedro y Juan se pusieron en camino de vuelta a Jerusalén, y de paso predicaron el evangelio en muchas poblaciones de los samaritanos."*

Pablo inmediatamente comenzó a predicar cuando fue salvo.

El apóstol Pablo, cuando vino al Señor, inmediatamente comenzó a predicar y demostrar que Jesus era el Mesías.

> *Hechos 9:20 (NVI) "20 Y en seguida se dedicó a predicar en las sinagogas, afirmando que Jesus es el Hijo de Dios."*

Es este acto obediente en la *"Gran Comisión"* lo que cambió el mundo entero para Jesús.

En el capítulo 16 de Hechos vemos otro ejemplo del impacto de **predicar** el Evangelio y **testificar** del Señor Jesus. Después de que

Pablo tuvo su ***Visión de Macedonia,*** él y sus compañeros partieron hacia Macedonia para predicar las Buenas Nuevas de Jesús.

> *Hechos 16:10 (NVI) "10 Después de que Pablo tuvo la visión, en seguida nos preparamos para partir hacia Macedonia, convencidos de que Dios nos había llamado a anunciar el evangelio a los macedonios."*

El resultado de que Pablo compartiera el mensaje de Cristo fue que, ***"El Senor le abrio el corazon para responder al mensaje de Pablo"***

> *Hechos 16:13-14 (NVI) "13 El sábado salimos a las afueras de la ciudad, y fuimos por la orilla del río, donde esperábamos encontrar un lugar de oración. Nos sentamos y nos pusimos a conversar con las mujeres que se habían reunido. 14 Una de ellas, que se llamaba Lidia, adoraba a Dios. Era de la ciudad de Tiatira y vendía telas de púrpura. Mientras escuchaba, el Señor le abrió el corazón para que respondiera el mensaje de Pablo."*

Lo que aprendemos del *"Testificar"* a través de la vida de los Apóstoles, y los Creyentes en Hechos, es que ellos *"predicaron"* en todas partes y que, *"el Señor"* verdaderamente *"trabajó con ellos para confirmar la Palabra"*.

Conclusión

Por lo tanto, debemos comprometernos a testificar compartiendo nuestra fe, predicando y testificando lo que Dios hizo por nosotros.

HOJA DE ASIMILACIÓN
INTRODUCCIÓN PARA COMPARTIR NUESTRA FE

1. Complete el enunciado. *Testificar requiere el compromiso de ser tanto una "___" como "___."*

2. ¿Qué Escritura nos enseña este principio? _______________

3. Complete el enunciado. *Testificar requiere el compromiso de "_______" las Buenas Nuevas.*

4. ¿Qué Escritura nos enseña este principio? _______________

5. Complete el enunciado. *Testificar requiere un compromiso tanto en "predicar" como "_________.*

6. ¿Qué Escritura nos enseña este principio?

   ____

7. ¿Cómo se difundirá el Evangelio? _______________

   ____

8. ¿Qué Escritura nos anima en esto? _______________

9. ¿Que nos modeló Jesús con respecto a cómo ministrar? *Él nos* modeló _________ y _________.

10. ¿Qué Escritura nos enseña este principio? _______________

11. ¿Cuál fue uno de los resultados de la predicación de Jesus en el capítulo cinco de Lucas? _______________

    ____

    ____

12. ¿Cuáles fueron las cosas clave que sucedieron cuando Jesus predicó en Lucas 5:1-11? ________________________

____

____

13. ¿Qué hizo Pedro el día de Pentecostés? ________________

14. ¿Cuántas personas vinieron al Señor como resultado de esa predicación? ________________________________

____

15. ¿Qué hizo Pedro en Hechos capítulo 3 versículo 9 en adelante? ____________________________________

____

16. ¿Cuál fue su mensaje principal? ________________________

____

17. ¿Dónde predicaron los primeros creyentes? Sustentar con las Escrituras. ________________________________

____

____

18. ¿Qué creyente predicó a los samaritanos? Sustentar con las Escrituras. ________________________________

19. ¿Qué hizo Pablo cuando fue salvo? Sustentar con las Escrituras. ____________________________________

20. ¿Pablo entregó un mensaje en el capítulo dieciséis de Hechos en Macedonia? Sustentar con la Escritura.

____

____

21. ¿Qué hizo el Señor cuando predicaron la Palabra? ________

____

____

12

COMPARTIENDO NUESTRA FE DE MANERA PRÁCTICA

SESIÓN DOS

En esta sesión veremos formas en las que podemos compartir nuestra fe de una manera práctica.

¿Cómo podemos compartir nuestra fe de una manera práctica?

1. Haga de la _____________ la misión de su vida.

Esto significa que te comprometes a abrazar todos los diferentes aspectos de la Gran Comisión y cumplirla a diario. Es lo más natural para los nuevos creyentes compartir su nueva fe en Jesús. Te animo a que hagas de esta una misión y una disciplina tuyas de por vida para compartir tu fe con los demás.

Comprometerte con esta Misión Requiere:

- Un compromiso de "_."
- Que "__________" el evangelio.
- Que "________" a los que aceptan a Cristo.
- Que "_______" a los nuevos creyentes a obedecer todo lo que Jesús nos enseñó.

2. Comprométase ponerse los zapatos de la __________ para compartir su fe.

Se nos anima a ponernos la "**Armadura Completa de Dios**" todos los días. Una de las partes esenciales de la "**Armadura de Dios**" son los "***Zapatos de ________***". Estar preparados trae dentro de nosotros una expectativa para mantener los ojos abiertos para cuando surja la oportunidad.

Estar preparados también nos hace menos ansiosos cuando tenemos la oportunidad de compartir. Estar preparados también nos hace más audaces y confiados, ya que esperamos ver cómo el Señor abrirá sus corazones para recibirlo como su Señor y Salvador.

> *Efesios 6:15 (NVI) "15 y calzados con la disposición de proclamar el evangelio de la paz."*

> *Efesios 6:15 (PDT) "15 Prepárense poniéndose el calzado de anunciar las buenas noticias de la paz;"*

Nuestra preparación para cada día debe incluir la disposición a compartir la Esperanza que tenemos en Jesús, mientras prestamos atención para mantener nuestro buen comportamiento.

> *1 Pedro 3:15-16 (NVI Castilian) "15 Más bien, honrad en vuestro corazón a Cristo como Señor. Estad siempre preparados para responder a todo el que os pida razón de la esperanza que hay en vosotros. 16 Pero hacedlo con gentileza y respeto, manteniendo la conciencia limpia, para que los que hablan mal de vuestra buena conducta en Cristo se avergüencen de sus calumnias."*

3. ¿Aprende a compartir el Evangelio como lo hicieron los apóstoles?

Una de las principales razones por las que la gente no comparte su fe, según la investigación de Lesli White de Beliefnet.com[1], es que la gente *"no siente que está bien informada"* para compartir el Evangelio.

Durante nuestra próxima sesión aprenderemos claramente el mensaje del Evangelio.

El Evangelio

La estrategia y el contenido que los apóstoles, y los primeros creyentes, utilizaron para compartir el Evangelio se destacan en el Nuevo Testamento. Fue fundada bíblicamente y perseguida intencionalmente bajo el poder del Espíritu Santo. Usaron la Palabra de Dios en casi todos los relatos para testificar acerca de Jesus, y dependieron fuertemente del Espíritu Santo para traer convicción, y del Señor para confirmar Su Palabra a través de señales y prodigios. Suplicaron a los oyentes que se reconciliaran con Dios, se arrepintieran de sus pecados y aceptaran a Jesucristo como Senor.

El apóstol Pablo, en su discurso a la Iglesia en Corinto, les recuerda el mensaje del Evangelio por el cual fueron salvos:

*1 Corintios 15:1-8 (NVI) 1 Ahora, **hermanos, quiero recordarles el evangelio** que les prediqué, el mismo que recibieron en el cual se mantienen firmes. 2 **Mediante este evangelio son salvos,** si se aferran a la palabra que les prediqué. De otro modo, habrán creído en vano. 3 Porque ante todo les transmití a ustedes lo que yo mismo recibí: **que Cristo murió por nuestros pecados según las Escrituras, 4 que fue sepultado, que resucitó al tercer día según las Escrituras,5 y que se apareció** a Cefas, y luego a los doce. 6 Después se apareció a más de quinientos hermanos a la vez, la mayoría de los cuales vive todavía, aunque algunos han muerto. 7 Luego se apareció a Jacobo, más tarde a todos los* *apóstoles, 8 y, por último, como a uno nacido fuera de tiempo, se me apareció también a mi."*

El Evangelio trata de Jesucristo, quien _____ por nuestros pecados, en nuestro lugar, para salvarnos, pero luego se _______ de entre los muertos y está ____. ¡Ahora servimos al Dios vivo! La validación de las Escrituras es notable a lo largo de este mensaje y a lo largo de la predicación de Jesus, sus discípulos y los numerosos relatos de donde leemos sobre la predicación de los creyentes.

1. Cristo murió por nuestros pecados, según las Escrituras.

Cristo murió por nuestros pecados cuando todavía estábamos muertos en nuestros pecados. Todos pecamos y necesitamos un Salvador. Cristo es nuestro Salvador.

> *Isaías 53:5 (NVI) "5 El fue traspasado por nuestras rebeliones, y molido por nuestras iniquidades; sobre él recayó el castigo, precio de nuestra paz, y gracias a sus heridas fuimos sanados."*

Él fue herido por nuestras rebeliones. También es el Cordero de Dios que quitó nuestros pecados al convertirse en el Cordero del sacrificio para satisfacer el requisito de Dios para la remisión de los pecados.

> *Juan 1:29 (NVI) "29 Al día siguiente Juan vio a Jesus que se acercaba a él, y dijo: "¡Aquí tienen al Cordero de Dios, que quita el pecado del mundo!"*

Cristo, el Justo, murió en nuestro lugar. Merecíamos morir, pero Cristo tomó nuestro lugar en la Cruz.

> *1 Pedro 2:24 (NVI) "24 El mismo, en su cuerpo, llevó al madero nuestros pecados, para que muramos al pecado y vivamos para la justicia. Por sus heridas ustedes han sido sanados."*

2. Cristo resucitó de entre los muertos para ofrecernos una esperanza viva y vida eterna.

Creemos que Cristo fue sepultado y luego resucitó de entre los muertos. Está vivo y ofrece vida eterna a todos los que creen en él. Vivimos esta vida para Él para que vivamos con Él por la eternidad.

> *1 Corintios 15:19-20, 22 (NVI) 19 Si la esperanza que tenemos en Cristo fuera solo para esta vida, seríamos los más desdichados de todos los mortales. 20 Lo cierto es que Cristo ha sido levantado de entre los muertos, como primicias de los que murieron.*

La vida eterna solo puede ser ofrecida por Aquel que resucitó de entre los muertos. Cristo resucitó de entre los muertos y, por lo tanto, ofrece vida eterna a todos los que creen en él.

> *Juan 3:16 (NVI) 16 "Porque tanto amó Dios al mundo que dio a su Hijo unigénito, para que todo el que cree en él no se pierda, sino que tenga vida eterna."*

> *Juan 6:40 (NVI) "40 Porque la voluntad de mi Padre es que todo el que reconozca al Hijo y crea en él tenga vida eterna, y yo lo resucitaré en el día final."*

3. Cristo regresará de nuevo para llevarnos a estar con él para siempre.

¡Jesus regresa! Él regresará para traernos a estar con Él para siempre. También viene a recompensarlos por nuestro caminar en él. Todos estaremos ante Él, algunos para recibir su recompensa eterna y otros para ser enviados a la condenación eterna.

> *Mateo 16:27 (NVI) "27 Porque el Hijo del hombre ha de venir en la gloria de su Padre con sus ángeles, y entonces recompensará a cada persona según lo que haya hecho."*

Jesús mismo dijo que volvería de nuevo. En esta Escritura, Él dice que regresará como el "Recompensador". Jesus también enseñó que cuando regrese, nos llevará de regreso con Él para estar con Él para siempre. Vivimos con esta esperanza en nuestros corazones siempre. Tenemos una esperanza viva.

> *Juan 14:3 (NVI) "3 Y, si me voy y se lo preparo, vendré para llevarlos conmigo. Así ustedes estarán donde yo esté."*

El apóstol Pablo dijo en su carta, a la iglesia en Tesalónica, que cuando Jesus regrese, los que todavía estamos vivos lo encontraremos en el aire y estaremos con Él para siempre. Esto es algo que esperamos.

> *1 Tesalonicenses 4:16-17 (NVI) "16 El Señor mismo desciende del cielo con voz de mando, con voz de arcángel y con trompeta de Dios, y los muertos en Cristo resucitarán primero. 17 Luego los que estaremos vivos, los que hayamos quedado, seremos arrebatados junto con ellos en las nubes para encontrarnos con el Señor en el aire. Y así estaremos con el Señor para siempre."*

4. Lo recibimos como Señor al confesar nuestros pecados y le pedimos que sea nuestro Señor.

La Biblia nos enseña que Su sangre nos lava y nos limpia. Somos salvos cuando confesamos nuestros pecados y confesamos a Jesús como el Señor de nuestras vidas. La Biblia nos enseña en 1 Juan capítulo uno que recibimos el perdón cuando nos arrepentimos y confesamos nuestros pecados. El Señor nos purifica de todas nuestras malas acciones.

> *1 Juan 1:9 (NVI) 9 Si confesamos nuestros pecados, Dios, que es fiel y justo, nos los perdonará y nos limpiará de toda maldad.*

La Biblia también enseña que cuando abiertamente "**confesamos a Jesus como el Senor**" de nuestras vidas y simultáneamente creemos en nuestro corazón que Dios lo levantó de los muertos, seremos salvos.

> *Romanos 10:9 (NVI) "9 Que, si confiesas con tu boca que Jesus es el Señor y crees en tu corazón que Dios lo levantó de entre los muertos, serás salvo."*

Pedro concluyó su mensaje el día de Pentecostés con un llamado al arrepentimiento.

> *Hechos 2:38 (NVI) "38 --Arrepiéntase y bautícese cada uno de ustedes en el nombre de Jesucristo para perdón de sus pecados -- les contestó Pedro--, y recibirán el don del Espíritu Santo."*

Jesús mismo enseñó este mensaje del Evangelio a sus discípulos.

> *Lucas 24:46-47 (NVI) 46 --Esto es lo que está escrito --les explicó--: que el Cristo padecerá y resucitará al tercer día, 47 y en su nombre se predicarán el arrepentimiento y el perdón de pecados a todas las naciones, comenzando por Jerusalén."*

Una nota para recordar cuando presentamos el mensaje del Evangelio:

El mensaje del Evangelio debe estar encerrado en la ______ de Dios

Siempre que Jesus predicó, hizo referencia a la Palabra de Dios. Cuando Pedro se puso de pie el día de Pentecostés y entregó ese primer mensaje del Evangelio, estaba incluido en referéncias bíblicas. Dos veces en el primer mensaje hizo referencia a las Escrituras.

Hechos 2:14, 16 (NIV) "14 Entonces Pedro, con los once, se puso de pie y dijo a voz en cuello: "Compatriotas judío y todos ustedes que están en Jerusalén, déjenme explicarles lo que sucede; presten atención a lo que les voy a decir. 16 En realidad lo que pasa es lo que anunció el profeta Joel:"

Hechos 2:25 (NVI) "25 En efecto, David dijo de él: "Veía yo al Señor siempre delante de mí, porque él está a mi derecha para que no caiga."

Cuando Pedro y Juan hablaron en la columnata de Salomón cuando Pedro sanó al hombre lisiado, lo incluyó en referencias a Moises y los Profetas.

Hechos 3:22-23 (NVI) "22 Moises dijo: "El Senor su Dios hará surgir para ustedes, de entre sus propios hermanos, a un profeta como yo; presten atención a todo lo que les diga. 23 Porque quien no le haga caso será eliminado del pueblo."

Hechos 3:24-25 (NVI) 24 "En efecto, a partir de Samuel todos los profetas han anunciado estos días. 25 Ustedes, pues, son herederos de los profetas y del pacto que Dios establece con nuestros antepasados al decirle a Abraham: "Todos los pueblos del mundo serán bendecidos por medio de tu descendencia."

Cuando Pedro y Juan fueron llevados ante el Sanedrín por su predicación y el milagro sanador del lisiado, Pedro hizo referencia a las Escrituras.

Hechos 4:10-12 (NVI) "10 Sepan, pues, todos ustedes y todo el pueblo de Israel que este hombre está aquí delante de ustedes, sano gracias al nombre de Jesucristo de Nazaret, crucificado por ustedes, pero resucitado por Dios. 11 Jesucristo es "la piedra que desecharon ustedes los constructora, y que ha llegado a ser la piedra angular".12 De hecho, en ningún otro hay salvación, porque no hay bajo el cielo otro nombre dado a los hombres mediante el cual podamos ser salvos"

Cuando Esteban habló en Hechos 7, hizo referencia a la Palabra de Dios en todo su mensaje. Cuando Felipe le habló al Eunuco cuando el Espíritu Santo le indicó que fuera allí, el Mensaje estaba incluido en las Escrituras.

La palabra de Dios es verdaderamente "___"y "____" y puede obrar poderosamente en nosotros. Cuanto más lo permitimos en nuestros labios, desbloqueamos su Poder para traer cambio y transformación en las vidas de las personas que nos rodean.

El Evangelio debe centrarse en Jesucristo como el ___ de Dios.

Siempre que los apóstoles y los primeros creyentes predicaron y compartieron el Evangelio, siempre se centró en Jesucristo. Todo el Evangelio se centra en la Obra Salvadora de Jesucristo en la cruz del Calvario. No se trata de ti ni de mí; se trata de Jesus y de nosotros que ponemos nuestra fe en él.

Hechos 2:22-24 (NVI) "22 "Pueblo de Israel, escuchen esto: Jesús de Nazaret fue un hombre acreditado por Dios ante ustedes con milagros, señales y prodigios, los cuales realizó Dios entre ustedes por medio de él, como bien los saben. 23 Este fue entregado según el determinado propósito y el previo conocimiento de Dios; y por medio de gente malvada, ustedes lo mataron, clavándolo en la cruz. 24 Sin embargo, Dios lo resucitó, librándolo de las angustias de la muerte, porque era imposible que la muerte lo mantuviera bajo su dominio."

Hechos 2:32-33 (NVI) "32 A este Jesús, Dios lo resucitó, y de ello todos nosotros somos testigos. 33 Exaltado por el poder de Dios, y habiendo recibido del Padre el Espíritu Santo prometido, ha derramado esto que ustedes ahora ven y oyen"

En cada momento, Pedro y los demás creyentes testificaron acerca de Jesus como el Cristo resucitado.

Hechos 3:16 (NIV) "16 Por la fe en el nombre de Jesús, él ha restablecido a este hombre a quien ustedes ven y conocen. Esta fe que viene por medio de Jesus lo ha sanado por completo, como les consta a ustedes."

Hechos 3:18-20 (NIV) "18 Pero de este modo Dios cumplió lo que de antemano había anunciado por medio de todos los profetas: que su Mesías tenía que padecer. 19 Por tanto, para que sean borrados sus pecados, arrepiéntanse y vuélvanse a Dios, 20 enviándoles el Mesías que ya había sido preparado para ustedes, el cual es Jesús."

El mensaje del Evangelio se recibe poniendo nuestra __ en Jesús como Señor.

El Evangelio se recibe por confesión y por fe, al recibir a Cristo como Senor.

Romanos 10:9-10 (NVI) 9 que, si confiesas con tu boca que Jesús es el Señor y crees en tu corazón que Dios los levantó de entre los muertos, serás salvo. 10 Porque con el corazón se cree para ser justificado, pero con la boca se confiesa para ser salvo.

Romanos 10:13 (NVI) "13 porque"todo el que invoque el nombre del Señor será salvo."

La predicación del Evangelio siempre estuvo y siempre debe ir acompañada de un fuerte sentido de _________ en los oyentes.

Cuando Pedro se puso de pie en medio de los Doce y predicó el día de Pentecostés, todos los que escucharon la Palabra de Dios se sintieron profundamente convencidos. Fue esta misma firme convicción la que acompañó sus mensajes en la Sinagoga y donde quiera que predicaran la Palabra. La Palabra de Dios es viva y eficaz. El evangelio es el poder de Dios para cambiar vidas.

> *Hechos 2:37-40 (NVI) 37 Cuando oyeron esto, todos se sintieron profundamente conmovidos y les dijeron a Pedro y a los otros apóstoles: --Hermanos, ¿qué debemos hacer? 38 --Arrepiéntase y bautícese cada uno de ustedes en el nombre de Jesucristo para perdón de sus pecados --les contestó Pedro--, y recibirán el don del Espíritu Santo.39 En efecto, la promesa es para ustedes, para sus hijos y para todos los extranjeros, es decir, para todos aquellos a quienes el Señor nuestro Dios quiera llamar. 40 y con muchas otras razones les exhortaba insistentemente: --¡Sálvense de esta generación perversa!"*

> *Hechos 11:21 (NVI) "21 El poder del Señor estaba con ellos, y un gran número creyó y se convirtió al Señor."*

Cuando Pablo escribió a la Iglesia en Tesalónica, les recordó cómo recibieron el Evangelio. Lo recibieron;*"Con profunda convicción"*.

> *1 Tesalonicenses 1:4-5 (NVI) "4 Hermanos amados de Dios, 5 porque nuestro evangelio les llegó no solo con palabras, sino también con poder, es decir, con el Espíritu Santo y con profunda convicción. Como bien saben, estuvimos entre ustedes buscando su bien."*

Conclusión

Cuando mantenemos estos elementos esenciales del mensaje del Evangelio al frente de nuestro corazón, veremos resultados tremendos, ya que el Evangelio es el poder de Dios para cambiar vidas.

> *Romanos 1:16 (NVI) 16 A la verdad, no me averguenzo del evangelio,*

pues es poder de Dios para la salvación de todos los que creen:
de los Judíos primeramente, pero también de los gentiles.

Haremos bien en encapsular el mensaje del Evangelio con la Verdad de la Palabra. Haremos bien en enfocar siempre nuestro mensaje en la obra de Cristo en la Cruz, y que Él es el Cristo resucitado que regresa.

HOJA PARA ASIMILACIÓN
COMPARTIENDO NUESTRA FE DE FORMA PRÁCTICA.

1. **Complete la oración.** *Haga de la "____________" la misión de su vida.*

2. **Complete la oración y proporcione una Escritura.** *Comprométase a ponerse los "______ de la preparación" para compartir su fe.* ____________

3. **Proporcione una base bíblica para compartir el Evangelio.** ______

4. **Comparta el mensaje del Evangelio brevemente y proporcione pasajes bíblicos que respaldan cada punto:**

1.____

____

2. ____

____

3. ____

____

4. ____

____

5. **Complete la oración.** *El mensaje del Evangelio debe estar envuelto por la ______ de Dios.* **¿Por qué hacemos esto? De al menos un ejemplo.**

____

____

6. De al menos otra razón para usar la Palabra de Dios al presentar el Mensaje del Evangelio. ______________________________

____

____

7. Complete la oración. *El Evangelio debe centrarse en Jesucristo como el* ____ *de Dios.*

8. ¿Qué Escritura te exhorta más a presentar el evangelio de esta manera? ____

____

____

9. ¿Cómo recibimos a Cristo en nuestro corazón? Proporcione una Escritura. ____

____

____

10. Complete la oración y proporcione al menos una referencia bíblica. *La predicación del Evangelio estuvo siempre, y siempre debe ir, acompañada de un fuerte sentido de* ________ *en los oyentes.* __________

____

11. ¿Qué anima el mensaje de Romanos 1 versículo 16? ___________

____

____

13

EL MENSAJE PRÁCTICO DEL EVANGELIO

 *quí hay una forma fácil de recordar de compartir el Evangelio:*

*"Cada conversación comienza con un abridor. Decimos: "**Hola, ¿cómo estás?** o "**¿Cómo va tu día?**" o hacemos declaraciones sobre el clima o asuntos actuales para entablar una conversación. No es diferente para nosotros cuando comenzamos la presentación real del mensaje del Evangelio, comienza con una apertura, asumiendo, por supuesto, que usted establece una plataforma desde la cual ya comprometió a la persona y ahora está listo para compartir a Cristo con ella"*

1. Opener

¿Cómo estás? ¿Cómo van las cosas hoy? ¿Conoces a Jesucristo? ¿Puedo hablarte de él?

"Recuerde, el Evangelio se trata de personas que ponen su fe en Jesucristo. No se trata de ellos, ni de ti, se trata de Jesús. Deseas

reconciliarlos con Dios a través de la fe en Jesús. En el momento en que comenzamos a testificar acerca de Cristo. El Poder de Dios para salvar a las personas se activa y Dios comienza a trabajar contigo para abrir sus corazones y salvarlos. Dios necesita un Mensajero y en el momento en que te conviertes en Su mensajero, el Espíritu Santo y Jesús comienzan a hacer su parte para traer convicción para salvar a los oyentes. Estas entregando este mensaje para implorar a las personas en nombre de Cristo que se reconcilien con Dios."

*2 Corintios 5:18-20 (NVI) 18 Todo esto proviene de Dios, quien por medio de Cristo nos reconcilió consigo mismo y **nos dio el ministerio de la reconciliación:** 19 esto es, que en Cristo, Dios estaba reconciliando al mundo consigo mismo, no tomándole en cuenta sus pecados y **encargándonos a nosotros el mensaje de la reconciliación.** 20 Así que somos embajadores de Cristo, como si Dios los exhortara a ustedes por medio de nosotros: **"En nombre de Cristo les rogamos que se reconcilien con Dios.***

El mensaje bíblico es claro: **¡Reconcíliate con Dios!**

¿Cómo ___________ con Dios?

Tenemos que reconciliarnos para tener una relación con Jesus, pero primero debemos comprender nuestra posición y nuestra relación con Dios. La mayoría de nosotros ni siquiera sabíamos que estábamos perdidos sin Él.

2. Hombre

La humanidad es como ovejas sin pastor. La humanidad se encuentra atrapada en sus pecados. Muchos persiguen cosas que los hacen sentir vivos, pero realmente tratan de lidiar con la sensación de estar vacíos y buscan encontrar el propósito de la existencia.

Es como amar a alguien: hasta que encuentra un lugar en tu corazón, la relación permanece sin sentido ni propósito. Fuimos creados para vivir en comunión con Dios, sin embargo, nuestros pecados nos separaron de Dios.

> *Isaías 59:1-4 (NVI) 1 La mano del Señor no es corta para salvar, ni es sordo su oído para oír. 2 Son **las iniquidades de ustedes las que los separan de su Dios;** Son estos pecados los que lo llevan a ocultar su rostro para no escuchar. 3 Ustedes tienen las manos manchadas de sangre y los dedos manchados de iniquidad. Sus labios dicen mentiras; su lengua murmura maldades. 4 Nadie clama por la justicia, nadie va a juicio con integridad. Se confía en argumentos sin sentido, y se mienten unos a otros. Conciben malicia y dan a luz perversidad.*

Muchas personas viven vidas insatisfechas, tienen una sensación de vacío por dentro, aunque puedan parecer exitosas y satisfechas para los demás. La razón de esto se encuentra en la Biblia: ***Nuestras vidas pecaminosas nos privan de la gloriosa presencia interior y la Gloria de Dios.*** Hasta que le demos a Jesús el lugar que le corresponde en nuestras vidas, siempre tendremos un vacío que solo Él podrá llenar. Cada persona en el planeta vive con este vacío y separación dentro de sí.

> *Romanos 3:23 (NVI) pues todos han pecado y están privados de la gloria de Dios"*

Todos hemos pecado y estamos muertos en nuestros pecados. Adán y Eva pecaron en el Edén. A Través de su pecado, el pecado y la muerte espiritual llegaron a toda la humanidad. Todos somos pecadores y necesitamos un Salvador que pueda salvarnos de nuestro pecado y darnos la vida eterna.

> *1 Corintios 15:22 (NVI) 22 "Pues así como en Adan todos mueren, también en Cristo todos volverán a vivir."*

Hasta que aceptemos la obra de gracia de Cristo, quien ya hizo provisión al tratar con nuestros pecados, el vacío permanece en nosotros. Esto puede cambiar cuando reconocemos a Dios y su amor por nosotros.

3. Dios

Dios nos ama tanto que envió a su Hijo a pagar el precio para redimirnos de nuestros pecados. Ahora ofrece salvación a todos los que aceptan y creen en su Hijo.

> *Juan 3:16 (NVI) 16 "Porque tanto amó Dios al mundo que dio a su Hijo unigénito, para que todo el que cree en él no se pierda, sino que tenga vida eterna."*

Dios es un Dios amoroso que no quiere que nadie se pierda o perezca en su pecado. El desea tener una relación restaurada con nosotros.

> *1 Timoteo 2:3-4 (NVI) 3 Esto es bueno y agradable a Dios nuestro Salvador, 4 pues él quiere que todos sean salvos y lleguen a conocer la verdad.*

Dios no quiere ver a nadie morir en sus pecados. Prefiere que nos arrepintamos, nos volvamos a él y vivamos.

> *Ezequiel 18:32 (NVI) 32 Yo no quiero la muerte de nadie. ¡Conviértanse, y vivirán ! Lo afirma el Señor omnipotente.*

> *Ezequiel 33:11 (NVI) 11 Diles: "Tan cierto como que hocico --afirma el Señor omnipotente--, que no me alegro con la muerte del malvado, sino con que se convierta de su mala conducta y viva. ¡Conviértete, pueblo de Israel; conviértete de tu conducta perversa! ¿Por qué habrás de morir?*

Lo que nuestro amoroso Dios quiere es que toda la humanidad llegue al arrepentimiento de sus pecados y sea salvada por la sangre de Jesús.

> *2 Pedro 3:9 (NVI) 9 El Señor no tarda en cumplir su promesa, según entienden algunos la tardanza. Más bien, él tiene paciencia con ustedes, porque no quiere que nadie perezca, sino que todos se arrepientan.*

Esto solo es posible a través de Su Hijo, Jesucristo.

4. Jesucristo

¿Quién es Jesucristo?

Jesucristo es el Hijo de Dios, que fue concebido por el Espíritu Santo y nació de la Virgen Maria. Fue crucificado, murió por nuestros pecados y fue sepultado. Al tercer día resucitó, como vencedor de la muerte, para dar vida eterna a todos los que creyeran en él.

> *Isaías 53:5 (NVI) 5 "El fue traspasado por nuestras rebeliones, y molido por nuestras iniquidades; sobre él recayó el castigo, precio de nuestra paz, y gracias a sus heridas fuimos sanados."*

> *Juan 1:29 (NVI) 29 "Al día siguiente Juan vio a Jesus que se acercaba a él, y dijo: "¡Aquí tienen al Cordero de Dios, que quita el pecado del mundo!"*

Nos apropiamos de esta obra de gracia de Cristo poniendo nuestra fe en Jesucristo para salvarnos.

5. Lo que Creemos

"Recuerden, les estamos pidiendo que pongan su fe en Jesús por la forma en

que presentamos el Evangelio. Para que esto siga siendo auténtico, debemos compartir con ellos por que hemos puesto nuestra fe en Jesús y declarar lo que creemos. Necesitamos hacer una confesión de lo que creemos".

Nosotros creemos que:

- Jesús es el Hijo de Dios
- Murió en la Cruz por nuestros pecados
- Resucitó al tercer dia y esta vivo
- El perdón por nuestros pecados solo se encuentra en él
- Sólo Jesús puede salvarnos y devolvernos a una relación restaurada con el Padre.

"Es valioso que declaremos nuestra fe y lo que creemos. Compartimos nuestra fe al declarar lo que creemos. Somos testigos cuando declaramos nuestra fe".

Aquí hay una versión del Credo de los Apóstoles a la que nos suscribimos.

Aprenda esto de memoria y simplemente declare su fe:

El Credo de los Apóstoles

Creo en Dios Padre Todopoderoso,

Creador del Cielo y la Tierra.
Creo en Jesucristo, el único Hijo de Dios, nuestro Señor.
quien fue concebido por el Espíritu Santo,
nacido de la Virgen Maria,
Sufrió bajo Poncio Pilato,
fue crucificado, murió y fue enterrado;
Descendió a los muertos.
Al tercer día resucitó;
Ascendió al cielo,
Esta sentado a la diestra de Dios, Padre nuestro,

Y vendrá a juzgar a vivos y muertos.
Yo creo en el Espíritu Santo,
Y creo en una Iglesia Cristiana santa y apostólica,
la comunión de los santos,
el perdón de los pecados,
la resurrección del cuerpo,
y vida eterna, amén.1

"Quizás te pregunten: ¿Qué debo hacer para creer en Jesús? ¿Cómo puedo ser salvo de mis pecados? O podríamos preguntarles: ¿Crees en Jesús? De cualquier manera, si no preguntan, puedes preguntarles y luego pasar al siguiente punto."

6. Confesión y Fe

Somos salvos cuando confesamos nuestros pecados y confesamos nuestra fe en Jesucristo como Senor y Salvador. Dios ofreció vida eterna a todos los que creyeran en Su Hijo, Jesucristo. Cuando nos arrepentimos de nuestros pecados, Él nos perdona y restablece una relación correcta con Dios.

> *Romanos 10:9-10 (NVI) 9 "que, si confiesas con tu boca que Jesus es el Señor y crees en tu corazón que Dios lo levantó de entre los muertos, serás salvo. 10 Porque con el corazón se cree para ser justificado, pero con la boca se confiesa para ser salvo."*

Este versículo de la Biblia realmente lo resume maravillosamente: **"Si confesamos a Jesus como Señor y creemos en nuestro corazón que Dios lo levantó de entre los muertos,"** seremos salvos. Esta promesa está disponible para todos los que invocan a Jesús para que sea su Señor.

> *Romanos 10:13 (NVI) 13 "porque todo el que invoque el nombre del Señor será salvo".*

Lo único que debemos hacer es arrepentirnos de nuestros pecados, pedirle que sea nuestro Señor y poner nuestra fe en él.

Hechos 2:38 (NVI) 38 "--Arrepiéntase y bautícese cada uno de ustedes en el nombre de Jesucristo para perdón de sus pecados -- les contestó Pedro--, y recibirán el don del Espíritu Santo.

Jesus dio su vida para salvarnos. Él está de pie a la puerta de nuestros corazones, llamando. Quiere entrar en nuestras vidas.

Apocalipsis 3:20 (NVI) 20 Mira que estoy a la puerta y llamo. Si alguno oye mi voz y abre la puerta, entraré, y cenaré con él, y él conmigo.

Creo que Él está aquí ahora mismo, llamando a la puerta de tu corazón.

"Una vez que compartiste con la gente como recibir a Jesús como su Señor y Salvador, puedes preguntarles si quieren aceptar a Jesús, y luego puedes preguntarles si puedes guiarlos en una oración por la salvación".

Tenemos esta asombrosa promesa de la Biblia en el capítulo uno de Juan, y dice que: Podemos convertirnos en hijos de Dios cuando recibimos a Jesús en nuestras vidas.

Juan 1:12-13 (NIV) 12 Mas a cuantos lo recibieron, a los que creen en su nombre, les dio el derecho de ser hijos de Dios. 13 Estos no nacen de la sangre, ni por deseos naturales, ni por voluntad humana, sino que nacen de Dios.

7. Pedir

"Después de compartir tu fe, debes darles una oportunidad para que respondan a lo que compartiste con ellos. Esta oportunidad se presenta

haciendo una pregunta o dos. A veces, como en el libro de los Hechos cuando Pedro presenció, la gente hará una pausa para preguntar cómo pueden recibir a Jesús. Si no preguntan por sí mismos, deles la oportunidad de recibir a Jesus después de su respuesta a estas preguntas. Tienes que preguntarles:"

¿Quieres abrir la puerta de tu corazón e invitar a Jesús a tu vida? ¿Puedo guiarte en una oración de confesión y aceptar a Jesús como tu Señor y Salvador?

"Ahora guíalos en la siguiente oración de confesión. Pídales que repitan la oración después de usted. Haga la oración, frase por frase, y deje que la repitan después de usted."

8. Oración

Padre Dios que estás en los cielos, confieso que soy un pecador. Me arrepiento de mis pecados y pido tuperdón. Por favor, perdóname, sálvame de mi pecado y hazme tu hijo hoy. Lávame con tu sangre, límpiame con el poder de tu Espíritu Santo. Te pido
ahora que seas mi señor y Salvador. Te pido que entres en mi vida. Te lo pido en el Nombre de Jesus. Amen.

9. Felicitaciones

"Felicítelos por su decisión de recibir a Jesús como el Señor de sus vidas".

- Afirmar que Jesus aceptó su confesión de pecados, de acuerdo con 1 Juan 1 versículo 9, y que
- Les perdono sus pecados.
- Los lavó con su sangre.
- Afirme que ahora son hijos de Dios.

"La parte esencial para concluir cuando las personas reciben a Jesús como

su Señor y Salvador es la seguridad de que debemos darles que no están solos, sino que continuaras este viaje con ellos, para ayudarlos como Seguidores de Jesús. Esto es por lo que hemos estado orando y confiando: almas para ser salvas. Ahora que vemos nuestras oraciones respondidas, podemos comenzar la fase dos bautizándolos y discipulandolos".

HOJA PARA ASIMILACIÓN
EL MENSAJE DEL EVANGELIO PRÁCTICO

1.¿Qué usamos al comienzo de nuestra presentación? De un ejemplo. A.______________________, y B. __________________

____

2.¿Cuál es el segundo punto de nuestro mensaje evangélico práctico? ____

3.¿Qué mensaje queremos transmitir sobre la humanidad? ¿Qué escritura puedes usar para fundamentar tu punto?____________

____

____

4.¿Cuál es el tercer punto de nuestro mensaje evangelico practico? Proporcionar una Escritura. ________________________

____

5.¿Cuál es el cuarto punto de nuestro mensaje evangelico práctico? Proporcionar una Escritura.________________________

____

____

6.¿Cuál es el quinto punto de nuestro mensaje evangelico práctico?

____

7.¿Cómo podemos concluir este punto? _______________________

____

8.¿Cuál es el sexto punto de nuestro mensaje evangélico práctico?
Proporcionar una Escritura. _______________________________

____

____

____

9.Concluimos con el séptimo punto. _________________________

____

____

10.Escribe la Oración de Salvación. _________________________

____

____

____

11. ¿Cómo cerramos nuestra conversación? ___________________

____

1 https://en.wikipedia.org/wiki/Apostles%27_Creed

PARTE IV

SUPERANDO EL ENCUENTRO DE FIN DE SEMANA

FIN DE SEMANA CUATRO

CALENDARIO DE ENCUENTROS

14

INTRODUCCIÓN
SESIÓN UNO

Cristo pagó un precio alto para que pudiéramos ser libres de la esclavitud del pecado. Para asegurarnos de que crezcamos, nos desarrollemos y llevemos fruto a la obra de gracia del Espíritu Santo en nosotros, debemos eliminar esos obstáculos que nos impedirán ver nuestra cosecha completa. Cristo nos liberó del pecado y la eslavitud del pecado; sin embargo, aprendemos de Juan que los creyentes jóvenes vencen al maligno aplicando la Sangre del Cordero y apoyándose en la Verdad de la Palabra de Dios.

Este fin de semana se trata de vencer al maligno. Se trata de quitarse el yugo y marcharnos con la Libertad que Cristo nos trajo.

Gálatas 5:1 (NVI) libertad en Cristo 1 "Cristo nos libertó para que vivamos en libertad. Por lo tanto, manténgase firmes y no se sometan nuevamente al yugo de esclavitud.

*1 Juan 2:13-14 (NVI) "13 Les escribo a ustedes, padres, porque han conocido al que es desde el principio. Les escribo a ustedes, jóvenes **porque han vencido al maligno**. Les he escrito a ustedes, queridos hijos, porque han conocido al Padre. 14 Les he escrito a ustedes, padres, porque han conocido al que es desde el principio.*

> *Les he escrito a ustedes, **jóvenes**, porque son fuertes, y **la palabra de Dios permanece en ustedes, y han vencido al maligno.**"*

> *Apocalipsis 12:11 NVI "**11 Ellos lo han vencido por medio de la sangre del Cordero y por el mensaje del cual dieron testimonio;** no valoraron tanto su vida como para evitar la muerte."*

Cada vez que leemos la Palabra, cada vez que oramos, cada vez que sembramos semillas del Evangelio al compartir nuestro testimonio, cada vez que sembramos semillas financieras, sembramos hacia una cosecha espiritual. Jesus prometió que podríamos esperar una cosecha de 30, 60 o 100 veces mayor si nos han plantado en buena tierra, hemos echado raíces y hemos eliminado de nuestras vidas aquellas cosas que podrían ahogar el fruto para que no llegue la cosecha.

> *Mateo 13:22 (RVR1960), "El que fue sembrado entre espinos, éste es el que oye la palabra, pero el afán de este siglo y el engaño de las riquezas ahogan la palabra, y se hace infructuosa."*

Este curso está diseñado para eliminar aquellos hábitos, aptitudes, búsquedas y prácticas obvios, y a veces no tan obvios, que invaden y estorban y que inhibirán nuestro crecimiento y disfrute de la cosecha, de nuestro servicio al Señor.

Las "______________ *del mundo, el engaño de las* ________, *y el* ______" a menudo consumimos alimentos muy necesarios que habían visto nuestra cosecha y el resultado esperado realizado. Las actitudes persistentes, como el dolor subestimado, el miedo, la falta de perdón, el rechazo y el resentimiento, a menudo nos impiden llegar a nuestra Tierra Prometida.

Cuando observamos que estas cosas permanecen en la vida de nuestros discípulos, nos tomamos un tiempo durante este encuentro de fin de semana para lidiar con ellas de manera decisiva. Este curso también está diseñado para poner nuestro afecto en las cosas correctas. El poner su afecto en las cosas equivocadas seguramente lo distraerá de los propósitos de Dios.

La Biblia describe cómo estas cosas nos afectan en la Parábola del Sembrador, en Mateo 13. Curiosamente, las espinas solo requieren ser removidas en esta etapa del crecimiento de la semilla, ya que representaba una amenaza cuando está a punto de reproducirse. Por lo tanto, tiene sentido que una vez que haya desarrollado los valores y las disciplinas espirituales, debe deshacerse de estas "espinas" que podrían impedirle ser fructífero.

La Biblia también describe aquellas cosas que impidieron que Israel llegara a su tierra prometida; fueron *incredulidad y desobediencia*. Estas dos espinas todavía mantienen a la gente buena fuera de su tierra prometida hoy. A lo largo de los años hemos visto el terrible impacto que el *miedo, la duda y la incredulidad* tienen en las personas, pero también la devastación para quienes continuaron con *falta de perdón y amargura*.

Finalmente, veremos la *fe y la obediencia* como principios seguros para asegurar nuestra posesión exitosa de la cosecha plena y la buena tierra que Dios nos prometió.

15

PREOCUPACIONES DEL MUNDO, ENGAÑO DE LAS RIQUEZAS Y ORGULLO

SESIÓN DOS

Examinemos cada una de estas áreas individualmente durante esta sesión.

PREOCUPACIONES DEL MUNDO

Desde el comienzo de las enseñanzas de Jesus, se dirigió a las *"preocupaciones del mundo"* como una mala hierba de la que debemos protegernos, y de la que debemos desarraigar poniendo nuestra completa confianza y fe en Dios. En esencia, las *"preocupaciones del mundo"* desafían la fuente de nuestra ________, y su habilidad para ___________.

> *Mateo 13:22 (NVI), "El que recibió la semilla que cayó entre espinos es el que oye la palabra, pero las **preocupaciones de esta vida** y el engaño de las riquezas la ahogan, de modo que esta no llega a dar fruto."*

Los afanes de esta vida son preocupaciones que nos intranquilizan. Algunas personas son conocidas como **"intranquilos."** Se preocupan por todo. Lo que Jesús estaba diciendo en esta parábola era que las "preocupaciones del mundo" nos roban de ver lo que esperamos ______, e incluso puede hacer que nos volvamos _________. Nos desafía enormemente cuando trabajamos para algo y luego no llegamos a ver el resultado final, o ver el proyecto hasta su finalización, o disfrutar del fruto de nuestro arduo trabajo o inversión.

¿Qué es lo que le importa al mundo? Se preocupan por lo que comemos, bebemos y vestimos. Se preocupan por la posición, las posesiones y su orgullo los impulsa a tener más, conservar más y sostenerse más por si mismos.

> *Mateo 6:25-34 NVI De nada sirve preocuparse "Por eso les digo: No se preocupen por su vida, qué comerán o beberán; ni por su cuerpo, cómo se vestirán. ¿No tiene la vida más valor que la comida, y el cuerpo más que la ropa? 26 Fíjense en las aves del cielo: no siembran ni cosechan ni almacenan en graneros; sin embargo, el Padre celestial las alimenta. ¿No valen ustedes mucho más que ellas? 27 ¿Quién de ustedes, por mucho que se preocupe, puede añadir una sola hora al curso de su vida? 28 ¿Y por qué se preocupan por la ropa? Observen cómo crecen los lirios del campo. No trabajan ni hilan; 29 sin embargo, les digo que ni siquiera Salomón, con todo su esplendor, se vestía como uno de ellos. 30 Si así viste Dios a la hierba que hoy está en el campo y mañana es arrojada al horno, ¿no hará mucho más por ustedes, gente de poca fe? 31 Así que no se preocupen diciendo:" ¿Qué comeremos?" o "¿Qué beberemos?" o "¿Con qué nos vestimos?" 32 Los paganos andan tras todas estas cosas, pero el Padre celestial sabe que ustedes las necesitan. 33 Más bien, busquen primeramente el reino de Dios y su justicia, y todas estas cosas les serán añadidas. 34 Por lo tanto, no se angustien por el mañana, el cual tendrá sus propios afanes. Cada día tiene ya sus problemas."*

La mayoría de las veces, las cosas que preocupan a la gente están en este mensaje de Jesús. Dios es nuestra fuente. Él es quien nos alimenta, nos viste y nos protege.

Israel, en un momento, pensó que era su fuerza lo que les traía las victorias, las provisiones y la seguridad que atesoraban, pero el Señor les recordó severamente que fue Su Poder el que logró todo eso para ellos. Estos resumen lo esencial de las preocupaciones e inquietudes que las personas llevan consigo a diario, lo que el Señor nos enseña que no debemos hacer.

Deuteronomio 8:10-18 NVI "Cuando haya comido y estés satisfecho, alabarás al Señor tu Dios por la tierra buena que te habrá dado. ***11 Pero ten cuidado de no olvidar al Señor tu Dios. No dejes de cumplir sus mandamientos, normas y preceptos que yo te mando hoy. 12 Y cuando hayas comido y te hayas saciado, cuando hayas edificado casas cómodas y las habites, 13 cuando se hayan multiplicado tus ganados y tus rebaños, y hayan aumentado tu plata y tu oro y sean abundantes tus riquezas, 14 no te vuelvas orgulloso ni olvides al Señor tu Dios,*** *quien te sacó de Egipto, la tierra donde viviste como esclavo. 15 El Señor te guió a través del vasto y horrible desierto, esa tierra reseca y sedienta, llena de serpientes venenosas y escorpiones; te dio el agua que hizo brotar de las más dura roca;. 16 en el desierto te alimentó con maná, comida que jamás conocieron tus antepasados. Así te humilló y te puso a prueba, para que a fin de cuentas te fuera bien. 17 No se te ocurra pensar: "Esta riqueza es fruto* ***de mi poder y de la fuerza de mis manos". 18 recuerda al Senor tu Dios, porque es él quien te da el poder para producir esa riqueza;*** *así ha confirmado hoy el pacto que bajo juramento hizo con tus antepasados."*

Se nos anima a no estar ansiosos por nada ya que Dios es nuestro Proveedor, Protector y Quien nos bendice.

1 Pedro 5:7 NVI Depositen en él toda ansiedad, porque él cuida de ustedes.
Salmos 55:22 NVI Encomienda al Senor tus afanes, y él te sostendrá; no permitirá que el justo caiga y quede abatido para siempre.

Hoy declaramos que Dios es nuestra fuerza, ¡es Él quien nos da la capacidad de producir riquezas! También declaramos que es Él quien nos salvó y nos llevó a una buena tierra, donde fluye Leche y Miel. Él es quien nos da las victorias. Él es quien nos capacita para construir casas, estudiar y tener éxito en los negocios. Él es quien nos permite tener los privilegios que disfrutamos actualmente. Le declaramos nuestra gratitud por la ropa que podemos usar, la comida que podemos comer y las bebidas que podemos beber.

!Tomate un momento y declara tu completa gratitud y confianza en Él como la fuente de tu vida!

El engaño de las riquezas

Ahora, esta porción también aborda la segunda parte de las malas hierbas que nos roban nuestra cosecha prevista y esperada, y esa es el *"engaño de las _______"*. Se advirtió a los israelitas que cuando su oro y plata aumentaran, debían recordarse a sí mismos que en verdad fue el Señor quien les dio estas riquezas y que no fue su propia bondad o habilidad lo que se las dio.

Las personas a menudo tienen una falsa sensación de seguridad basada en su riqueza y _______.

La gente piensa que su _______ los protege de pandemias, desgracias o incluso pobreza, sin embargo, se nos advierte contra ese pensamiento falso.

> *Deuteronomio 8:17 NVI No se te ocurra pensar: "Esta riqueza es fruto de mi poder y de la fuerza de mis manos". 18 Recuerda al Señor tu Dios, porque es él quien te da el poder para producir esa riqueza; así ha confirmado hoy el pacto que bajo juramento hizo con tus antepasados.*

Estas palabras son una advertencia y una guía eterna para todos aquellos que depositaran su confianza en su riqueza.

El Señor es el que nos da la ______ y es el que nos permite ________.

Debemos estar eternamente agradecidos cuando Él nos conceda tales bendiciones para que las disfrutemos.

> *1 Samuel 2:7 NVI El Senor da la riqueza y la pobreza; humilla, pero también enaltece.*

> *Proverbios 8:18 Conmigo están las riquezas y la honra, la prosperidad y los bienes duraderos.*

Dios es la fuente de todas las riquezas, riquezas y prosperidad. Sería prudente recordar siempre de quien hemos recibido tales bendiciones. El principio definitivo es permanecer agradecido y no volverse orgulloso y arrogante, y olvidar al Señor. Tenemos lo que tenemos gracias a Su gran Gracia. La Biblia nos enseña que es a través de Su bendición que aumentamos nuestra riqueza.

> *Proverbios 10:22 (NIV) La bendición del Señor trae riquezas, y nada se gana con preocuparse.*

El apóstol Pablo le enseñó a Timoteo a *"enseñar a los ricos"* a no poner su esperanza en sus riquezas, sino a poner su esperanza en Dios. Si seguimos dependiendo de Dios, a pesar de que El nos ha dado una gran riqueza, entonces ciertamente veremos que la Buena semilla sembrada en nuestras vidas producirá una cosecha multiplicada. Es esta autosuficiencia, e independencia lo que nos engaña y, finalmente, impide que el fruto produzca y se multiplique..

> *1 Timoteo 6:17-19 (NVI) A los ricos de este mundo, mándales que no sean arrogantes ni pongan su esperanza en las riquezas, que son tan inseguras, sino en Dios, que nos provee de todo en abundancia para que lo disfrutemos. 18 Mándales que hagan el bien, que sean ricos en buenas obras, y generosos, dispuestos a*

compartir lo que tienen. 19 De este modo atesorarán para sí un caudal seguro para el futuro y obtendrán la vida verdadera.

El apóstol Pablo también enseñó que las personas que se enriquecen a menudo se ven atraídas por deseos necios y dañinos que las hunden en la ruina y la destrucción. Muchas personas se desvían de su fe y se traspasan de muchas aflicciones como resultado de perseguir estos malos deseos y placeres. Nos llama la atención el *"engaño de las riquezas,"* en la medida en que puede hacernos olvidar quien nos dio las bendiciones y llevarnos a una falsa sensación de seguridad.

> *1 Timoteo 6:9-10 (NVI) Los que quieren enriquecerse caen en la tentación y se vuelven esclavos de sus muchos deseos. Estos afanes insensatos y dañinos hunden a la gente en la ruina y en la destrucción. 10 Porque el amor al dinero es la raíz de toda clase de males. Por codiciar, algunos se han desviado de la fe y se han causado muchísimos sinsabores.*

El deseo y el sueño que Dios tiene para nosotros es conocido: desea darnos un final esperado. Las mismas cosas por las que trabajamos en nuestra fe, ese es el fruto que Dios desea que demos. El Señor desea que seamos fructíferos y nos multipliquemos grandemente y que veamos el final esperado de nuestras búsquedas de fe.

Las riquezas traen consigo una sensación de falsa seguridad de que estaremos ___ incluso si nos suceden cosas malas.

Esta falsa seguridad nos ahoga de la fecundidad, mientras que el agradecimiento, la confianza y la dependencia de Dios mantiene vivas las expectativas para ver fruto en nuestro trabajo. Esto es precisamente lo que Dios nos exhorta y anima constantemente a hacer.

Jeremías 29:11 (RVR1960) Porque yo sé los pensamientos que tengo *acerca de vosotros, dice Jehova, pensamientos de paz, y no de mal, **para daros el fin que esperáis.***

Gálatas 6:9 (NVI) 9 No nos cansemos de hacer el bien, porque a su debido tiempo cosecharemos si no nos damos por vencidos.

Orgullo

Otra área que a menudo ahoga nuestra fecundidad es el orgullo.

- ***El orgullo es esa actitud de autoestima del _______ venenoso.***
- El orgullo se puede describir como ese valor engreído y sobre percibido de la importancia o estatura de uno.
- El orgullo es esa preocupación por el cuidado personal, preocuparse solo por usted y sus propios intereses.

Desde el momento en que Satanás fue expulsado de la presencia de Dios debido a su orgullo, la gente ha sido presa del orgullo, y eso también les impidió ver su fructífera multiplicación.

*Ezequiel 28:2 (NVI) "Hijo de hombre, adviértele al rey de Tiro que así dice el Señor omnipotente: en **la intimidad de tu arrogancia dijiste:** Yo soy un dios. Me encuentro en alta mar sentado en un trono de dioses. ¡Pero tú no eres un dios, aunque te creas que lo eres! ¡Tu eres un simple mortal!"*

*Ezequiel 28:4 (NIV) Con tu sabiduría y tu inteligencia has acumulado muchas riquezas, y en tus cofres has amontonado mucho oro y mucha plata. 5 Eres muy hábil para el comercio; por eso te has hecho muy rico. **Con tus grandes riquezas te has vuelto muy arrogante.***

*Ezequiel 28:17 (RVR 1977) **Se enalteció tu corazón** a causa de tu hermosura, corrompiste tu sabiduría a causa de tu esplen-*

dor; **yo te he arrojado por tierra;** delante de los reyes te he puesto por espectáculo.

El orgullo de Satanás le costó su posición privilegiada en el cielo. La biblia nos enseña a cuidarnos del orgullo.

Proverbios 16:18 (NIV) **Al orgullo le sigue la destrucción;** *a la alta-nería, el fracaso.*

El orgullo sin duda nos alejará de la fecundidad. Si el orgullo no es del Padre, entonces el orgullo no debería vivir en nosotros si deseamos ser fructíferos. El apóstol Juan, en su primera carta pastoral, esboza las mismas cosas que son del mundo, pero más importante, aquellas que no son del Padre. Como personas injertadas en la "Vid", extraemos nuestra savia de la Naturaleza de nuestro Padre Celestial.

1 Juan 2:16 (RVR1960) Porque todo lo que hay en el mundo, los deseos de la carne, los deseos de los ojos, **y la vanagloria de la vida***—no proviene del Padre, sino del mundo.*

La Nueva Versión Internacional define este *"orgullo"* como *"la jactancia de lo que tiene y hace."* Puede pasar unos minutos con alguien y saber rápidamente cuánto orgullo existe.

1 Juan 2:16-17 (NVI) Porque nada de lo que hay en el mundo --los malos deseos del cuerpo, la codicia de los ojos y **la arrogancia de la vida** *proviene del Padre, sino del mundo. 17 El mundo se acaba con sus malos deseos, pero el que hace la voluntad de Dios permanece para siempre.*

En el mensaje de Jesús en Juan 15 sobre la Vid, las ramas y el fruto, aprendemos que existe una correlación directa entre nuestra conexión con Cristo, como la Vid, y el fruto que damos. Si el orgullo no proviene del Padre, sacar nuestra savia del orgullo no producirá el fruto que deseamos producir en nuestra vida.

Si el orgullo hizo que Satanás fuera expulsado del cielo, ¿cuánto más nos alejará de la presencia de Dios?

En conclusión

Busque en su corazón y elimine todo el orgullo de su vida. Nuestro objetivo a través de este curso es ayudarle a traer la buena semilla de la Palabra, sembrada en su vida, para que tenga una cosecha fructífera. Lo que aprendimos en esta sesión es que los afanes de este mundo, el engaño de las riquezas y el orgullo son aptitudes que impiden que la semilla se convierta y produzca una cosecha multiplicada.

HOJA PARA ASIMILACIÓN
PREOCUPACIONES DEL MUNDO, ENGAÑO DE LAS RIQUEZAS Y ORGULLO

1. Complete la oración. *En esencia, las "preocupaciones del mundo" desafían la Fuente de nuestra _______, y su habilidad para ________.*

2. ¿Cómo nos dejarán las preocupaciones del mundo con nuestras expectativas? ____

3. ¿Cuáles son las preocupaciones del mundo? _________________

____

____

4. ¿Qué pasajes de las Escrituras definen y tratan mejor los cuidados del mundo?____

____

____

5. Complete la oración. *La gente piensa que su ______ los protege de pandemias, desgracias o incluso pobreza, sin embargo, se nos advierte contra ese pensamiento falso.*

6. Complete la oración. *Las personas a menudo tienen una falsa sensación de seguridad basada en su riqueza y _______.*

7. Complete la oración. *El Señor es el que nos da la _______ y es el que nos permite _________.*

8. ¿Qué pasajes de las Escrituras nos guían mejor para pensar profundamente sobre los tesoros y las riquezas? ___________________

____

____

9. Complete la oración. *El orgullo es esa actitud autoestima del _______* Venenoso.

10. ¿Qué impacto tuvo el orgullo en Satanás? _____________________

____

____

11. ¿Qué pasajes de las Escrituras nos advierten del impacto del impacto del orgullo? _________________________________

12. Complete la oración. *El orgullo sin duda nos alejará de la __________.*

16

MIEDO E INCREDULIDAD
SESIÓN TRES

Miedo e ________ son dos enemigos que pueden impedirnos ver el fruto de nuestro trabajo. Estas dos guerras contra la buena semilla sembrada en nosotros. Esta sesión trata sobre identificar el *miedo y la incredulidad* en nuestro corazón, y desplazarlos con *fe y obediencia* para que podamos cosechar nuestra cosecha.

MIEDO

El miedo es un cardo y una espina que impiden que muchos creyentes recojan la cosecha esperada. El miedo puede mantenernos fuera de nuestra tierra prometida. Constantemente nos enfrentamos a circunstancias que nos instan a temer o afrontar por fe. El Nuevo Testamento nos enseña un principio poderoso para recordar, y es que Dios no nos dio un espíritu de temor.

*2 Timoteo 1:7 (DHH) [7] Pues Dios no nos ha dado un **espíritu de** ____, sino un espíritu de poder, de amor y de buen juicio.*

El Espiritu del Senor es un espíritu de amor, poder y una mente sana, sin embargo, muchos, incluso los creyentes, luchan con un espíritu de miedo que los atormenta. ***Vivir con Miedo no es de Dios.*** Oro para que conozcas la verdad y permita que la verdad de la Palabra de Dios inunde tu alma hoy para que pueda estar libre de temor y lleno de fe y esperanza.

> *Juan 8:32 (RVR1960) "y conoceréis la verdad, y la verdad os hará libres."*

La Biblia King James registra 63 casos en los que el Señor ordena a sus seguidores que *"no temáis."* La NVI registra **107** casos en los que el Señor dice: *"No tengas miedo."*

La Biblia nos desafía a no ceder al miedo, sino a vivir por fe.

Siempre que nos enfrentamos a un desafío, tenemos que tomar una decisión, ya sea ceder al espíritu de miedo o enfrentarlo por fe.

Incredulidad

__________ es ese acto de abrazar los miedos y las dudas de uno en contra de las promesas de Dios. La duda y la incredulidad mantuvieron a los israelitas, a quienes Dios liberó del poder de los poderosos gobernantes egipcios, fuera de su tierra prometida.

> *Hebreos 3:19 (RVR1960) Y vemos que no pudieron entrar a causa de incredulidad.*

La incredulidad abunda en tanta gente, no es de extrañar que tan poca gente alcance su tierra prometida. Puede detectar rápidamente la incredulidad cuando escucha a las personas. No es raro escuchar a la gente decir: " No creo en eso." Aunque pueden estar hablando de cosas cotidianas, se han acostumbrado a decir constantemente lo que no creen en lugar de decir lo que creen. Esto se vuelve sistemático de cómo actúan y responden a la vida en general. Como creyentes, estamos llamados a vivir por fe, es decir, por lo que creemos.

El Antiguo Testamento nos presenta una serie de ejemplos maravillosos con los que muchos de nosotros podemos relacionarnos en nuestras circunstancias actuales.

Agar

La primera es la de Agar, una sirvienta, sin derechos ni medios para la justicia en su precaria situación. Tuvo un hijo con su amo, y ahora la esposa del amo la echó para que se las arreglara por sí misma y por su hijo. A pesar de que Sarai participó voluntariamente en este arreglo original con Agar teniendo un hijo con Abram, se salió de control y se salió de la cordura una vez que nació Ismael.

> *Génesis 16:2, 4 (RVR1960) "Dijo entonces Sarai a Abram: Ya ves que Jehova me ha hecho esteril; te ruego, pues, que te llegues a mi sierva; quizá tendré hijos de ella. Y atendió Abram al ruego de Sarai. 4 Y él se llegó a Agar, la cual concibió; y cuando vio que había concebido, miraba con desprecio a su señora."*

Este embarazo y el desprecio de Agar enfureció a Sarai porque se deshizo de ella con el consentimiento de Abram.

> *Génesis 16:6 (NVI) "Tu esclava está en tus manos --contestó Abram--; haz con ella lo que bien te parezca. Y de tal manera comenzó Sarai a maltratar a Agar, que huyó al desierto.*

Después de que el Ángel del Señor la conoció, ella regresó a esa situación hostil, pero 14 años después, cuando nació Isaac, finalmente fue expulsada de la casa.

> *Génesis 21:8-11 (RVR 1960) Y creció el niño, y fue destetado; e hizo Abraham gran banquete el día que fue destetado Isaac. 9 Y vio Sara que el hijo de Agar la egipcia, el cual esta le había dado a luz a Abraham, se burlaba de su hijo Isaac. 10 Por tanto, dijo a Abraham: Echa a esta sierva y a su hijo, porque el hijo de esta sierva no ha de heredar con Isaac mi hijo. 11*

Este dicho pareció grave en gran manera a Abraham a causa de su hijo.

Este asunto angustió mucho y con razón a Abraham. Tuvo que despedir a su hijo, Ismael, y a la madre de su hijo. Estoy seguro de que él también estaba preocupado por su bienestar. Lo que me bendijo de esta porción es que Dios vio su angustia y lo consoló antes de que los enviara. Dios tiene un buen plan para cada uno de nosotros, aunque en nuestra angustia no lo veamos, tiene un plan para cada una de nuestras vidas.

Génesis 21:12-13 (NVI) Pero Dios le dijo a Abraham: "No te angusties por el muchacho ni por la esclava. Hazle caso a Sara, porque tu descendencia se establecerá por medio de Isaac. 13 Pero también del hijo de la esclava haré una gran nación, porque es hijo tuyo"

Agar se fue con su hijo y deambulo hasta que terminaron sus provisiones. En su desesperación, dejó a su hijo en un lugar donde no podía escuchar sus gritos y se sentó y lloró de pura angustia y miseria.

Génesis 21:17 (NVI) Cuando Dios oyó al niño sollozar, el ángel de Dios llamó a Agar desde el cielo y le dijo: "¿Qué te pasa, Agar? No temas, pues Dios ha escuchado los sollozos del niño.

Cada vez que Agar se encontraba en esta desesperación, la Palabra de Dios nos dice que Dios labio y la escuchó.

"El miedo se apodera de nuestro corazón porque pensamos que Dios no __ ni ______ la desesperación de nuestras circunstancias"

Antes de que el Señor le diera un resultado a su desesperación, primero le pidió que diera un paso en obediencia y fe. Tuvo que levantar a su hijo y tomarlo de la mano. Una vez que lo hizo, la Palabra de Dios nos dice que Dios le abrió los ojos y vio el pozo de agua. Dios también le dio una maravillosa promesa del futuro bienestar de su hijo.

> *Génesis 21:18-20 (NVI) "Levántate y tómalo de la mano, que yo haré de él una gran nación." 19 En ese momento Dios le abrió a Agar los ojos, y ella vio un pozo de agua. En seguida fue a llenar el odre y le dio de beber al niño. 20 Dios acompañó al niño, y este fue creciendo; vivió en el desierto y se convirtió en un experto arquero.*

Esta situación se manifiesta a diario en la sociedad moderna: las niñas quedan embarazadas de los hijos de sus empleadores, jefes o simplemente de personas más poderosas y de mayor prestigio que ellas, y luego, cuando se conoce su embarazo, son desechadas para valerse por sí mismas. Incluso mencionarlo me provoca escalofríos. El solo pensamiento de la desesperación, la injusticia y la crueldad es suficiente para impulsar incluso a los más amables a convertirse en activistas por los derechos humanos.

La verdad es que aquellos a quienes les ocurren tales injusticias a menudo están llenos de miedo y ansiedad, y con razón, ¿no es así? Casi puedo sentir su miedo y ansiedad. La desesperación de la situación en la que te encuentras. *¿Qué me va a pasar? ¿Qué va a pasar con mi hijo? ¿Cómo voy a vivir? ¿Qué comeremos? ¿Dónde podemos ir? ¿Dónde vamos a vivir? ¿Qué dirá la gente?* Estas son solo algunas de las muchas preguntas que creo que las personas que se encuentran tan desesperadas se están haciendo.

Lo que es importante saber de esta desesperada situación es que; **Dios escucha, Dios ve y Dios abrirá un camino** donde parece que no hay forma ni resultado.

> *Génesis 21:17 (NVI) Cuando Dios oyó al niño sollozar, el ángel de Dios llamó a Agar desde el cielo y le dijo: "¿Qué te pasa, Agar?* ***No temas,*** *pues Dios ha escuchado los sollozos del niño.*

El Señor le respondió con esas palabras tremendamente reconfortantes: *"¡No temas!"* El miedo se apodera incluso de los más duros de nosotros. Que nos animemos a ver cómo el Señor intervino en la desesperación de Agar.

Isaac

Durante los viajes de Isaac hubo una gran hambruna en la tierra.

> *Génesis 26:1 (NVI) En ese tiempo hubo mucha hambre en aquella región, además de la que hubo tiempos de Abraham. Por eso Isaac se fue a Guerar, donde se encontraba Abimelec, rey de los filisteos.*

Isaac era un pastor con mucho ganado, porque el inicio de una hambruna le traería ansiedad y temor por lo que depararía el futuro para él y su ganado. Lo asombroso es que, apenas se expresó la consideración en el corazón de Isaac, cuando Dios le dio, no solo guía e instrucción sobre qué hacer, sino también una maravillosa confirmación de la Promesa que primero le dio a su Padre Abraham. Esta Promesa de Dios no solo aseguró una guía para el desafío presente que enfrentaban, sino que también aseguró la esperanza para el futuro. La respuesta clave de Isaac en su angustia se ve en el versículo 6 cuando la Palabra dice: *"Entonces Isaac se quedó."* El superó una miedosa y terrible situación al obedecer la directiva del Señor.

> *Génesis 26:2-6 (NVI) "Allí el Señor se le apareció y le dijo: "No vayas a Egipto. Quédate en la región de la que te he hablado. 3 Vive en ese lugar por un tiempo. Yo estaré contigo y te bendeciré, porque a ti y a tu descendencia les daré todas esas tierras. Así confirmaré el juramento que le hice a tu padre Abraham. 4 Multiplicaré a tus descendientes como las estrellas del cielo, y les daré todas esas tierras. Por medio de tu descendencia todas las naciones de la tierra sean bendecidas, 5 porque Abraham me obedeció y cumplió mis preceptos y mis mandamientos, mis normas y mis enseñanzas ` `.6 Isaac se quedó en Guerar."*

Isaac luego enfrentó un desafío con Abimelec, ya que temía por su vida ya que anticipó que los hombres de la ciudad podrían matarlo por su hermosa esposa, Rebeca. En su miedo, les dijo a todos que ella era su hermana, cuando en realidad era su esposa. Cuando fue descubierto por el rey, incluso temió más por su vida, pero en su miedo, Dios vino y lo consoló nuevamente.

> *Genesis 26:9 (NIV) `Entonces mandó llamar a Isaac y le dijo: --¡Conque ella es tu esposa! ¿Por qué dijiste que era tu hermana? --Yo pensé que por causa de ella podrían matarme --contestó Isaac.'*

Mantenerse en obediencia, aunque las circunstancias parecían contrariarlo, mantuvo a Isaac en una posición en la que Dios podía traer grandes bendiciones sobre él. ***El lugar donde temió por su vida es el mismo lugar donde Dios trajo un gran aumento sobre Isaac.*** Genesis 26 versículos 12 en adelante nos dicen cómo Dios lo prosperó.

> *Génesis 26:12-13 (NVI) Isaac sembró en aquella región, y ese año cosechó al ciento por uno, porque el Señor lo había bendecido. 13 Así Isaac fue acumulando riquezas, hasta que llegó a ser muy rico.*

Su obediencia para permanecer donde Dios lo quería, a pesar de que las circunstancias naturales lo llamaban a moverse y enfrentarse al temor por su vida, se quedó, y Dios recompensó su fe y obediencia al prosperarlo grandemente.

Se volvió tan próspero que el rey Abimélec le pidió que se fuera. En cuanto a lo que viajó, abrió pozos viejos, sin embargo, el pastor local siguió cerrando los pozos o despojándolo de los pozos. Esta pudo haber sido una experiencia tan terrible y desafiante.

> *Genesis 26:16 (NIV) "Así que Abimélec le dijo a Isaac: --Aléjate de nosotros, pues ya eres más poderoso que nosotros"*

Después de varios despojos, nadie se peleó por uno de los pozos que llamó Rehoboth. La perseverancia y la persistencia siempre dan sus frutos cuando somos obedientes a Dios y confiamos en él en todas las cosas. Cuando Isaac finalmente se mudo a Beerseba, Dios se le apareció por la noche y lo consoló con una Promesa nuevamente, pero no sin antes asegurarle Su Presencia: *"No temas, que yo estoy contigo."*

> *Génesis 26:22 (NVI) Entonces Isaac se fue de allí y cavó otro pozo, pero esta vez no hubo ninguna disputa. A este pozo lo llamo Espacios libres, y dijo: "El Senor nos ha dado espacio para que prosperemos en esta región".*

> *Génesis 26:23-25 (NIV) [23] De allí Isaac se dirigió a Berseba. 24 Esa noche se le apareció el Señor, y le dijo: "Yo soy el Dios de tu padre Abraham. **No temas que yo estoy contigo.** Por amor a mi siervo Abraham, te bendeciré y multiplicaré tu descendencia." [25] Alli Isaac construyó un altar e invocó el nombre del Señor. Acampó en ese lugar, y **sus siervos cavaron un pozo.***

Isaac enfrentó el hambre, temiendo por su vida ya que vivía entre personas que podrían matarlo por su esposa, pero en medio de todas estas terribles situaciones, siguió las directivas del Señor. Mucha gente se encuentra en hambrunas repentinas. Algunos viven en circunstancias en las que temen por sus propias vidas. Algunos temen perder a sus cónyuges.

Encontrar consuelo en las directivas de Dios, en medio del temor, siempre lleva consigo una rica recompensa del Señor. Isaac superó su miedo al "quedarse" cuando Dios dijo que se quedara. El que permaneció en la tierra no solo lo guardó, sino que también lo llevó a un lugar de abundancia.

Moisés

Cuando pienso en Moises, pienso en las muchas veces que enfrentó situaciones terribles e imposibles. **Primeramente,** cuando Dios lo llamó para ir a Faraón para dejar ir a su pueblo, y luego, con todas las plagas. **En segundo lugar,** tenemos el momento en que salieron de Egipto y quedaron atrapados entre el Mar Rojo y el furor del Faraón que se acercaba con su ejército descendente. Lo que parecía una situación de muerte segura resultó ser uno de los momentos más victoriosos para Israel, pero no antes de que Moises enfrentara la ira murmuradora de su propio pueblo por un lado, del ejército egipcio que se acercaba y un Mar Rojo al mismo tiempo. La Biblia nos dice que fue la fe de Moises lo que lo ayudó a superar las muchas circunstancias espantosas.

> *Hebreos 11:24-29 (NIV) [24] **Por la fe Moises,** ya adulto, renunció a ser llamado hijo de la hija del faraón. [25] **Prefirió** ser maltratado con el pueblo de Dios a disfrutar de los efímeros placeres del pecado. [26] **Considero que el oprobio por causa del Mesías era una mayor riqueza que los tesoros de Egipto,** porque tenía la mirada puesta en la recompensa. [27] **Por la fe salió de Egipto sin tenerle miedo a la ira del rey;** pues se mantuvo firme como si estuviera viendo al invisible. [28] **By Por la fe celebró la Pascua** y el rociamiento de la sangre, para que el exterminador de los primogénitos no tocara a los de Israel. [29] **Por la fe el pueblo cruzó el Mar Rojo** como por tierra seca; pero, cuando los egipcios intentaron cruzarlo, se ahogaron.*

Moises les habló a los israelitas cuando se vieron atrapados entre el desierto y el Mar Rojo. Su mensaje fue claro: *"No tengan ____. ¡Manténganse firmes!"* Incluso habló palabras de esperanza y confianza en ellos: *"Veras la liberación que el ____ traerá hoy."* Estas fueron palabras tan alentadoras para los corazones de esos israelitas, y continúan alentandonos a muchos de nosotros hoy en día mientras enfrentamos situaciones agobiantes en nuestras vidas.

> *Éxodo 14:13-14 (NVI) [13] --**No tengan miedo** --les respondió Moises--. **Mantengan sus posiciones, que hoy mismo serán testigos de la salvación que el Señor realizará en favor de ustedes.** A esos egipcios que hoy ven, ¡¡jamás volverán a verlos!. [14] **Ustedes quédense quietos, que el Señor presentará batalla por ustedes.**"*

Cuando Israel enfrentó a sus enemigos, Moises les recordó y los consoló con las Palabras que Dios le habló cuando enfrentaron situaciones insuperables..

> *Deuteronomio 20:1-4 (NVI) [20:1] **cuando salgas a pelear contra tus enemigos** y veas **un ejército superior al tuyo, no les temas,** porque el Señor tu Dios, que te sacó de Egipto, **estará contigo.** [2] Cuando estés a punto de entrar en batalla, **el sacerdote pasará al frente y exhortará al ejército.** [3] Con estas palabras: "¡Escucha, Israel! Hoy vas a entrar en batalla contra tus enemigos. **No te desanimes ni tengas miedo; no te acobardes ni te llenes de pavor ante ellos,** [4] porque el Señor tu Dios está contigo; él peleará en favor tuyo y te dará la victoria sobre tus enemigos."*

Josué

El Señor instruyó a Josue y a los israelitas que no temieran mientras se preparaban para ir a poseer la tierra prometida.

> *Josué 1:9 (NVI) "Ya te lo he ordenado: ¡Sé fuerte y valiente!. ¡**No tengas miedo ni te desanimes!,** Porque el Señor tu Dios te acompañará dondequiera que vayas."*

Justo después de que Israel se escondió poderosamente en una batalla con el pueblo de Hai, el Señor los animó nuevamente a no temer.

> *Josué 8:1 (NVI) [8:1] El Señor exhortó a Josué: "¡**No tengas miedo ni***

*te acobardes!. Toma contigo a todo el ejército, y ataquen la ciudad de Hai. **Yo les daré la victoria sobre su rey y su ejército ;** se apropiarán de su ciudad y de todo el territorio que la rodea.*

Es fácil para nosotros leer estos estímulos hoy, pero el mismo estímulo se nos da cuando enfrentamos nuestros mares rojos, nuestros enemigos, nuestras circunstancias espantosas y desafiantes.

David

David una vez se enfrentó a un gigante, Goliat. Un solo hombre infundió miedo a todo un ejército. Temían por sus vidas. Esta situación continuó durante 40 días. La Biblia nos habla del alcance de la amenaza y cómo los afectó.

> *1 Samuel 17:10-11 (NVI) [10] Dijo además el filisteo: "**¡Yo desafío hoy al ejército de Israel! ¡Elijan a un hombre que pelee conmigo!".**" [11] **Al oir lo que decia el filisteo, Saul y todos los israelitas se consternaron y tuvieron mucho miedo.***

> *1 Samuel 17:16 (NVI) [16] El filisteo salió mañana y tarde a desafiar a los israelitas, y así lo estuvo haciendo durante **cuarenta días.***

David vino a traer refrigerios a sus hermanos, pero mientras aún les hablaba, escuchó la voz tronante de Goliat y vio a todo el ejército huir de Goliat con gran temor.

> *1 Samuel 17:23-24 (NVI) [23] Mientras conversaban, Goliat, el gran guerrero filisteo de Gat, salió de entre las filas para repetir su desafío, y **David lo oyó. [24] Cada vez que los israelitas veían a Goliat huían despavoridos.***

David estaba lleno de fe, a pesar de que vio y se enfrentó al mismo enemigo. Eligió actuar con fe y no con miedo. Habló con fe y no con miedo.

> *I Samuel 17:32-36 (NVI) [32] Entonces David le dijo a Saúl: --¡Nadie tiene por qué desanimarse a causa de este filisteo! Yo mismo iré a pelear contra el." [33] --¡Cómo vas a pelear tú solo contra este filisteo! --replicó Saúl--. No eres más que un muchacho, mientras que él ha sido un guerrero toda la vida." [34] David le respondió: --A mi me toca cuidar el rebaño de mi padre. Cuando un león o un oso viene y se lleva una oveja del rebaño, [35] yo lo persigo y lo golpeo hasta que suelta la presa. Y, si el animal me ataca, lo agarro por la melena y lo sigo golpeando hasta matarlo. [36] Si este siervo de Su Majestad ha matado leones y osos, lo mismo puede hacer con ese filisteo pagano, porque está desafiando al ejército del Dios viviente.*

Cuando el miedo se apodera de tu corazón, te lleva a un discurso terrenal e infiel, sin embargo David, se levantó con fe para ir y luchar contra este enemigo de Israel. Sus superiores no pensaban que tuviera lo necesario para enfrentarse a un guerrero tan experimentado, pero **David confiaba, no en su propia fuerza, sino en el Dios a quien servía.** Este es un ejemplo tan maravilloso para nosotros que nos enfrentamos a gigantes demasiado fuertes y poderosos para nosotros.

> *I Samuel 17:37 (NVI) [37] El Señor, que me libró de las garras del león y del oso, también me libra del poder de ese filisteo. -- Anda, pues --dijo Saúl--, y que el Señor te acompañe."*

David habló con fe, no en su propia fuerza o habilidad, sino en la fe en el Dios viviente.

> *I Samuel 17:45-46 (NVI) [45] David le contestó: --Tú vienes contra mí con espada, lanza y jabalina, pero yo vengo a ti en el nombre del Senor Todopoderos, el Dios de los ejércitos de Israel, a quien has desafiado. [46] Hoy mismo el Señor te entregará en mis manos; y yo te mataré y te cortaré la cabeza. Hoy mismo echaré los cadáveres del ejército filisteo a las aves*

*del cielo y a las fieras del campo, **y todo el mundo sabrá que
hay un dios en Israel.***

La Viuda de sarepta

**La viuda de Sarepta enfrentó a los deudores que amenazaron con
tomar a sus hijos como esclavos.** Cuando Elias se enteró de su difícil
situación, le habló de esperanza.

> *1 Reyes 17:13 (NVI) [13] --"**No temas**. --le dijo Elias--, vuelve a casa
> y haz lo que pensabas hacer. **Pero antes prepárame un pane-
> cillo con lo que tienes, y tráemelo;** luego haz algo para ti y para
> tu hijo.*

Una vez más, vemos que la instrucción del Señor fue primero
tomar una acción de fe antes de que ella viera a Dios traer una provisión tremenda. **La Obediencia y la Fe en Dios siempre son recom-
pensadas con creces.** La Biblia nos cuenta cómo fue recompensada
su fe y sus acciones en obediencia a la Palabra del Senor..

> *1 Reyes 17:14-16 (NVI) [14] Porque así dice el Señor, Dios de Israel:
> "No se agotará la harina de la tinaja ni se acabará el aceite del
> jarro, hasta el día en que el Señor haga llover sobre la tierra".'"
> [15] Ella fue e hizo lo que le había dicho Elías, de modo que
> cada día hubo comida para ella y su hijo, como también para
> Elías. [16] Y tal como la palabra del Señor lo había anunciado
> por medio de Elías, no se agotó la harina de la tinaja ni se
> acabó el aceite del jarro.*

Isaías

Una Palabra profética vino a través del profeta Isaias para animarnos
a lidiar con situaciones espantosas.

> *Isaías 41:10-14 (NVI) [10] Así que no temas, porque yo estoy*

contigo; no te angusties, porque yo soy tu Dios. Te fortaleceré y te ayudaré; te sostendré con mi diestra victoriosa. [11] "Todos los que se enardecen contra ti sin duda serán avergonzados y humillados; los que se te oponen serán como nada, como si no existieran. [12] Aunque busques a tus enemigos, no los encontrarás. Los que te hacen la guerra serán como nada, como si no existieran. [13] Porque yo soy el Señor, tu Dios, que sostiene tu mano derecha; yo soy quien te dice: "No Temas, yo te ayudare". [14] No temas, gusano Jacob, pequeño Israel --afirma el Señor--, porque yo mismo te ayudaré; ¡el Santo de Israel es tu redentor!.

Puedes vivir por fe o puedes vivir por miedo. Nuestros sentidos abren la puerta al miedo o la fe. Podemos mirar la misma situación a través de los ojos de la fe, o podemos mirarla con los ojos de la fe.

Eliseo

El Rey Aram estaba en guerra con Israel y decidió establecer un campamento contra ellos, sin embargo. Eliseo envió un mensaje al Rey de Israel para advertirle de la inminente emboscada y ataque. Cuando el rey de Siria se enteró de que el hombre de Dios frustró sus planes al decírselo al rey de Israel, se dispuso a matar a Eliseo. Durante la noche, el ejército arameo rodeó la ciudad donde Eliseo y su compañero pasaban la noche. Temprano en la mañana cuando Guiezi se despertó, vio que toda la ciudad estaba rodeada por este ejército, y tuvo miedo. Sin embargo, tuvo miedo cuando le dijo al hombre de Dios que estaban rodeados, el hombre de Dios salió y dijo: "¿Por qué tienes miedo? Los que están por nosotros, son más que los que están en contra nuestra." Eliseo oró para que le abrieran los ojos. Cuando el Señor abrió sus ojos, vio a los Ángeles de Dios, en carros de fuego, alrededor de ellos. Guiezi vio que los que estaban a favor de ellos eran más que los que estaban en contra de ellos. Ellos vieron lo mismo en lo natural, sin embargo, Eliseo también vio en lo sobrenatural, y eso marcó la diferencia. Que Dios abra nuestros ojos para ver, en cada situación, que los que están con nosotros son más que los que están en contra nuestra.

> *2 Reyes 6:15-17 (NVI) [15] Por la mañana, cuando el criado del hombre de Dios se levantó para salir, vio que un ejército con caballos y carros de combate rodeaba la ciudad. "--¡Ay, mi Señor!--exclamó el criado--. ¿Qué vamos a hacer?". [16]* "*--No tengas miedo--," respondió Eliseo. "Los que están con nosotros son más que ellos." [17] Entonces Eliseo oró: "Señor, ábrele a Guiezi los ojos para que vea." El Señor así lo hizo, y el criado vio que la colina estaba llena de caballos y de carros de fuego alrededor de Eliseo.*

¿Cómo superamos el miedo?

Superamos el miedo por la fe.

________ la puerta a la protección, provisión y guía de Dios. La Palabra de Dios nos enseña que podemos vivir por vista o podemos vivir por __. El miedo es a menudo, y sobre todo, impulsado por nuestros sentidos. Cuanto más nos dejamos dirigir a través de lo que vemos, oímos y sentimos, más alimentaremos el miedo en nosotros. Sin embargo, cuanto más alimentamos nuestras decisiones por nuestra fe en lo que Dios dijo en Su Palabra, y actuamos en consecuencia, por fe, alimentamos la esperanza y la positividad.

> *2 Corintios 5:7 (RVR1960) [7]* **Porque por fe andamos, no por vista:**

> *2 Corintios 4:18 (NVI) [18]* **Así que no nos fijamos en lo visible, sino en lo invisible,** *ya que lo que se ve es pasajero, mientras que lo que no se ve es eterno.*

> *2 Corintios 4:13 (NVI) [13] Escrito está:* **"Creí, y por eso hablé". Con ese mismo espíritu de fe también nosotros creemos, y por eso hablamos.**

Superamos el miedo a través de nuestras palabras

Activamos el espíritu de fe a través de nuestras palabras y al centrar nuestra atención en lo que vemos en el espíritu en lugar de en lo que vemos en lo natural.

El miedo es un _______, y tenemos que encargarnos de ello ya que sabemos que _ es de Dios, y que Dios no nos dio espíritu de temor.

> *2 Timoteo 1:7 (DHH) [7] Pues Dios no nos ha dado un **espíritu de temor**, sino un espíritu de poder, de amor y de buen juicio.*

La vida y la muerte están en el poder de nuestra lengua. Necesitamos aprender a hablar por fe. Habla con tu montaña. Habla con tu miedo. Habla de tus circunstancias. Habla y declara tu fe.

> *Proverbios 18:21 (NVI) [21] **En la lengua hay poder de vida y muerte**; quienes la aman comerán de su fruto.*

> *Romanos 10:17 (RVR1960) [17] Así que la **fe es por el oír**, y el oír, por la palabra de Dios.*

> *Marcos 11:22-23 (NVI) [22] Respondiendo Jesús, les dijo: **Tened fe en Dios. [23] Porque de cierto os digo que cualquiera que dijere a este monte: Quítate y échate en el mar, y no dudare en su corazón, sino creyere que será hecho lo que dice, lo que diga le será hecho.***

> *2 Corintios 4:13 (NVI) [13] Escrito está: "**Creí, y por eso hablé**". Con ese mismo espíritu de fe también nosotros creemos, y por eso hablamos.*

Habla lo que ____, no lo que temes. La fe es decir lo que crees, no lo que temes. Active el espíritu de fe con tus palabras, y luego actúe sobre su fe, no sobre su miedo.

Superamos el miedo pensando correctamente.

Nuestros pensamientos marcan un camino a seguir por nuestra fe. **La fe sigue tus __________.**

> *Proverbios 23:7 (RVR1960) [7] **Porque cual es su pensamiento en su corazón, tal es él.** Come y bebe, te dirá; Mas su corazón no está contigo.*

Activa el espíritu de fe con tus pensamientos. Pon tu mente en las cosas que están arriba. Poner nuestros pensamientos en las cosas que están por encima de nosotros es pensar en las promesas de Dios. Es pensar en la bondad y grandeza de Dios.

Si pensamos en las cosas que tememos, son las cosas que vendrán sobre nosotros, pero si pensamos en el Dios que es más grande y más fuerte, y más poderoso, entonces Su poder se desatará sobre nuestra situación.

> *Job 3:25 (RVR1960) [25] **Porque el temor que me espantaba me ha venido, Y me ha acontecido lo que yo temía.***

El miedo se activa cuando le damos prioridad a nuestros pensamientos, sin embargo, lo mismo ocurre con la fe. Necesitamos activar nuestra fe en Dios de todas las formas posibles. Activa tu fe, sobre tus miedos, en tu dimensión de pensamiento, a través de tus palabras y tus acciones.

Superamos el miedo por nuestra fe.

Actúa por fe y no por lo que temes. **Superemos nuestros miedos mediante la profesión de nuestra fe.** Superamos el miedo poniendo en práctica nuestra fe en Dios, Su Palabra y Sus promesas.

> *Hebreos 11:1 (NVI) [11:1] Ahora bien, la fe es la garantía de lo que se espera, la certeza de lo que no se ve.*

Hebreos 11:6 (NVI) [6] En realidad, sin fe es imposible agradar a Dios, ya que cualquiera que se acerca a Dios tiene que creer que él existe y que recompensa a quienes lo buscan.

Los hombres y mujeres de los que leímos en el capítulo 11 fueron todos elogiados por su fe. Ante el miedo, caminaron, hablaron, actuaron, continuaron por fe, y ese andar por fe fue recompensado con creces.

Hay hombres y mujeres que están pasando por esta sesión hoy, y ustedes enfrentan dificultades, batallas, gigantes, enfermedades, deudas, tormentas y enemigos. Puede estar enfrentando hambruna y circunstancias desesperantes. El Señor quiere que te diga: "**No _____.** **Ten _ en Dios.**"

Hay gente hoy en día que está **en medio de la tormenta,** y encuentras que el **enemigo ya ha levantado un campamento a tu alrededor.** El Señor quiere que te diga: "**No temas. Ten fe en Dios.**"

Creo que debemos orar contra ese espíritu de miedo. Creo que debemos hablar y hacer declaraciones de fe. Creo que debemos concentrarnos en las cosas de arriba y no de abajo. Creo que debemos vivir por fe y no por vista. Guerra contra ese espíritu de temor según la Palabra de Dios.

Declaración de Cierre.

2 Timoteo 1:7 DHH Pues Dios no nos ha dado un espíritu de temor, sino un espíritu de poder, de amor y de buen juicio

Dios no me ha dado un espíritu de temor, sino un espíritu de _____, poder y una _________.

HOJA DE ASIMILACIÓN
MIEDO E INCREDULIDAD

1. Complete la oración. *El miedo y la* _________ *son dos enemigos que pueden impedirnos ver el fruto de nuestro trabajo.*

2. ¿Qué Espíritu nos ha dado Dios según 2 Timoteo 1 versículo 7?

____

____

3. Complete la oración. *La* _________ *es el acto de abrazar los miedos y la duda de uno en contra de las promesas de Dios.*

4. Complete la oración. *El miedo se apodera de nuestro corazón porque pensamos que Dios no _ ni _____ la desesperación de nuestras circunstancias.*

5. ¿Cuál es uno de los mensajes principales que aprendemos de este relato de Agar? ____

____

6. Isaac experimentó hambrunas, desengaños, muchas batallas con familiares y enemigos que obstruyen su trabajo. De al menos dos

porciones de las Escrituras de ¿cómo Dios lo ayudó y animó a lidiar con su desaliento, temor e incredulidad? _______________________

____

7. Moises enfrentó muchos desafíos. Nombra al menos dos ocasiones en las que Moises enfrentó situaciones que generalmente hacían que las personas sucumbieran al miedo y la incredulidad. ____________

____

____

8. Moises tenía dos mensajes para los israelitas. Completa las dos oraciones. Proporcione también la referencia bíblica. "*No tengas _____. Mantente firme!*" Incluso habló palabras de esperanza y confianza en ellos: "*Veras la liberación que el _____ traerá hoy.*"____

9. Nombra cualquier otro personaje bíblico que discutimos en esta sesión y la terrible situación que superaron. Brinde apoyo bíblico para su respuesta. ____

____

____

10. Complete la oración. *Superamos el miedo por la _______________.*

11. Complete la oración. *Superamos el miedo a través de nuestras _______.*

12. Proporcione al menos una Escritura para apoyar esta estrategia de vencer el miedo. _______________________________________

____

13. Complete la oración. *El miedo es un _______, y tenemos que encargarnos de ello ya que sabemos que __ es de Dios, y que Dios no nos dio espíritu de temor.*

14. Complete la oración. *Superamos el miedo pensando correctamente. La fe sigue tus* __________.

15. Complete la oración. *Dios no me ha dado un espíritu de temor, sino un espíritu de* ____*, poder y una* ____ sana.

17

FALTA DE PERDÓN
SESIÓN CUATRO

La falta de perdón es una de las cosas más devastadoras, tanto para el ofendido como para el ofensor, uno puede abrazar y aferrarse. Cosas malas pueden suceder a la gente de todas las edades, posiciones y estatus social.

Las cosas malas que nos suceden pueden ser **el resultado de causar daño** o insulto, **o intencionalmente, o de causar daño o dolor de manera equivocada o involuntaria.** Para la mayoría, como víctimas, a menudo sentimos que fuimos heridos intencionalmente. Este sentimiento, experiencia o herida causada, dolor, injusticia o rechazo desencadena en nosotros en un diálogo interno que podría canalizarse para perdonar o no perdonar y excusar la ofensa. Los efectos sobre quienes eligen no perdonar, especialmente si se aferran a él durante un periodo prolongado de tiempo, son devastadores. Todos hemos sido heridos, ofendidos, malentendidos, rechazados y afectados por la injusticia; sin embargo, la forma en que perdonamos determina en última instancia cómo afrontamos este tipo de desafíos hoy.

Esta sesión no será una sesión para abrir cada herida o diseccionar cada injusticia, sin embargo, intentaremos aprender formas en las que podamos lidiar con ella con más astucia de una manera justa y que honre a Dios, al perdonar.

Una de las enseñanzas más destacadas de Jesús es el perdón. Lo repitió en varias ocasiones, a través de una variedad de mensajes, para traer a casa el poder de perdonar a los demás, así como para conectarlo con nuestra constante necesidad de perdonarnos a nosotros mismos. Todos deseamos ser perdonados cuando hemos cometido una falta, pero mucho menos personas están dispuestas a corresponder a ese perdón cuando se les hace daño. La medida en que deseamos ser perdonados es la medida en que necesitamos comprender y aplicar el perdón en nuestra vida.

Definición de Perdón:

El perdón es la renuncia o el cese del __________, la indignación o la ira como resultado de una ofensa, desacuerdo o error percibido, o dejar de exigir ______ o restitución.

Equilibrio del Perdón

El propósito de esta sesión es ayudarnos a superar la falta de perdón con los efectos más importantes del perdón, la gracia y la misericordia.

Jesús es nuestro Ejemplo.

Jesús es nuestro máximo ejemplo de alguien que practica el perdón. El dio el ejemplo cuando experimentó la máxima traición, herida, dolor, insulto e injusticia intencional y aun así eligió perdonar. Entonces, para abordar la falta de perdón, exploremos el perdón de la PALABRA DE DIOS.

> *Lucas 23:34 (NVI) [34] --**Padre**-- dijo Jesús, ", **perdónalos**, porque no saben lo que hacen. Mientras tanto, echaban suertes para repartirse entre sí la ropa de Jesús.*

Uno de los pilares de nuestra Fe es el valor que le damos al _______. PERDÓN, junto con AMOR, FE, SANTIDAD, HUMILDAD, FIDELIDAD, HONESTIDAD, SUMISIÓN, OBEDIENCIA, VALOR, COMPASIÓN, SERVICIO, BONDAD, y muchos más, forman la base de la forma en que vivimos y finalmente morimos.

"_______ es la capacidad de perdonar una ofensa sin guardar resentimiento." Hendrik J. Vorster

Harold S. Kushner escribió en su libro: *Cuando le Suceden Cosas Malas a la Gente Buena;*

"El perdón siempre parece tan fácil, cuando necesitamos ser perdonados, y tan difícil cuando tenemos que darlo."

"La capacidad de _______ y la capacidad de ___ son las ____ que Dios nos ha dado para vivir de manera plena, valiente y significativa en este mundo menos que perfecto."

¡Una de las mayores necesidades de nuestros días es la necesidad de ser perdonados y tener otra oportunidad!

Proporciones Pandémicas.

Esta necesidad de Perdón es tan grande que ha alcanzado proporciones **EPIDÉMICAS**, ya que es una de las principales causas de depresión, causas de salud, rupturas de relaciones, disfunción del comportamiento infantil y muchos más desafíos de la sociedad.

Definiendo el Perdón.

Hay principalmente dos palabras GRIEGAS para perdón y que describen su significado:

- **Aphiemi** - significa: despedir, dejar en paz o *"Abandonar."*
- **Charizomai** - significa: mostrar favor, dar libremente, perdonar con gracia, perdonar.

La base para dar y recibir perdón se encuentra en Dios. Hoy exploraremos los requisitos bíblicos para el perdón. También veremos la provisión para el perdón de Cristo y Su mensaje para cada uno de nosotros hoy.

LA BASE DEL PERDÓN SE ENCUENTRA EN DIOS.

Dios es un Dios de perdón. A lo largo de la Biblia leemos que Dios es un "Dios Perdonador."

> *Números 14:18 (NVI) [18] 'Que eres lento para la ira y grande en amor, y que aunque **perdonas la maldad** y la rebeldía, jamás dejas impune al culpable, sino que castigas la maldad de los padres en sus hijos, nietos, bisnietos y tataranietos.'*

> *Daniel 9:9 (NVI) [9] Pero, aun cuando nos hemos rebelado contra ti, tu, **Señor nuestro, eres un Dios compasivo y perdonador.***

> *Nehemías 9:17 (NVI) [17] Se negaron a escucharte; no se acordaron de las maravillas que hiciste por ellos. Fue tanta su terquedad y rebeldia que hasta se nombraron un jefe para que los hiciera volver a la esclavitud de Egipto. Pero tú no los abandonaste **porque eres Dios perdonador, clemente y compasivo, lento para la ira y grande en amor.***

La naturaleza de Dios es que es un Dios perdonador, misericordioso y compasivo. Los salmistas nos recuerdan esta verdad.

> *Salmos 86:5 (NVI) [5] **Tu, Señor, eres bueno y perdonador;** grande es tu amor por todos los que te invocan.*

> *Salmos 130:4 (NVI) [4] Pero en ti se halla perdón, y por eso debes ser temido.*

Hay Perdón con Dios.

El Dios al que servimos es un Dios que perdona. Cualquier búsqueda de Él lo encontrará como el Dios más perdonador, comprensivo y compasivo que esperamos tener al lidiar con nuestras deficiencias, faltas, errores, pecados intencionales y no intencionales.

LOS REQUISITOS BÍBLICOS PARA EL PERDÓN.

Cuando Dios le dio la ley a Moises, también dio instrucciones para que se hicieran sacrificios para la redención y el perdón de los pecados. El Sacrificio tenía que ser compatible con el delito por el que se solicitaba el indulto. Cuanto "mayor era el pecado," mayor era el sacrificio que se requería.

> *Leviticus 4:19-20 (NVI) [19] y sacará del animal toda la grasa, quemándola en el altar. [20] Se hará con este novillo lo mismo que se hace con el de la ofrenda expiatoria. Así el sacerdote hará expiación por ellos, y serán perdonados.*

A. La ofrenda de sacrificios es la primera parte de la búsqueda del Perdón.

Según la transgresión, el pecador traía ofrendas por el pecado bajo la ley del Antiguo Testamento. Entonces, cuando hayas pecado y hayas querido ser perdonado por tu pecado, llevarás al sacerdote un sacrificio para ofrecerlo, para que lo maten, para dar su vida, como una ofrenda de pecado por tu pecado. El sacerdote degollara la paloma, el cordero o el toro, después de escuchar tu confesión, y luego te perdonara. El sacrificio pagará por sus pecados y quedará libre de la culpa y el castigo. Fue la sangre derramada la que satisfizo los requisitos de Dios de perdonar. La Biblia enseña que *"sin derramamiento de sangre no hay perdón."*

> *Hebreos 9:22 De hecho, la ley exige que casi todo sea purificado con sangre, pues sin derramamiento de sangre no hay perdón.*

Para nosotros, como creyentes del Nuevo Testamento, somos bendecidos desde que Cristo se convirtió en nuestro Cordero de sacrificio que quitó los pecados del mundo y pagó por nuestros pecados derramando _________ y siendo nuestro Sacrificio expiatorio.

> *Efesios 1:7 En él tenemos **la redención mediante su sangre, el** **perdón de nuestros pecados**, conforme a las riquezas de la gracia.*

> *Hebreos 9:13-14 La sangre de machos cabríos y de toros, y las cenizas de una novilla rociadas sobre personas impuras, **las santifican de modo que quedan limpias por fuera**. 14 ¡**Cuánto más la sangre de Cristo**, quien por medio del Espíritu eterno se ofreció sin mancha a Dios, **purificará nuestra conciencia de las obras que conducen a la muerte**, a fin de que sirvamos al Dios viviente!*

B. La segunda parte de este proceso redentor fue que el sacrificio u ofrenda tenía que ser aceptable a Dios antes de que se diera el perdón.

Desde que Caín y Abel llevaron las primeras ofrendas a Dios, vemos que una fue aceptada y la otra no. Cuando Adán y Eva pecaron en el jardín, el abrigo que Dios hizo para cubrir el pecado y la vergüenza estaba hecha de piel. Un animal perdió la vida para cubrir el pecado de Adán y Eva.

Solo la muerte de un animal sacrificado podía apaciguar al Padre por los pecados cometidos. Esta acción del Padre puso en marcha un principio de lo que era aceptable para perdonar el pecado; era el derramamiento de sangre lo que traería una cobertura y el perdón del pecado. El sacrificio necesitaba ser _____________________________.
Ningún sacrificio deformado, lisiado o con imperfecciones sería suficiente.

*Génesis 3:21 NTV **Dios el Señor hizo ropa de pieles** de animales para Adan y su esposa.*

*Genesis 4:4 "Abel también presentó al Señor lo mejor de su rebaño, es decir, los primogénitos con su grasa. **Y el Señor miró con agrado a Abel y a su ofrenda,** 5 pero no miró así a Caín ni a su ofrenda. Por eso Caín se enfureció y andaba cabizbajo."*

*Levitico 1:3-4 "Si el animal que ofrece en holocausto es de ganado vacuno, debera presentar un macho sin defecto, a la entrada de la Tienda de reunion. **Así será aceptable al Señor.** 4 Pondrá su mano sobre la cabeza de la víctima, la cual le será aceptada en su lugar y le servirá de propiciación."*

Era esencial traer sacrificios que fueran aceptables para Dios, a fin de recibir el perdón de los pecados. Cuando Cristo se convirtió en nuestro Cordero sacrificado, Su sacrificio fue aceptado. Vemos en Romanos que: *"**Dios presentó a Jesús como un sacrificio de expiación.**"* En las Palabras de Juan: *"**Tanto amó dios al mundo que dio a su Hijo Unigénito.**"* Este nivel y tipo de entrega, de un Redentor, está más allá de nuestra razón o comprensión. Dios realmente nos ama.

*Romanos 3:25 **Dios lo ofreció como un sacrificio de expiación** que se recibe por la fe en su sangre, para así demostrar su justicia. Anteriormente, en su paciencia, Dios había pasado por alto los pecados.*

*1 Juan 2:2 **Él es el sacrificio por el perdón de nuestros pecados,** y no solo por los nuestros, sino por los de todo el mundo.*

*Juan 1:29 Al dia siguiente Juan vio a Jesus que se acercaba a él, y dijo, "Aquí tienen, **al Cordero de Dios, que quita el pecado del mundo!***

______ se convirtió en nuestro Cordero de sacrificio, que quitó nuestros pecados. Es a través de Cristo que cumple con los requisitos para pagar el precio por nuestros pecados, que se ofrece el perdón a todos los que creen en Él y confían en Él para su perdón. Si la sangre de los animales trajo perdón a los ofensores, cuanto más logró la Sangre de Cristo perdonar a aquellos que confiesan, se arrepienten y creen en Su Glorioso Perdón.

Es tan cierto lo que la Palabra nos dice en Hebreos: *"**Cuánto más, entonces, la Sangre de Cristo limpiará nuestra conciencia de los actos que conducen a la muerte.**"* El sacrificio de Cristo y la ofrenda de su Sangre nos limpia de todo pecado e injusticia.

> *Hebreos 9:13-14* NVI *La sangre de machos cabríos y de toros, y las cenizas de una novilla rociadas sobre personas impuras, **las santifican de modo que quedan limpias por fuera. 14 Si esto es así, ¡cuánto más la sangre de Cristo,** quien por medio del Espíritu eterno se ofreció sin mancha a Dios, **purificará nuestra conciencia de las obras que conducen a la muerte,** a fin de que sirvamos al Dios viviente!*

> *1 Pedro 1:18-19* NVI *Como bien saben, **ustedes fueron rescatados** de la vida absurda que heredaron de sus antepasados. El precio de su rescate no se pagó con cosas perecederas, como el oro o la plata, 19 sino **con la preciosa sangre de Cristo,** como de un cordero sin mancha y sin defecto.*

Hemos sido redimidos por la Sangre que Jesuscristo derramó. Pago el precio por nuestros pecado. A través de Su sacrificio y el derramamiento de Su Sangre, tenemos el perdón de nuestros pecados.

Este perdón se extiende a todos los que _____. Este perdón cubre todo pecado. Este perdón es para todos.

C. La Tercera parte es para que aceptemos Su Perdón.

Necesitamos aceptar su perdón. El nuevo Testamento proclamó el mismo mensaje: *"sin derramamiento de sangre no hay perdón."* Por el contrario, con la Sangre de Cristo hay Perdón. Cristo derramó Su sangre por tus pecados y los míos. Somos perdonados por su gran sacrificio.

Si Dios aceptó el sacrificio de Cristo y su sangre ofrecida para la remisión de nuestros pecados, entonces **también debemos aceptar Su sacrificio y el perdón de nuestros pecados.** Existe una conexión directa entre el derramamiento de la Sangre de Cristo y nuestro perdón.

> *Hebreos 9:22 (NVI) [22] De hecho, la ley exige que casi todo sea purificado con sangre, pues **sin derramamiento de sangre no hay perdón.***

> *Hebreos 9:12 (NVI) [12] Entró una sola vez y para siempre en el Lugar Santísimo. No lo hizo con sangre de machos cabríos y becerros, **sino con su propia sangre**, logrando **un rescate eterno.***

> *Colosenses 2:13 (NVI) [13] Antes de recibir esa circuncisión, ustedes estaban muertos en sus pecados. Sin embargo, Dios nos dio vida en unión con Cristo, **al perdonarnos todos los pecados***

> *Hechos 10:43 (NVI) [43] De él dan testimonio todos los profetas, que **todo el que cree en él recibe, por medio de su nombre, el perdón de los pecados.***

Cada vez que participamos de la Mesa del Senor, celebramos y aceptamos el perdón de nuestros pecados.

> *Mateo 26:28 (NVI) [28] **Esto es mi sangre** del pacto, que es derramada por muchos **para el perdón de pecados.***

Todos agradecemos a Dios por su gracia y misericordia para perdonar nuestros pecados, sin embargo, hay un aspecto extremadamente importante para recibir este perdón que, si se pierde o no se aplica, podría dejarlo en la misma miseria como si nunca hubiera confesado su pecado y buscado el perdón. Y es que Dios requiere que extendamos el perdón a aquellos que "pecaron" contra nosotros.

El Perdón de Dios es condicional.

Cristo nos ofrece un perdón sin reservas, pero **hay una condición** attached to it: **nosotros también debemos perdonar.** Jesus nos enseno en la oración del "Padre Nuestro" a *"perdonarnos nuestros pecados como nosotros perdonamos a los que han pecado contra nosotros."*

> *Mateo 6:12-15 (NVI) "[12] **Perdónanos nuestras deudas, como también nosotros hemos perdonado a nuestros deudores.** [13] Y no nos dejes caer en tentación, sino líbranos del maligno. [14] Porque, si perdonan a otros sus ofensas, también los perdonará a ustedes su Padre celestial. [15] Pero, si no perdonan a otros sus ofensas, tampoco su Padre les perdonará a ustedes las suyas."*

Perdonar a los demás es tan importante para Dios como recibir el perdón de Él por nuestros pecados. Jesús contó varias parábolas para enfatizar la importancia del perdón. Jesus nos recuerda la práctica del perdón a través de parábolas. En dos parábolas, Jesús nos indica que perdonemos como Dios y no como un hombre.

El sirviente despiadado.

Jesús precede a esa parábola al enseñar el principio del perdón

> *Mateo 18:21-22 NVI Parábola del siervo despiadado "Pedro se acercó a Jesús y le preguntó: --Señor, ¿cuántas veces tengo que perdonar a mi hermano que peca contra mí? ¿Hasta siete veces? 22 --No te digo que hasta siete veces sino hasta setenta y siete veces--le contestó Jesús--.*

En esta parábola Jesús enseña que el Reino de los Cielos es como un Maestro que quería ajustar las cuentas, o las deudas, que sus siervos tenían con Él. Cuando uno de los sirvientes fue llevado ante Él debido a su Gran deuda, en millones en los términos de hoy, suplicó misericordia cuando su Maestro quiso que él y toda su familia, incluyendo todo lo que poseía, fueran vendidos para cubrir las deudas. Su Maestro se apiadó de él y le perdonó su deuda y lo dejó ir libre de deudas. Sin embargo, al salir ese sirviente indultado, vio a otro sirviente que le debía solo unos pocos dólares, pero en lugar de perdonarlo, lo puso en prisión hasta que su deuda fuera pagada. Cuando el Maestro se enteró de este comportamiento ingrato e inconsistente de alguien a quien perdonó tanto, lo llamó a cuentas por su comportamiento despiadado

> *Mateo 18:32-35* NVI *"Entonces el señor mandó llamar al siervo. "¡Siervo malvado! --le increpó--. Te perdoné toda aquella deuda porque me lo suplicaste. 33 ¿No debías tú también haberte compadecido de tu compañero, así como yo me compadecí de ti?" 34 Y, enojado, su señor lo entregó a los carceleros para que lo torturaran hasta que pagara todo lo que debía. 35 **Así también mi Padre celestial los tratará a ustedes, a menos que cada uno perdone de corazón a su hermano**"*

Esta parábola personifica nuestra respuesta en muchos aspectos; abogamos diariamente por el perdón de las cosas en las que transgredimos, pero al mismo tiempo, casi sin consideración, nos negamos a comprometer el pensamiento de indulgencia, gracia, perdón o perdón hacia aquellos que nos ofendieron, lastimaron o transgredieron.

Aunque pudimos verlo claramente explicado y entendido en esta parábola, a menudo no conectamos esta parábola con las realidades de nuestras acciones y cómo practicamos el perdón. Las palabras finales del Senor Jesus deben servir como una severa advertencia y un recordatorio de que nuestro ***Padre Celestial nos tratara a cada uno*** *de nosotros*" con la misma medida, a menos que "*perdonemos a nuestro hermano de corazón.*"

Esta conversación no estaría completa si no revisáramos el "criterio" o la "**Regla de Oro**" para practicar el perdón: "**Les digo, no siete veces, sino setenta y siete veces.**"

La Piedra de Molino

La enseñanza de Jesús sobre el pecado y la piedra de molino nos sirve como otro recordatorio para vigilarnos a nosotros mismos, para que no hagamos pecar a otros, sino también para vivir con cierta disposición para perdonar sin reservas a los que "pecan" contra nosotros. Aquí aprendemos nuevamente el mismo principio sobre el perdón: "*Si tu hermano peca, repréndelo, y si se arrepiente, perdónalo. Si peca contra ti siete veces al día, y siete veces vuelve a ti y te dice: "Me arrepiento", perdónalo".*"

> *Lucas 17:1-4* NVI *1 Luego dijo Jesús a sus discípulos:--Los tropiezos son inevitables, pero ¡ay de aquel que los ocasiona! 2 Más le valdría ser arrojado al mar con una piedra de molino atada al cuello que servir de tropiezo a uno solo de estos pequeños. 3 Así que, ¡cuídense! "Si tu hermano peca, repréndele; y, si se arrepiente, perdónalo. 4 Aun si peca contra ti siete veces en un día, y siete veces regresa a decirte, "Me arrepiento", perdónalo."*

Alguien ha dicho: "*Nunca nos parecemos más a Dios que cuando podemos perdonar a los demás.*"

Dediquemos unos momentos a explorar esta conexión entre recibir el perdón de nuestros pecados y el perdón que estamos dispuestos a ofrecer a los demás. A lo largo de las Escrituras se nos enseñan cuatro principios básicos del perdón.

Principio 1: Dios Perdona los pecados.

Mateo 6:12-15 (NVI) [12] ***Perdónanos nuestras deudas,*** *como también nosotros hemos perdonado a nuestros deudores. [13] Y no nos dejes caer en tentación, sino líbranos del maligno. [14] Porque, si perdonan a otros sus ofensas, también los perdonará a ustedes su Padre celestial. [15] Pero, si no perdonan a otros sus ofensas, tampoco su Padre les perdonará a ustedes las suyas.*

El primer principio es que ***Dios es el Autor del Perdón***. El desea ser Misericordioso con todos los que buscan el perdón de Él por sus pecados. La razón por la que oramos: ***"Perdónanos nuestros pecados"*** tiene su origen en el deseo más profundo del hombre de vivir sin culpa, sin rechazo ni culpa, y en el reconocimiento de que el verdadero perdón solo se encuentra en Él.

Marcos 2:7 NVI ""¿Por qué habla éste así? ¡Está blasfemando! ***¿Quién puede perdonar pecados sino sólo Dios?"***

Muchas veces, las personas luchan con la falta de perdón porque no aceptan el perdón del Padre, incluso después de repetidas ofertas de arrepentimiento. Resuelve esto hoy: ***Su Perdón es seguro para todos los que confiesan y se arrepienten de sus pecados.***

Principio 2: Perdona a los que Pecan Contra ti.

Mateo 6:12(NTV) "Y perdónanos nuestros pecados, así como hemos perdonado a los que pecan contra nosotros."

Mateo 18:21 (NTV) Luego Pedro se le acercó y preguntó: --Señor, ¿cuántas veces debo perdonar a alguien que peca contra mí? ¿Siete veces?

Perdonar por completo requiere uno de los ajustes más difíciles de todos, pero Jesús

lo describe de manera tan simple: *"Así como necesitamos el perdón, también debemos perdonar a los demás"*

Principio 3: Perdona y sé perdonado

Si perdonamos, Dios nos _________.

> *Mateo 6:14 NVI "Porque, se perdonan a otros sus ofensas, **también los perdonará a ustedes su Padre celestial."***

> *Lucas 6:37 NVI "No juzguen, y no se les juzgará. No condenen, y no se les condenará. Perdonen, **y se les perdonará."***

Todo depende de nosotros. Si perdonamos, seremos perdonados. Al mostrar misericordia, se nos mostrará misericordia.

> *"No necesitamos subir al cielo para ver si nuestros pecados son perdonados. Miremos en nuestro corazón y veamos si podemos perdonar a los demás".*
> *- Thomas Watson*

Principio 4: Si no perdonamos, no seremos perdonados.

Jesus dio esta advertencia sobre el perdón: Si nos negamos a perdonar a otros, Dios también se negara a perdonarnos.

> *Mateo 6:15 (NVI) "[15] **Pero, si no perdonan a otros sus ofensas, tampoco su Padre les perdonará a ustedes las suyas."***

> *Marcos 11:25 (NVI) y cuando estén orando, si tienen algo contra alguien, perdónenlo, para que también su Padre que está en el cielo les perdone a ustedes sus pecados."*

Este es el control de la realidad sobre aferrarse a la falta de perdón. Si nos reprimimos o nos negamos a perdonar a los hombres sus ofensas contra nosotros, entonces nuestro Padre Celestial también se negará a perdonarnos nuestros pecados. Se nos advierte contra el pecado de un corazón que no perdona, que a menudo resulta en un espíritu amargo que nos roba las bendiciones que Dios reservó para nosotros.

Hebreos 12:15 (NVI) [15] Asegúrense de que nadie deje de alcanzar la gracia de Dios; de que ninguna raíz amargo brote y cause dificultades y corrompa a muchos.

En cierto sentido, negarse a perdonar a los demás revela una falta de aprecio por la misericordia recibida de Dios.

CONCLUYENDO

Como seguidores de Jesucristo, **nos vestimos con la paciencia** para ser misericordiosos y perdonar cualquier resentimiento que podamos tener con los demás.

Efesios 4:32 NVI Más bien, sean bondadosos y compasivos unos con otros, y perdónense mutuamente, así como dios los perdonó a ustedes en Cristo.

Colossians 3:12-13 Por lo tanto, como escogidos de Dios, santos y amados, revístanse de afecto entrañable y de bondad, humildad, amabilidad y paciencia, 13 de modo que se toleren unos a otros y se perdonen si alguno tiene queja contra otro. Así como el Señor los perdonó, perdonen también ustedes.

Casi nada muestra el amor que nos tenemos los unos a los otros, al igual que la forma en que somos misericordiosos, perdonandores y tolerantes con los demás.

Ejemplos Bíblicos

Todo creyente debe procurar practicar el espíritu perdonador de estos ejemplos:

José

José soportó un trato injusto y la máxima traición de su familia, al ser vendido como esclavo a una nación extranjera. Sus hermanos esencialmente se aseguraron de que estuviera casi muerto cuando lo vendieron. Jose soportó una acusación falsa de la esposa de Potifar, lo que lo llevó a prisión. Sus compañeros de prisión también lo decepcionaron al no cumplir su palabra. Casi soportó toda una vida de traición, falsas acusaciones y rechazo, pero perdonó a sus perpetradores.

> *Génesis 50:19-21 (NVI) [19] --No tengan miedo --les contestó José--. ¿Puedo acaso tomar el lugar de Dios?[20] Es verdad que ustedes pensaron hacerme mal, pero Dios transformó ese mal en bien para lograr lo que hoy estamos viendo: salvar la vida de mucha gente. [21] Así que, ¡no tengan miedo! Yo cuidaré de ustedes y de sus hijos. Y así, con el corazón en la mano, José los reconfortó.*

Su bondad no solo se extendió a perdonarlos y absolverlos, sino que también proveyó para ellos y sus familias. Muchas personas viven la proverbial *"vida de José,"* han sido traicionadas, rechazadas y experimentadas acusaciones falsas en su contra. Así como José encontró en su corazón perdonar a quienes lo sometieron a una vida de abuso y a vivir una vida degenerada, nosotros también debemos perdonar a quienes intencional y deliberadamente nos lastimaron y abusaron de nosotros.

Esteban

Esteban fue este poderoso testigo de Jesucristo quien, en medio de la predicación y la defensa de la fe, fue apedreado hasta la muerte. No se defendió de sus agresores, ni tomó represalias con amenazas y acusaciones, sino que optó por seguir testificando y orando por sus opresores para que Dios los perdonara y no les reprochara su pecado. que ejemplo de la prueba definitiva para practicar el perdón. Esteban lo hizo: perdonó a los que lo apedreaban por predicar y testificar de Jesucristo.

> *Hechos 7:60 (NVI) [60] Luego cayó de rodillas y gritó: --¡Señor, no les tomes en cuenta este pecado! Cuando hubo dicho esto, murió.*

Como personas centradas en principios, se nos pide una y otra vez que perdonemos. Los principios del perdón tienen prioridad a lo largo de las Escrituras para que se pongan en práctica.

Jesús

Jesús nos sirvió de modelo de perdón, incluso cuando enfrentó las circunstancias más desafiantes. A veces pensamos que: *"si simplemente estuviera en un mejor espacio mental,"* o *"si no tuviera tanto dolor e incomodidad, entonces posiblemente perdonaría más fácilmente,"* sin embargo, Cristo nos dio un ejemplo a seguir.

> *Lucas 23:34 (NVI) [34] --Padre --dijo Jesús--, perdónalos, porque no saben lo que hacen. Mientras tanto, echaban suertes para repartirse entre sí la ropa de Jesús.*

Jesús sigue siendo nuestro ejemplo supremo de alguien que soportó los tratos injustos más duros que jamás haya soportado un ser humano, pero que eligió perdonar.

Comunión

Es a través de nuestra participación en la comunión que afirmamos el perdón de nuestros pecados. Cada vez que tomamos la copa, participamos de la Sangre de Jesucristo. Su Sangre nos lava y limpia de todo pecado y vergüenza. Una de las formas más rápidas en que lidiamos con la falta de perdón es participando conscientemente de la sangre de Jesús. Cuando tomamos la copa, después de examinarnos a nosotros mismos, perdonamos a otros por sus ofensas contra nosotros, y recibimos y aceptamos nuestro perdón y el perdón del Señor.

Mateo 26:28 (NVI) [28] Esto es mi sangre del pacto, que es derramada por muchos para el perdón de pecados.

¿Cómo lidiamos con la falta de perdón?

- Afirmar a Dios Todopoderoso como el perdonador del pecado.
- Afirme que El hizo una provisión significativa y completa para la remisión de todos los pecados del mundo, incluido el suyo.
- Tómese el tiempo para considerar a todas las personas que cometieron ofensas contra usted y perdónelas. Una vez que realmente los perdonó y le pidió a Dios que los perdonara y que los absolviera, entonces atienda sus propias necesidades de perdón.
- Confiesa tus pecados y pídele a Dios que te perdone.
- Afirma que buscas y aceptas Su perdón por todos tus pecados.

HOJA DE ASIMILACIÓN
FALTA DE PERDÓN

1. Complete la oración. *Una de las enseñanzas más destacadas de Jesus es el ________.*

2. Complete la definición de perdón. *El perdón es la renuncia o el cese del ________, la indignación o la ira como resultado de una ofensa, desacuerdo o error percibido, o dejar de exigir ______ o restitución.*

3. Complete la oración. *La capacidad de _______ y la capacidad de ___ son las armas que Dios nos ha dado para vivir plena, valiente y significativamente en este mundo menos que perfecto.*

4. ¿Qué pasajes de las Escrituras enseñan que Dios es un Dios que perdona? ____

____

5. Proporcione pruebas bíblicas en cuanto a que: *"sin derramamiento de sangre no hay perdón."* ______________________________

____

6. Proporcione pruebas bíblicas en cuanto a que: "Jesús es el Cordero de Dios." ____

____

7. Jesús enseñó acerca de una condición por la cual Dios nos perdonará nuestros pecados. ¿Cual es esa condición para que recibamos nuestro perdón? Proporcione Escrituras. _______________

____

____

8. Analizamos los Cuatro Principios del Perdón. Nombra los Cuatro y proporciona al menos una Escritura para cada uno.
- *Principio 1:* _______________________________________
- *Principio 2:* _______________________________________
- *Principio 3:* _______________________________________
- *Principio 4:* _______________________________________

9. Complete oración. *Como Seguidores de Jesucristo,* **nos _______ con la paciencia** *para ser misericordiosos y perdonar cualquier resentimiento que podamos tener con los demás.*

18

LA LUJURIA DE LA CARNE Y LA LUJURIA DE LOS OJOS

SESIÓN CINCO

*1 Juan 2:15-17 No amen al mundo ni nada de lo que hay en él. Si alguien ama al mundo, no tiene el amor del Padre. 16 Porque nada de lo que hay en el mundo—**los malos deseos del cuerpo, la codicia de los ojos y la arrogancia de la vida**—proviene del Padre, sino del mundo. 17 El mundo se acaba con sus malos deseos, pero el que hace la voluntad de dios permanece para siempre.*

La lujuria es una **terrible** ____ maligna en la vida de muchas personas. Se manifiesta de muchas formas. La mayoría negara su existencia en ellos hasta que la convicción del Espíritu Santo desate las máscaras detrás de las cuales se esconden para intentar disimularlo.

Cuando Jesus nos enseñó a través de la Parábola del Sembrador, enfatizó como los cardos y los espinos ahogarían la semilla y la dejarían sin fruto.

Ahogar algo significa bloquear su capacidad respiratoria y forzar una muerte cruel y destructiva.

Esto es exactamente lo que hace la lujuria en la vida de uno; priva a la buena semilla que hay en ti de permanecer viva. Básicamente lo mata y hace que todo el potencial bueno sea eliminado y se vuelve infructuoso.

> *Marco 4:18-19 "Otros son como lo sembrado entre espinos: oyen la palabra, 19 pero las preocupaciones de esa vida, el engaño de las riquezas **y muchos otros malos deseos entran hasta _____ la palabra, de modo que esta no llega a dar ____.**"*

> *Lucas 8:13-14 "Los que están sobre las piedras son los que reciben la palabra con alegría cuando la oyen, pero no tienen raíz. Estos creen por algún tiempo, pero se apartan cuando llega la prueba. 14 La parte que cayó entre espinos son los que oyen, pero, con el correr del tiempo, **los ahogan las preocupaciones**, las riquezas y los **placeres de esta vida, y no ______.**"*

Es este *"deseo"* por otras cosas y por *"placeres"* lo que ahoga la buena semilla de la Palabra en nuestras vidas y finalmente nos hace infructuosos y no impide madurar en nuestra fe. Hoy en día no se puede ver la televisión normal sin ser bombardeado con "placeres." Es la extensión abarcadora y el resultado de estos "placeres" lo que no se revela abiertamente.

La biblia nos enseña cuales son estos actos, lo que responde a la naturaleza pecaminosa, así como el resultado para aquellos que persisten en tales actos. Que el Señor nos conceda la sobriedad para evaluarnos a la luz de las Escrituras.

El capítulo 5 de Gálatas revela esos actos de la naturaleza pecaminosa que finalmente nos "ahogan" y nos llevan a un lugar donde perderemos la posibilidad de heredar el Reino de Dios.

> *Gálatas 5:19-21 "Las obras de la naturaleza pecaminosa se conocen bien: inmoralidad sexual, impureza y libertinaje; 20 idolatría y brujería; odio, discordia, celos, arrebatos de ira, rivalidades, disensiones, sectarismos 21 y envidia; borracheras orgías, y otras*

cosas parecidas. **Les advierto ahora,** *como antes lo hice,* **que los que practican tales cosas no heredarán el reino de Dios."**

Cuando nos dejamos seducir por *"la concupiscencia de nuestros* ___,*"* o *"la concupiscencia de la* ___*"*, entonces encontramos estas mismas cosas presentes: *"inmoralidad sezual, impureza y libertinaje; idolatría y brujería; odio, discordia, celos, arrebatos de rabia, ambición egoísta, disensiones, facciones y envidia; borracheras, orgías y cosas por el estilo."*

Estas Escrituras no se dirigen a aquellos que todavía viven bajo la venda de su vieja naturaleza, no; estas Escrituras se dirigen a los de la Iglesia. Estas Escrituras nos exhortan a abordar estas actitudes carnales en una profunda sumisión a la obra de santificación del Espíritu Santo. No es para estropear nuestra diversión o privarnos de vivir con una sensación de gratificación, sino para llevarnos a un lugar de satisfacción verdadera y duradera.

Romanos 13:14 Más bien, **revístanse** *ustedes del Señor Jesucristo, y* **no se preocupen por satisfacer los** ____ **de la naturaleza pecaminosa.**

De acuerdo a esta Escritura es muy esencial que hagamos un esfuerzo concertado para complacer los deseos del Espíritu Santo dentro de nosotros, en lugar de los insatisfactorios impulsos de la carne. El resultado de seguir viviendo para las gratificaciones de la carne te dejará vacío, insatisfecho e incompleto. También te privará de ver la semilla de tus esfuerzos dando frutos duraderos.

Gálatas 5:16-17 NVI **16** *Así que les digo: Vivan por el Espíritu, y no seguirán los deseos de la naturaleza pecaminosa.* **17** *Porque ésta desea lo que es contrario al Espíritu, y el Espíritu desea lo que es contrario a ella. Los dos se oponen entre sí, de modo que ustedes no pueden hacer lo que quieren.*

Gálatas 5:24 NVI Los que son de Cristo Jesús han crucificado la naturaleza pecaminosa, con sus pasiones y deseos.

*Efesios 2:3 En ese tiempo también todos nosotros vivíamos como ellos, **impulsados por nuestros deseos pecaminosos, siguiendo nuestra propia voluntad y nuestros propósitos.** Como los demás, éramos por naturaleza objeto de la ira de Dios.*

Es esto, sucumbir a las gratificaciones de la carne lo que le impedirá ver fruto en su trabajo en el Señor. Cuando sembramos para agradar al Espíritu Santo, cosecharemos beneficios eternos; sin embargo, si continuamos sembrando para satisfacer los deseos de la carne, solo producirá una cosecha de pecado.

¿Cómo crucificamos los deseos de la carne?

Ayunar y Orar.

Nada rompe la espalda de los deseos carnales como lo hace el ayuno y la oración. Los de Jesus dijeron que: *"este género no sale sino con el ayuno y la oración."* Esto sigue siendo cierto para todos los creyentes. Cuando nos sometemos a un tiempo de ayuno y oración, crucificamos activamente la lujuria y los deseos de la carne.

Marcos 9:29 (NVI) 29 —Esta clase de demonios solo puede ser expulsada a fuerza de oración—respondió Jesús.

En el conocido capítulo sobre el ayuno, Isaías describe las mismas cosas que necesitamos crucificar en nuestra vida a través del ayuno.

Isaías 58:6-9 (NVI) »El ayuno que he escogido, ¿no es más bien romper las cadenas de injusticia y desatar las correas del yugo, poner en libertad a los oprimidos y romper toda atadura? 7 ¿No es acaso el ayuno compartir tu pan con el hambriento y dar refugio a los pobres sin techo, vestir al desnudo y no dejar de *lado a tus semejantes? **8** Si así procedes, tu luz despuntará como la aurora, y al instante llegará tu sanidad; tu justicia te abrirá el camino, y la gloria del Señor te seguirá. **9** Llamarás, y el Señor responderá; pedirás ayuda, y él dirá: "¡Aquí estoy!" »Si desechas el yugo de opresión, el dedo acusador y la lengua maliciosa.*

Acepta un desafío de alimento espiritual por 21 días.

Acepta un desafío de alimento espiritual por ______. El propósito de esto es simplemente llenarte con más de Dios, ya que creemos que Dios te liberará del espíritu de lujuria este fin de semana. La advertencia de Jesús en el capítulo once de Lucas nos obliga a tomar esta acción para asegurarnos de reemplazar cada área ocupada por la lujuria y llenarla con la Palabra y el Espíritu Santo.

> *Lucas 11:24-26 (RVC) »Cuando el espíritu impuro sale del hombre, anda por lugares áridos en busca de reposo, pero al no encontrarlo dice: "Volveré a mi casa, de donde salí." **25** Y cuando llega y la encuentra barrida y adornada, **26** va y trae otros siete espíritus peores que él, y todos entran y allí se quedan a vivir. ¡Y el estado final de aquel hombre resulta peor que el primero!»*

Tómese 21 días para alimentarse solo con la Palabra de Dios, antes de tomar cualquier alimento físico. Lea y ore a través de 21 libros del Nuevo Testamento, comenzando con Apocalipsis. Algunos días te tomarán 90 minutos, pero otros solo unos pocos minutos, sin embargo, tómate el tiempo para pedirle al Espíritu Santo que te ayude y te saque de la lujuria. La forma en que alimentamos y llenamos nuestra mente con la Palabra de Dios nos ayudará a superar todo lo que nos atormenta y esclaviza.

Confiesa tu Liberación.

Haga confesiones de lo que está confiando en que Dios logre en su vida. Superamos al maligno aplicando la _____ de Jesus y mediante la ________ de nuestra boca.

> *Revelation 12:11 **Ellos lo han vencido por medio de la** _____ **del cordero y por el** _____ **del cual dieron testimonio;** no valoraron tanto su vida como para evitar la muerte.*

Consiga un compañero a quien rendir cuenta.

La Biblia enseña que debemos confesar nuestros pecados _________ para que podamos ser sanados. Ser libre de la lujuria traerá sanidad a tu vida. Muchas veces, cuando las personas confiesan sus pecados, especialmente a los que son ancianos, nos ayudan haciéndonos _________. Sus oraciones tienen un poder tremendo y son efectivas para vernos libres y entregados.

> *Santiago 5:16 NVI Por eso, **confiésense unos a otros sus pecados,** y oren unos por otros, para que sean sanados. La oración del justo es poderosa y eficaz.*

Sea lleno y permanezca lleno del Espíritu.

No hay protección más segura contra los ataques del enemigo como permanecer lleno del Espíritu Santo. Cuanto más estemos llenos del Espíritu Santo, más nos encontraremos reprimiendo los malos deseos de la carne. Recuerde, la carne y el espíritu compiten y se oponen entre sí. Aquel a quien alimentas y le das preeminencia, es el que reinará y dará fruto en tu vida.

> *Gálatas 5:16-17 NVI Así que les digo: Vivan por el _____, y no seguirán los _____ de la naturaleza pecaminosa. **17** Porque ésta desea lo que es contrario al Espíritu, y el Espíritu desea lo que es*

contrario a ella. Los dos se oponen entre sí, de modo que ustedes no pueden hacer lo que quieren."

Gálatas 5:24-25 NVI "Los que son de Cristo Jesús han crucificado la naturaleza pecaminosa, con sus pasiones y deseos. 25 Si el Espíritu nos da vida, andemos guiados por el Espíritu".

Oro para que encuentres la verdadera libertad en Cristo Jesus. La siguiente parte está dedicada a mantener la libertad que Cristo trajo a nuestras vidas.

HOJA DE ASIMILACIÓN
LA LUJURIA DE LA CARNE Y LA LUJURIA DE LOS OJOS

1. Complete oración. *La lujuria es una terrible ___* **maligna** *en la vida de muchas personas.*

2. ¿Qué cosas no son del Padre según 1 Juan 2 versículos 15 to 17? _______
____

3. ¿Cuáles son las dos cosas que hacen las espinas en nuestras vidas, según Marcos capítulo 4 versículos 18 al 19?. _______________________
____

4. Escriba las cosas que se describen en el capítulo 5 de Gálatas como"actos de la naturaleza pecaminosa." _______________________
____
____
____

5. Escriba las cinco cosas que podemos hacer para lidiar con la lujuria en nuestras vidas. ____
____
____

6. Dé un pasaje de las Escrituras para corroborar los dos primeros puntos abordados sobre cómo lidiar con la lujuria. _______________

____

7. Complete la oración. *Superamos al maligno aplicando la _____ de Jesus y por la _______ de nuestra boca.*

8. ¿Por qué es importante confesarse unos a otros sus pecados? ¿En qué Escritura se basa esta creencia? _______________________

____

9. Complete la oración. *"Vivir en el _______, y no complacer los _____ de la naturaleza pecaminosa."*

19

FE Y OBEDIENCIA

SESIÓN SEIS

Lucas 11:24-26 NVI »Cuando un espíritu maligno sale de una persona, va por lugares áridos buscando un descanso. Y, al no encontrarlo, dice: "Volveré a mi casa, de donde salí". 25 Cuando llega, la encuentra barrida y arreglada. 26 Luego va y trae otros siete espíritus más malvados que él, y entran a vivir allí. Así que el estado final de aquella persona resulta peor que el inicial».

L o último que todos queremos es ver que todo el buen trabajo que Dios realizó en su vida, este fin de semana, se deshaga en las próximas semanas.

- *¿Cómo podemos mantenernos libres y entregados?*
- *¿Cómo retenemos la buena medida que Dios derramó en nuestras vidas este fin de semana?*

Nuestra **primera defensa** es permanecer en un lugar lleno del __________. Nuestra **segunda defensa** es ___________ con aquellos que nos animaran y estimularán en este camino con Cristo. Nuestra **tercera defensa** es permanecer en la ______ y ___ junto con otros creyentes tan a menudo como podamos.

Creo que haremos bien en acudir a los consejos y pasos de acción que hemos tomado a lo largo de este fin de semana para abordar de manera decisiva las áreas afectadas de nuestra vida, sin embargo, hay otro aspecto que requiere nuestra atención, y es la _ *en cumplir*. El capítulo 4 de Hebreos relata las razones por las que una generación de israelitas no entró en la tierra prometida, de igual manera solo 2 personas, de una generación completa, entraron en la tierra prometida.

Mucha gente experimenta la liberación del poder de la esclavitud, pero solo unos pocos toman posesión de la tierra prometida que Dios les puso. Oro para que pongan su corazón

en las promesas que Dios les puso, y conscientemente le den la espalda al Egipto- lugar de esclavitud- y por fe tomen posesión de la tierra ocupada por gigantes.

Fe para Obedecer.

> *Hebreos 4:1-2 NVI "Cuidémonos, por tanto, no sea que, aunque la promesa de entrar en su reposo sigue vigente, alguno de ustedes parezca quedarse atrás. 2 Porque a nosotros, lo mismo que a ellos, se nos ha anunciado la buena noticia; pero **el mensaje que escucharon no les sirvió de nada, porque no se unieron en la fe a los que habían prestado atención a ese mensaje.***"

En esta sesión quiero hablar sobre la Fe *para* ______. Una mañana, mientras leía la Palabra de Dios, el Señor me habló a través de Su Palabra. Permíteme compartir este pensamiento contigo.

> *Hebreos 4:2 (NVI) "Porque a nosotros, lo mismo que a ellos, se nos ha anunciado la buena noticia; pero el mensaje que escucharon no les sirvió de nada, **porque no se unieron en la fe a los que habían prestado atención a ese mensaje.***"

La última parte de este versículo me habló: **"la fe de los que** obedecieron." La Palabra de Dios es poderosa y está llena de beneficios, sin embargo estos beneficios están reservados para quienes **combinan su _ con la obediencia.**

Una nación entera recibió la promesa de una Tierra Prometida; sin embargo, fueron solo Josué y Caleb quienes entraron en la Tierra Prometida. **Su tierra prometida estaba conectada a su fe para obedecer.** La Biblia Amplificada lo dice maravillosamente:

> *Hebreos 4:2 [2] Porque, en verdad, se nos han proclamado las buenas nuevas [el Evangelio de Dios] con tanta verdad como ellos [los israelitas de antaño lo hicieron cuando les llegó la buena noticia de la liberación de la servidumbre]; pero el mensaje que escucharon no les benefició, porque no fue combinado con la fe (apoyándose en toda la personalidad de Dios con absoluta convicción y confianza en su poder, sabiduría y bondad) por aquellos que lo escucharon; no estaban unidos en fe con los que [Josué y Caleb] oyeron (creyeron).*

Estaba pensando en la fe de Josué y Caleb. Eran hombres notables. Eran parte de los 12 espías, a quienes Moisés seleccionó para ir a espiar la tierra prometida. Solo Josué y Caleb regresaron creyendo que podían conquistar y poseer la tierra prometida. _ *de cada doce* se convirtieron en dos de toda una nación. 12 espías salieron, 10 regresaron con un informe negativo, un informe de incredulidad, un informe de imposibilidad, un informe de miedo y de rebelión, y dos regresaron con un informe de esperanza, fe, obediencia y posibilidad. La Biblia dice que los doce informaron y confirmaron que era una "tierra que fluía leche y miel", pero el énfasis principal de diez de ellos estaba en la imposibilidad de conquistar a los poderosos poseedores de la tierra.

> *Números 13:27-28 (NVI) [27] —Fuimos al país al que nos enviaste, ¡y por cierto que allí abundan la leche y la miel! Aquí pueden ver sus frutos. [28]* ***Pero el pueblo que allí habita es poderoso, y***

sus ciudades son enormes y están fortificadas. Hasta vimos anaquitas allí."

Entre los mismos 12 espías estaban Josué y Caleb, quienes silenciaron al pueblo rebelde y dijeron que *"deberían subir y tomar posesión de la tierra."*

Números 13:30 (NVI) Caleb hizo callar al pueblo ante Moisés, y dijo: "—Subamos a conquistar esa tierra. Estoy seguro de que podremos hacerlo."

Caleb y Josué se encontraron entre incrédulos que no creían que el Dios que los libró milagrosamente de las manos del poderoso Faraón podría darles una tierra que les prometió. 10 de los 12 espías siguieron desanimando a los israelitas hasta el punto de que los israelitas se llenaron de miedo e incredulidad.

Números 13:31-33 (NVI) [31] Pero los que habían ido con él respondieron: —No podremos combatir contra esa gente. ¡Son más fuertes que nosotros! 32 Y comenzaron a esparcir entre los israelitas falsos rumores acerca de la tierra que habían explorado. Decían: —La tierra que hemos explorado se traga a sus habitantes, y los hombres que allí vimos son enormes. 33 ¡Hasta vimos anaquitas! Comparados con ellos, parecíamos langostas, y así nos veían ellos a nosotros."

Esta lucha de ida y vuelta continuó. Será lo mismo en tu caminar cristiano y en el mío, muchos seguirán haciéndose eco de las imposibilidades. Muchos podrían decirte que las promesas de Dios tienen condiciones imposibles adjuntas. Muchos dirán que no podrá lograr lo que era imposible para las generaciones pasadas. Muchos dirán que simplemente debería conformarse con "lo que tiene." No hay muchos Josué y Caleb que resuelvan escuchar la voz de la fe dentro de ellos y confiar en el Dios que puede hacer posible lo imposible.

*Números 14:6-9 (NVI) [6] Allí estaban también **Josué** hijo de Nun*
*y **Caleb** hijo de Jefone, los cuales habían participado en la explo-*
*ración de la tierra. Ambos **se rasgaron las vestiduras en señal***
de duelo [7] y le dijeron a toda la comunidad israelita: "La
tierra que recorrimos y exploramos es increíblemente buena.
*[8] Si el Señor se agrada de nosotros, **nos hará entrar en ella.***
*¡**Nos va a dar una tierra** donde abundan la leche y la miel!. [9]*
***Así que no se rebelen contra el Señor. y no tengan miedo** de la*
*gente que habita en esa tierra. ¡**Ya son pan comido! No tienen***
quién los proteja, porque el Señor está de parte nuestra. Así
que, ¡no les tengan miedo!

Finalmente, el Señor expresó su consternación por la respuesta
de rebelión y temor del pueblo. Si no fuera por **Moisés**, quien **inter-
cedió** ante el Señor por el pueblo, toda la nación habría sido aniqui-
lada. Que el Padre encuentre en nosotros un "Moisés" que se parara
en la brecha en nombre de nuestra Nación, Ciudad, Familia e incluso
Iglesia, para orar para que su incredulidad sea reemplazada por fe y
obediencia.

Numbers 14:20-24 (NVI) "[20] El Señor respondió: --Me pides que
*los perdone **y yo los perdono**. [21] Pero juro por mí mismo, y por*
mi gloria que llena toda la tierra, [22] que aunque vieron mi
gloria y las maravillas que hice en Egipto y en el desierto,
ninguno de los que me desobedecieron y me pusieron a prueba
repetidas veces [23] verá jamás la tierra que, bajo juramento,
prometí dar** a sus padres. ¡**Ninguno de los que me despreciaron
la verá jamás![24] En cambio, a mi siervo Caleb, que ha
mostrado una actitud diferente y me ha sido fiel, le daré pose-
sión de la tierra que exploró, y su descendencia la heredará."

Números 14:30-31 (LBLA) "[30] De cierto que vosotros no entraréis
*en la tierra en la cual juré estableceros, **excepto Caleb** hijo de*
*Jefone y **Josué** hijo de Nun. [31] **Sin embargo, vuestros peque-***
ños, de quienes dijisteis que serían presa del enemigo, a ellos

*los introduciré, y conocerán la tierra que vosotros **habéis despreciado.***"

Dos hombres _____ que, independientemente de los gigantes en la tierra, independientemente de sus ciudades fortificadas, ***el Señor podía hacer lo que dijo que haría***. Tenían fe para obedecer a Dios. Añadieron obediencia a su fe en Dios. 40 años después los vemos entrar en la tierra que se les prometió.

> *Números 26:64-65 (NIV) "[64] **Entre los censados no figuraba ninguno de los registrados en el censo** que Moises y Aarón habían hecho antes en el desierto del Sinaí, [65] porque el Señor había dicho **que todos morirían en el desierto**, Con la **excepción de Caleb** hijo de Jefone y de **Josue** hijo de nun, ninguno de ellos quedó con vida."*

Oro para que Dios llene nuestros corazones con Fe para obedecerle, para hacer todo lo que Él quiere que hagamos por Él, para que podamos ver el cumplimiento de todo lo que Él nos prometió.

¿Cómo veremos cumplidas las Buenas Promesas en nuestras vidas?

Perseverando en la Oración y Confiando en Dios

Necesitamos aprender de la mujer persistente que nunca se rindió en dar a conocer sus solicitudes, hasta que fue recibida con justicia para su caso.

> *Lucas 18:1-8 (NVI) La Parábola de la viuda Insistente 1 Jesús les contó a sus discípulos una parábola para mostrarles que debían orar siempre, sin desanimarse. 2 Les dijo: «Había en cierto pueblo un juez que no tenía temor de Dios ni consideración de nadie. 3 En el mismo pueblo había una viuda que insistía en pedirle: 'Hágame usted justicia contra mi adversario?' 4 Durante algún tiempo él se negó, pero por fin concluyó: "Aunque*

*no temo a Dios ni tengo consideración de nadie, 5 como esta
viuda no deja de molestarme, voy a tener que hacerle justicia,
no sea que con sus visitas me haga la vida imposible"».6
Continuó el Señor: «Tengan en cuenta lo que dijo el juez injusto.
7 ¿Acaso Dios no hará justicia a sus escogidos, que claman a él
día y noche? ¿Se tardará mucho en responderles? 8 Les digo
que sí les hará justicia, y sin demora. No obstante, cuando
venga el Hijo del hombre, ¿encontrará fe en la tierra?"*

¿Qué tipo de fe se requiere?

Fe para confiar en Dios por lo Imposible.

Todos sabemos que Dios nos llamó con un propósito. Nunca estaremos satisfechos hasta que cumplamos Su propósito en nuestras vidas.

¿Cuántos realmente se toman ese Llamado en serio para Obedecer?

*Romanos 8:28 NVI "Ahora bien, sabemos que Dios dispone todas las
cosas para el bien de quienes lo aman, los que han sido llamados
de acuerdo con su propósito."*

Existe una cantidad cada vez mayor de reglas de tránsito, sin embargo, nadie se pone detrás del volante de un automóvil y se queja de tener que ponerse en camino y tener que obedecer todas las reglas de tránsito y todas las señales en la carretera, aunque puedan haber muchas. No se queja cada vez que ve un semáforo o una señal de alto y dice: "*¡Mira, otra señal! ¿Tengo que detenerme en cada semáforo, ceder el paso en cada señal de alto, obedecer cada señal de tráfico, incluso cuando nadie pueda estar mirando?*" ¡No!, sabemos que nos conviene obedecer las reglas.

En nuestra fe, en nuestro caminar con Dios, es lo mismo. **¡Necesitamos agregar a nuestra profesión, _______, y fe para obedecer!** Ya sea confiando en Dios para **Su provisión,** cuando por fe salimos a diezmar. Ya sea confiando en Dios **para la Salvación** en la vida de alguien cuando salimos para compartir con ellos sobre el amor de Dios para ellos y que Él murió por ellos. ya sea confiando en Dios para la **justicia,** el **Favor,** la **liberación,** el **avance,** la **reconciliación** o la **restauración,** aplicamos la fe a nuestra obediencia.

Todo lo que Él te pida que hagas, sé _________ y hazlo.

- ______hizo lo que Dios le pidió que hiciera. *Jueces capítulos 6 al 9.*
- **La viuda de Sarepta** actuó en la Palabra cuando el profeta le habló. Ella recibió su milagro y nunca más experimentó la hambruna. Todas sus deudas fueron pagadas. *1 Reyes 17 versículos 9 al 16.*
- _______ hizo lo que el profeta le dijo que hiciera. Aplicó obediencia a su fe y recibió su ______. Se curó de la lepra. 2 Reyes capítulo 6.

Conclusión

Para terminar, hoy tomemos la decisión de ______ *en Dios* y _________. Esto asegurará que se cumpla la buena obra que Dios inició en nuestras vidas.

Hebreos 3:7-14 (NVI) Advertencia contra la incredulidad "7 Por eso, como dice el Espíritu Santo: «Si ustedes oyen hoy su voz, 8 no endurezcan el corazón como sucedió en la rebelión, en aquel día de prueba en el desierto.9 Allí sus antepasados me tentaron y me pusieron a prueba, a pesar de haber visto mis obras cuarenta años.10 Por eso me enojé con aquella generación, y dije: "Siempre se descarría su corazón, y no han reconocido mis caminos".11 Así que, en mi enojo, hice este juramento: "Jamás entrarán en mi reposo"». 12 Cuídense, hermanos, de que ninguno de ustedes tenga un corazón pecaminoso e incrédulo que los haga apartarse del Dios vivo. 13 Más bien, mientras dure ese «hoy», anímense unos a otros cada día, para que ninguno de ustedes se endurezca por el engaño del pecado. 14 Hemos llegado a tener parte con Cristo, con tal que retengamos firme hasta el fin la confianza que tuvimos al principio.

¡Tengamos fe para obedecer la Palabra de Dios!

Seamos esa generación que se beneficie de la Palabra hablada en nuestras vidas. Que nuestra obediencia esté a la altura de la fe que profesamos.

HOJA DE ASIMILACIÓN
FE Y OBEDIENCIA

1. Complete la oración. *Nuestra primera defensa es permanecer en un lugar lleno del* ____________.

2. ¿Cuál es el mensaje principal que recibimos de Hebreos capítulo 4 versículos 1 y 2? ____

____

____

3. Complete oración. *La* ________________________________,
sin embargo estos beneficios están reservados para quienes combinan su fe con ________.

4. ¿Cuál fue el informe de Josué y Caleb cuando regresaron de espiar la Tierra Prometida? De una prueba Bíblica. ________________________

____

____

5. Josué y Caleb suplicaron al pueblo que fuera y tomara posesión de la Tierra y no se rebelaran contra el Señor. ¿Dónde encontramos este alegato de Josué y Caleb? ________________________.

6. ¿Cuántos de los Doce Espías y cuántas personas finalmente entraron en la Tierra Prometida? Proporcione referencias bíblicas.

____

____

7. Nombra a otras tres personas que recibieron su milagro porque combinaron la obediencia con su fe. Proporcione algunas Escrituras.

____

____

8. Complete la oración. *Tomemos hoy la decisión de* _______*en Dios y* _______.

PARTE V

CURSO DE FORMACIÓN PARA PASTORES LÍDERES

FIN DE SEMANA CINCO

CALENDARIO DEL ENCUENTRO

20

INTRODUCCIÓN

Una vez que haya llevado a dos o más personas a Cristo, debe reunirlas para _________, como lo hizo Jesús con Sus _________. La forma más eficiente de discipular a los nuevos creyentes es en _____.

Hechos 20:28 (NVI)
"Tengan cuidado de sí mismos y de todo el rebaño sobre el cual el ***Espíritu Santo los ha puesto como obispos*** *para pastorear la iglesia de Dios, que él adquirió con su propia sangre."*

Como destaca este pasaje de las Escrituras, ser **pastor o supervisor** del rebaño de Dios es un nombramiento honorable del _____________. Es tanto una gran responsabilidad como un honor, que se les confíe el bienestar de la vida de los hijos de Dios.

Este encuentro de fin de semana nos enseñará **cómo** cuidar a nuestros discípulos y nos equipará con habilidades que nos ayudarán a hacerlo con excelencia.

Exploraremos las siguientes áreas:

Sesión Uno: El Pastor Bíblico.

¿Cómo se ve el pastor bíblico? ¿Cuál es el deseo del Señor por los pastores?

Sesión Dos: El corazón de un Pastor.

Veremos cómo podemos tener un corazón de pastor. Veremos las características bíblicas de un buen pastor.

Sesión Tres: El propósito de un Pastor.

En esta sesión exploraremos lo que Dios quiere que hagamos con y para sus ovejas.

Sesión Cuatro: Desarrollar relaciones profundas y significativas.

Esta sesión marca el comienzo de algunas sesiones prácticas sobre el "Cómo" para construir relaciones útiles y de por vida.

Sesión Cinco: Claves Prácticas.

Esta sesión describe los pasos prácticos y útiles que se deben tomar para liderar bien y proporcionar una atmósfera en la que la vida de las personas pueda ser transformada por el Poder de Dios.

Sesión Seis: Aplicación Práctica.

This session concludes extremely helpful guidelines on the processes at play in bringing people from various backgrounds together, to ultimately serve together to reach the lost for God.

Sesión Siete: Sesión de consagración.

Durante esta sesión final, concluimos, no solo el equipamiento de este fin de semana, sino también toda la serie de equipamiento del Paso Tres: Desarrollar dones y habilidades. Parecería apropiado que nos tomemos el tiempo para presentarnos ante Dios como obreros equipados para ser enviados a predicar el evangelio, hacer discípulos enseñándoles y cuidarlos como lo haría Jesús.

Oro para que este fin de semana traiga una conclusión en su corazón sobre cómo servirán al Padre y la expansión de Su Reino. Oro para que les sirva como una gran bendición.

SESIÓN UNO: EL PASTOR BÍBLICO

Este fin de semana se trata de aprender a ser un _________. Estoy muy seguro de que la mayoría de ustedes en este punto de su viaje han comenzado a compartir su fe, con resultados positivos. Este fin de semana responderemos la pregunta que muchos de ustedes pueden tener:

"Ahora que he llevado a alguien al Señor, ¿qué hago con ellos?"

Durante este fin de semana exploraremos cómo pastorear a los que están confiados a nuestro cuidado. Aprenderemos a cuidar de las ovejas confiadas a nuestro cuidado. Los pastores suelen cuidar a sus ovejas en un rebaño. Aprenderemos cómo unir al rebaño y cómo ayudarlos a convertirse en una parte completamente funcional del Cuerpo de Cristo.

En los Hechos de los Apóstoles, leemos una instrucción clara para los pastores, que intentaremos abordar de manera responsable a lo largo de este curso de fin de semana.

Hechos 20:28 (NVI) "Tengan cuidado de __________________ y de todo el rebaño sobre el cual el Espíritu Santo los ha puesto como obispos para pastorear la iglesia de Dios, que él adquirió con su propia sangre."

Se nos ofrece un privilegio tan asombroso de que se nos confíe el cuidado de aquellos a quienes tenemos el privilegio de llevar a Cristo. Durante las siguientes horas, aprenderemos todo sobre cómo ser un buen pastor.

Comencemos mirando a los pastores en la Biblia.

___________ fue el primer pastor del que leemos en la Biblia. La Biblia dice que: **"Abel genia rebaños."** Estaba cuidando sus rebaños.

> *Genesis 4:2 Later she gave birth to his brother Abel. Now **Abel kept flocks**, and Cain worked the soil.*

___________ is the second Shepherd we read about in the Bible as she was tending the sheep of her father.

> *Génesis 29:9 NVI "Todavía estaba Jacob hablando con ellos, cuando **Raquel llegó con las ovejas de su padre, pues era ella quien las cuidaba"**.*

A través del matrimonio de Jacob con Raquel, también se convirtió en un pastor que, al principio, cuidaba las ovejas de su suegro, pero luego supervisaba un enorme ganado de varios miles.

> *Génesis 30:29-30 Jacob le respondió: "—Tú bien sabes cómo **he trabajado, y cómo gracias a mis desvelos han mejorado tus animales. 30** Lo que tenías antes de mi venida, que era muy poco, se ha multiplicado enormemente. Gracias a mí, el Señor te ha bendecido. Ahora quiero hacer algo por mi propia familia.*

Cuando Jacob era viejo, antes de entregar su espíritu, bendijo a

José, y aquí lo vemos haciendo referencia a nuestro Padre Celestial como Su _________. Aprendió acerca de Dios como su Pastor.

> *Génesis 48:15-16 NTV Luego bendijo a Jose con las siguientes palabras: "Que el Dios delante del cual caminaron mi abuelo Abraham y mi padre Isaac, --**el Dios que ha sido mi pastor toda mi vida, hasta el dia de hoy, 16** el Ángel que me ha salvado de todo mal— bendiga a estos muchachos. Que ellos preserven mi nombre y el nombre de Abraham y de Isaac. Y que su descendencia se multiplique en gran manera por toda la tierra».*

_________ estaba cuidando las ovejas de su suegro cuando Dios lo llamó a ser Su Siervo para liberar a Israel.

> *Éxodo 3:1 NVI Un día en que **Moisés estaba cuidando el rebaño de Jetro, su suegro,** que era sacerdote de Madián, llevó las ovejas hasta el otro extremo del desierto y llegó a Horeb, la montaña de Dios.*

_________ estaba cuidando las ovejas de su Padre cuando Dios lo llamó y lo ungió para ser el próximo Rey de Israel.

> *1 Samuel 16:11 NTV Después Samuel preguntó: —¿Son estos todos los hijos que tienes? —Queda todavía el más joven—contestó Isaí—. "**Pero está en el campo cuidando las ovejas y las cabras.**" —Manda llamarlo de inmediato—dijo Samuel—. No nos sentaremos a comer hasta que él llegue".*

David aprendió a cuidar de las ovejas de su Padre antes de que el Señor lo usara para convertirse en el **pastor** de Su pueblo, Israel. La Biblia enseña que los cuidó con integridad de corazón y con gran habilidad.

> *Salmos 78:70-72 NVI **Escogió a su siervo David, al que sacó de los apriscos de las ovejas, 71 y lo quitó de andar arreando los***

rebaños para que fuera el pastor de Jacob, su pueblo; el pastor de Israel, su herencia. 72 Y David los pastoreó con corazón sincero; con mano experta los dirigió.

________ era un pastor antes de que Dios lo llamara y lo ungiera para ser un profeta para su pueblo.

*Amós 7:15 NVI Pero **el Señor me sacó de detrás del rebaño** y me dijo: "Ve y profetiza a mi pueblo Israel".*

En su gran Salmo, David nos presenta el verdadero corazón de un **Pastor.**

*Salmos 23:1-6 NBLA El Señor es mi pastor, **Nada me faltara.** 2 En lugares de verdes pastos me hace descansar, junto a aguas de reposo **me conduce.** 3 **El restaura** mi alma; **Me guía** por senderos de justicia Por amor de Su nombre. 4 Aunque pase por el valle de sombra de muerte, No temeré mal alguno, porque **tú estarás conmigo;** Tu vara y Tu cayado, **me infunden aliento.** 5 **Tú preparas mesa delante de mí en** presencia de mis enemigos; **Has ungido mi cabeza con aceite;** Mi copa está rebosando. 6 Ciertamente el bien y la misericordia me seguirán todos los días de mi vida, Y en la casa del Señor moraré por largos días.*

David presenta al Buen Pastor como __________, Guía, Protector, Unificador y una Presencia omnipresente en todas las circunstancias de la vida.

___________ se presenta a nosotros como el Buen Pastor.

*Juan 10:11 NBLA **"Yo soy el buen pastor;** el buen pastor da Su vida por las ovejas."*

Muchas veces, y a través de muchos de los Profetas, Dios habló acerca de levantar "____________________" para salvar a Su pueblo, rescatarlo y cuidarlo adecuadamente.

Una de las porciones más destacadas de las Escrituras, que aborda el papel bíblico y las expectativas de un pastor, se encuentra en el Libro de Ezequiel. Dios estaba buscando un pastor que cuidara sus ovejas con su corazón.

Ezequiel 34:15-16 NBLA "Yo apacentar Mis ovejas y las llevaré a reposar», declara el Señor Dios.16 «Buscaré la perdida, haré volver la descarriada, vendaré la herida y fortaleceré la enferma; pero destruiré la engordada y la fuerte. Las apacentaré con justicia."

Ezequiel 34:31 NTV "Ustedes son mi __________, las ovejas de mi prado. Ustedes son mi pueblo y yo soy su Dios. ¡Yo, el Señor Soberano, he hablado!"».

El Pastor es esa personificación de alguien que se preocupa, incluso si requiere que entregues tu propia vida por el cuidado de las ovejas. El Pastor Bíblico es esa persona que se preocupa por el pueblo de Dios como si le perteneciera. Muy pocos pastores cuidan realmente de sus propias ovejas, normalmente cuidan las ovejas de los demás. Para el propósito de nuestro tiempo juntos, Dios nos está llamando a cada uno de nosotros a seguir los pasos de Jesús y a ser un Buen Pastor como Él es y quiere que seamos.

En conclusión de nuestra sesión sobre el Pastor Bíblico, tomemos un momento para identificar las características claves de un pastor bíblico.

APLICACIÓN DE ASIMILACIÓN
SESIÓN UNO: EL PASTOR BÍBLICO

Sesión de Grupo:

¿Cuáles son los sellos clave de un pastor bíblico?

Identifique cinco características de un buen pastor en Ezequiel 34:1-16.
- 1.
- 2.
- 3.
- 4.
- 5.

Identifique cinco características de un buen pastor en John 10:1-18.
- 1.
- 2.
- 3.
- 4.
- 5.

Identifique cinco características de malos pastores en Ezequiel 34:1-16.

- 1.

- 2.

- 3.

- 4.

- 5.

Identifique cinco características de malos pastores en Juan 10:1-18.

- 1.

- 2.

- 3.

- 4.

- 5.

¿Qué otras Escrituras realmente te hablaron de ser un buen Pastor, y que específicamente aspiras llevarte a casa de esa Escritura?

____

____

____

____

22

SESIÓN DOS: EL CORAZÓN DE UN PASTOR

En esta sesión veremos como es la actitud del ______ de un pastor bíblico. La Palabra de Dios nos enseña acerca de esa actitud del corazón en varias Escrituras. Miremos estos por unos momentos.

En esta sesión veremos el corazón de un Pastor, y luego también lo que no es. Los pastores son aquellas personas que se preocupan por el bienestar de los demás creyentes, liderandolos, guiandolos, cuidándolos y protegiendolos.

Los Pastores tienen un Corazón Abnegado

Casi todos los pastores trabajan al cuidado de otra persona. Cuidan de las ovejas de otra persona. La primera actitud del corazón que debemos adoptar es la de un _____ abnegado. Se nos ha confiado el cuidado de las ovejas de Dios. Cristo compró las ovejas que cuidamos con su propia sangre.

> *Ezequiel 34:31 NTV ______* **son mi rebaño, las ovejas de mi ____.**
> *Ustedes son mi pueblo y yo soy su Dios. ¡Yo, el Señor Soberano, he hablado!"».*

Salmos 100:3 NVI Reconozcan que el Señor es Dios; él nos hizo, y somos suyos. Somos su pueblo, ovejas de su prado".

El Apocalipsis capítulo 5 nos presenta al *"Cordero"* que compró hombres de *'toda lengua, tribu y nación'* para nuestro Dios. Se convirtió en el Cordero de Dios para comprar las preciosas vidas de aquellos que se convertirían en ovejas de Su prado, bajo el cuidado del Gran Pastor. Jesús se convirtió en nuestro ejemplo del Pastor perfecto que _______ su vida por la vida de las ovejas.

Juan 10:11 NVI "Yo soy el buen pastor. El buen pastor da su vida por las ovejas".

El Pastor vive para el bienestar de las ovejas de Dios. Una de las características distintivas de un seguidor de Jesucristo es que da su vida por amor a Cristo. Este es uno de los requisitos que Jesús estableció para sus seguidores.

Lucas 9:23 NVI Dirigiéndose a todos, declaró: —Si alguien quiere ser mi discípulo, que se _______ a sí mismo, lleve su cruz cada día y me siga".

*1 Corintios 4:15 NVI De hecho, aunque tuvieran ustedes miles de tutores en Cristo, **padres si que no tienen muchos,** porque mediante el evangelio yo **fui el padre que los engendró en Cristo Jesus.***

Cada pastor da su vida por las ovejas que se le han confiado. Una forma de verlo es como tener y cuidar a sus propios hijos. ¿Quién de nosotros, como padres, no hará nada por el bienestar de nuestros hijos? Hacemos lo que sea necesario para cuidar a nuestros hijos. Ser pastor es como ser un padre o una madre espiritual a quien se le ha confiado el cuidado de los hijos espirituales.

Asumir la responsabilidad por aquellos a quienes Jesús pagó un alto precio por su salvación, requiere que entreguemos nuestras vidas por el bienestar de las ovejas. Ser pastor es una vocación desinteresada y abnegada.

Los Pastores tienen un Corazón Dispuesto

Dios nos está llamando a ser Sus Pastores, no porque debamos, "*Sino porque estamos _________.*" Nuestro anhelo de servir no se expresa mejor que nuestro deseo de servir a la Voluntad del Padre cuidando de Sus Ovejas que compró con Su sangre y sacrificio. Un aspecto de esto es comprometerse a ser un ejemplo a seguir por los demás.

> *1 Pedro 5:2-4 NVI cuiden como pastores el rebaño de Dios que está a su cargo, no por obligación ni por ambición de dinero, **sino con ___ de servir, como Dios quiere. 3 No sean tiranos con los que están a su cuidado, sino sean ejemplos para el rebaño. 4 Así, cuando aparezca el Pastor supremo, ustedes recibirán la inmarcesible corona de gloria.*

También vemos en esta Escritura en 1 Pedro, la extensión de esta idea de que es la Voluntad de Dios cuidar de las ovejas y velar por su bienestar y estabilidad. Es la voluntad de Dios que cuidemos de sus ovejas.

Dios quiere y desea que cuidemos de sus ovejas. Nuestra "disposición" de servir al Padre, en el cuidado de sus ovejas, muestra el corazón sincero con el que le servimos. Que Dios encuentre en cada uno de nosotros la "disposición" para cuidar de Sus Ovejas como lo haría si lo estuviera haciendo Él mismo.

Los pastores tienen un corazón Solidario

Dios nos está llamando a _______ de nosotros mismos y de todo el rebaño que puso bajo nuestro cuidado. Cuidar requiere tanto proteger como proporcionar a las ovejas lo que más necesitan.

Hay un dicho:

"A las personas no les importa cuánto sabes hasta que sepan cuanto te _________."

Una vez que las personas saben que los amas, con verrugas y todo, se sienten amados y cuidados. Otro sello distintivo de los creyentes es su amor mutuo.

> *Juan 13:34-35 NVI »Este mandamiento nuevo les doy: que se amen los unos a los otros. Así como yo los he amado, también ustedes deben amarse los unos a los otros.35 De este modo todos sabrán que son mis discípulos, si se aman los unos a los otros».*

Para nosotros, como pastores, es _________ de todo mal y mundanalidad, así como _________ a verdes pastos donde encontrarán descanso y restauración de sus almas. El mayor cuidado que podemos brindar es el de guiar constantemente a los que están confiados a nuestro cuidado, a la Palabra de Dios y a la sumisión confiable de la oración. Al orar constantemente con ellos y someter todo a través de la oración a Dios, y al explorar y compartir la Palabra de Dios juntos, nos preocupamos activamente por su bienestar espiritual.

Esta exhortación se explica cuidadosamente en la primera carta de Pedro, así como en el conocido Salmo 23.

> *1 Pedro 5:2-4 NVI **cuiden como pastores el rebaño de Dios que está a su cargo**—no por obligación ni por ambición de dinero, sino con afán de servir, como Dios quiere. 3 No sean tiranos con los que están a su cuidado, sino sean ejemplos para el rebaño. 4 Así, cuando aparezca el Pastor supremo, ustedes recibirán la inmarcesible corona de gloria.*

> *Salmos 23:2-3 NVI 2 en verdes pastos me hace descansar. Junto a tranquilas aguas me conduce; 3 me infunde nuevas fuerzas. Me guía por sendas de justicia por amor a su nombre.*

En palabras del profeta Ezequiel, se amplía con mayor detalle. El Señor habló a través de Ezequiel y expresó su consternación porque los pastores de Israel solo se ocupaban de sí mismos y no del rebaño que les había asignado. Los pastores deben cuidar del rebaño, y no solo por lo que puedan beneficiarse de ellos.

> *Ezequiel 34:2 NVI «Hijo de hombre, profetiza contra los pastores de Israel; profetiza y adviérteles que así dice el Señor omnipotente:* **"¡Ay de ustedes, pastores de Israel, que solo se cuidan a sí mismos! ¿Acaso los pastores no deben cuidar al rebaño?**

El Señor continúa a lo largo de todo este capítulo para delinear cómo se ve ese cuidado.

Cuidar nos requiere de:

- *fortalecer a los __________ ,*
- *____ a los enfermos,*
- *_____ a los heridos,*
- *buscar a los _______ , y*
- *Hacer volver a los que se han ______ de Dios.*

Con este fin, cada uno de nosotros, como seguidores de Jesucristo, hemos sido llamados a fortalecer a los débiles, sanar a los enfermos, vendar a los heridos, buscar a los perdidos y traer de regreso a Él a los que se han apartado de su fe en el.

> *Ezequiel 34:4 NVI No fortalecen a la oveja débil, no cuidan de la enferma, ni curan a la herida; no van por la descarriada ni buscan a la perdida. Al contrario, tratan al rebaño con crueldad y violencia.*

Todo pastor es como un padre sobre sus propios hijos. Una de las formas en que los cuidamos y protegemos es nunca exponiendo las debilidades de nuestros hijos a los demás. Cuando nos acercamos a las personas, nos acercamos a sus debilidades y fracasos. Olor a oveja. Cuando nos acercamos a nuestras ovejas, las tratamos con compasión en donde ellas se encuentran. Con frecuencia leemos sobre la preocupación y el cuidado de Dios por su pueblo cuando se refiere a ellos como *"ovejas sin pastor."* Que nos preocupemos de tal manera que el Señor sepa que existe un pastor compasivo y bondadoso en sus vidas.

Los Pastores conocen el corazón de sus ovejas

Uno de los elementos clave para ser un buen pastor es que ______ a tus ovejas. Es fundamental que conozcamos a nuestras ovejas por su _____ y que ellas conozcan nuestra __. Conocer el estado de su vida y el de su situación familiar.

> *Juan 10:3 El portero le abre la puerta, y las ovejas oyen su voz.*
> ***Llama por nombre a las ovejas*** *y las saca del redil.*

> *Juan 10:14 "Yo soy el buen pastor;* ***conozco a mis ovejas****, y ellas me conocen a mi—*

El corazón de un pastor se ve en cómo se relaciona con las ovejas. Cómo hablamos de los que están a nuestro cargo, habla de nuestro conocimiento íntimo de su bienestar y condición.

Somos Buenos Pastores cuando *los protegemos, velamos por ellos* y *velamos constantemente por su crecimiento, condición y desarrollo.* Siempre que observamos áreas de necesidad o desviaciones, las abordamos de manera privada y afectuosa.

Las ovejas se dan cuenta rápidamente de que tienes sus mejores intereses en el corazón y que las conoces mejor que ellas mismas. Este conocimiento íntimo no es para dominarlos o para estar ocupados en sus asuntos privados, pero observamos lo suficiente, *a través de la oración y los dolores departo*, que podemos ayudarlos y guiarlos, y *cuidarlos de manera efectiva.*

A menudo encontraremos que *El Espíritu Santo nos* _______*en*

áreas de crecimiento y activación en la vida de nuestros discípulos, pero también nos ***advertirá*** de situaciones invasoras y agobiantes que podrían obstaculizar el crecimiento y desarrollo de sus vidas. Como Buenos Pastores, vigilamos cuidadosamente a nuestros discípulos, en cuanto a cómo podemos cuidarlos, protegerlos y guiarlos mejor en su caminar con el Señor.

Los Pastores están Comprometidos a liderar

Los Pastores _____ a sus ovejas. Los pastores no empujan a las ovejas. En el Salmo 23 leemos sobre cómo el Buen Pastor "***guía***" a sus ovejas a pastos verdes y aguas tranquilas.

- Lideramos con nuestro _______.
- Lideramos modelando a Cristo a través de nuestro comportamiento, ________ y palabras.
- Lideramos viendo y ________ a dónde deben ir.

Los verdaderos pastores son aquellos que **constantemente miran hacia adelante** y saben hacia dónde se dirigen, y toman cuidadosamente todas las precauciones para asegurarse de que conduzcan a todas las ovejas hacia ese lugar.

*Salmos 23:2-3 NVI 2 En verdes pastos me hace descansar, junto a aguas tranquilas **me conduce**, 3 restaura mi alma. **Me guía** por sendas de justicia por amor de su nombre.*

*Juan 10:3-4 NVI 3 El portero le abre la puerta, y las ovejas oyen su voz. Llama por nombre a las ovejas y las **saca del redil**. 4 Cuando ya ha sacado a todas las que son suyas, **va delante de ellas**, y las ovejas lo siguen porque reconocen su voz.*

Los pastores guían a la gente yendo __________ de ellos. El asalariado le dice a la gente a dónde deben ir, mientras que el pastor le muestra a la gente hacia dónde los lleva.

El corazón con el que lideramos se observa en el compromiso que asumimos de ser un ejemplo a seguir.

Aplicación de Asimilación

David era conocido por ser un hombre *"conforme al corazón de Dios."* Oro para que Dios encuentre en cada uno de nosotros, un hombre o una mujer, conforme al Corazón de Dios.

> *Jeremías 3:15 (NVI) 15 **Les daré pastores que cumplan mi voluntad,** para que los guíen con sabiduría y entendimiento.*

> *Hechos 13:22 (NIV) 22 Tras destituir a Saúl, les puso por rey a David, de quien dio este testimonio: "He encontrado en David, hijo de Isaí, **un hombre conforme a mi corazón;** él realizará todo lo que yo quiero.'*

Tomemos un momento y comprometámonos a ser buenos Pastores. Que Dios encuentre en nosotros personas que tienen un corazón por él y un corazón por su obra y por su pueblo. Que nuestras acciones muestren el corazón que tenemos por él y por sus ovejas. Casi quiero que oremos las palabras de David, cuando le pidió a Dios que creara en él "un corazón nuevo."

> *Salmos 51:10 (NVI) 10 Crea en mí, oh Dios, un corazón limpio, y renueva la firmeza de mi espíritu.*

Oro para que Dios cree en nosotros *"un corazón puro"* para que sirvamos a Sus Ovejas con integridad de corazón, con sinceridad para ver lo mejor que Dios ha logrado para ellas. Oro para que Dios nos quite el corazón de piedra y nos dé un corazón de carne para que podamos servir con amor, cuidado, tolerancia, comprensión y compasión.

> *Ezequiel 11:19 (NVI) 19 **Yo les daré un corazón íntegro, y pondré en***

*ellos un espíritu renovado. Les arrancaré el **corazón de piedra** que ahora tienen y **pondré en ellos un corazón de carne.***

Ezequiel 36:26 (NVI) 26 Les daré un nuevo corazón, y les infundiré un espíritu nuevo; les quitaré ese corazón de piedra que ahora tienen, y les pondré un corazón de carne.

Como expresión de este deseo de tener un corazón conforme a Dios, expresemos nuestro compromiso con Él en oración. Tómese unos momentos en oración y meditación silenciosas y haga estos compromisos con Dios (*Dedique unos 10 minutos para esta conclusión llena de oración de esta sesión*):

- *Señor, doy mi vida por las ovejas que me confiaste, y*
- *Me comprometo a ser un sirviente dispuesto, ansioso por hacer todo lo que se requiere de mí como pastor, y*
- *Me comprometo a cuidar de las ovejas como si fuera Tu mismo cuidando de Tus ovejas, y*
- *Me comprometo a conocer a la oveja íntimamente, y*
- *Guiarlos, con el ejemplo, a donde desees que vayan y crezcan.*
- *Hoy declaro mi anhelo, disposición y deseo de fortalecer a los débiles, sanar a los enfermos, vendar a los heridos, buscar a los perdidos y buscar con afán a los que se han desviado de su fe en Ti, Señor Jesus. ¡Amen!*

Que nuestro corazón hable del amor que tenemos por Dios, su obra y su pueblo.

¡Ten un corazón para Dios, Su obra y Sus Ovejas!

APLICACIÓN DE ASIMILACIÓN

David era conocido por ser un hombre *"conforme al corazón de Dios."* Oro para que Dios encuentre en cada uno de nosotros, un hombre o una mujer, conforme al Corazón de Dios.

> *Jeremías 3:15 (NVI) 15 **Les daré pastores que cumplan mi voluntad,** para que los guíen con sabiduría y entendimiento.*

> *Hechos 13:22 (NIV) 22 Tras destituir a Saúl, les puso por rey a David, de quien dio este testimonio: "He encontrado en David, hijo de Isaí, **un hombre conforme a mi corazón;** él realizará todo lo que yo quiero.'*

Tomemos un momento y comprometámonos a ser buenos Pastores. Que Dios encuentre en nosotros personas que tienen un corazón por él y un corazón por su obra y por su pueblo. Que nuestras acciones muestren el corazón que tenemos por él y por sus ovejas. Casi quiero que oremos las palabras de David, cuando le pidió a Dios que creara en él "un corazón nuevo."

Salmos 51:10 (NVI) 10 Crea en mí, oh Dios, un corazón limpio, y renueva la firmeza de mi espíritu.

Oro para que Dios cree en nosotros *"un corazón puro"* para que sirvamos a Sus Ovejas con integridad de corazón, con sinceridad para ver lo mejor que Dios ha logrado para ellas. Oro para que Dios nos quite el corazón de piedra y nos dé un corazón de carne para que podamos servir con amor, cuidado, tolerancia, comprensión y compasión.

*Ezequiel 11:19 (NVI) 19 **Yo les daré un corazón íntegro**, y pondré en ellos un espíritu renovado. Les arrancaré el **corazón de piedra** que ahora tienen y **pondré en ellos un corazón de carne.***

Ezequiel 36:26 (NVI) 26 Les daré un nuevo corazón, y les infundiré un espíritu nuevo; les quitaré ese corazón de piedra que ahora tienen, y les pondré un corazón de carne.

Como expresión de este deseo de tener un corazón conforme a Dios, expresemos nuestro compromiso con Él en oración. Tómese unos momentos en oración y meditación silenciosas y haga estos compromisos con Dios (*Dedique unos 10 minutos para esta conclusión llena de oración de esta sesión*):

- *Señor, doy mi vida por las ovejas que me confiaste, y*
- *Me comprometo a ser un sirviente dispuesto, ansioso por hacer todo lo que se requiere de mí como pastor, y*
- *Me comprometo a cuidar de las ovejas como si fuera Tu mismo cuidando de Tus ovejas, y*
- *Me comprometo a conocer a la oveja íntimamente, y*
- *Guiarlos, con el ejemplo, a donde desees que vayan y crezcan.*
- *Hoy declaro mi anhelo, disposición y deseo de fortalecer a los débiles, sanar a los enfermos, vendar a los heridos, buscar a los perdidos y buscar con afán a los que se han desviado de su fe en Ti, Señor Jesus. ¡Amen!*

Que nuestro corazón hable del amor que tenemos por Dios, su obra y su pueblo.

¡Ten un corazón para Dios, Su obra y Sus Ovejas!

23

SESIÓN TRES: EL PROPÓSITO DE UN PASTOR

El propósito de un pastor es **cuidar** a las ovejas, _________ y
_________.

"Todos tenemos la necesidad y el deseo de ser _____ y cuidados."

Como hemos visto y discutido hasta ahora, es el deseo de Dios cuidar de Sus ovejas, así como pastorear Sus ovejas a través de Sus siervos. Somos sus siervos cuando nos disponemos a ___ y ____ a los demás, en su nombre.

Muchas veces, vemos a los jóvenes mostrando un gran interés por los niños. Esto es maravilloso, sin embargo, la profundidad de este amor y cuidado por los niños solo se observa verdaderamente cuando tienen sus propios hijos, cuando realmente entra en juego la realidad del compromiso, el cuidado y la devoción. Es bastante fácil amar a los hijos de Dios desde lejos, especialmente si no asumes la responsabilidad de su bienestar, desarrollo y crecimiento. Para nosotros, como pastores de las ovejas de Dios, **requiere un nivel completamente diferente de compromiso y devoción.**

En esta sesión exploraremos **las mejores formas** en las que podemos asumir nuestra responsabilidad de cuidar y proveer a las personas confiadas a nuestro cuidado.

La mejor manera de discipular a alguien es asumir el papel de ______ para ellos. La expresión más grande de hacer un discípulo se ve en aquellos que pastorean a las personas en nombre de Cristo. Nuestro anhelo de servir al Señor se ve en la forma en que buscamos salvar a los perdidos y a los que se han descarriado, y luego seguir adelante ocupándonos de ellos.

Jesús nos llamó a *"ir y hacer discípulos de todas las naciones"* y eso incluye *"bautizarlos y enseñarles"*. La parte de 'enseñanza' es la parte más completa y atractiva y requiere el mayor nivel de __________ y resistencia.

> *Mateo 28:19 NVI "Por tanto, **vayan y hagan discípulos** de todas las naciones, **bautizándolos** en el nombre del Padre y del Hijo y del Espíritu Santo, 20 **enseñándoles** a obedecer todo lo que les he mandado a ustedes. Y les aseguro que estaré con ustedes siempre, hasta el fin del mundo."*

Ser Pastor requiere habilidades

Servir como Pastor a aquellos que Dios confió a nuestro cuidado es un llamado y una tarea noble y requiere __________ que van más allá de nuestra voluntad de responder a ese llamado. Las habilidades requeridas son variadas, sin embargo, si mantenemos al frente de nuestra mente para quién hacemos esto, y el gozo de conocer el impacto eterno en las vidas de aquellos confiados a nuestro cuidado, nos impulsará a aplicarnos con diligencia y para dar continuamente lo mejor de nosotros.

Los Pastores brindan un entorno afectuoso en el que practicarán la protección y la provisión.

Para desarrollar un ambiente __________ , necesitamos desarrollar una relación profunda entre los "miembros" del grupo, edificante y estimulante.

> *1 Tesalonicenses 5:11 NVI Por eso, _________* **one another** *and _________* **unos a otros**, *tal como lo vienen haciendo.*

> *¿Cómo nos animamos y edificamos unos a otros?*

- Nos __________ unos a otros continuamente, especialmente en aquellas áreas donde observamos crecimiento y desarrollo en nuestra fe.
- Hablamos la _______ en amor, incluso cuando requiere confrontación.
- Nos ________ unos a otros hacia el amor y las buenas obras.
- Oramos los unos por los otros y __________ palabras de aliento.
- _________ las cargas de los demás.
- Nos amamos unos a otros ___________ activamente formas sentidas para expresar nuestro amor.

El ánimo se produce cuando nos amamos incondicionalmente. La edificación tiene lugar cuando las personas tienen un sentido profundo de sentirse escuchadas, comprendidas y luego, como resultado de ese sentimiento de *"ser escuchadas,"* se abren para aceptar y recibir, a través de palabras de __________, perdón, gracia, misericordia y un claro estímulo para el camino por delante.

En una sesión posterior veremos específicamente cómo guiar efectivamente a nuestros discípulos a edificarse y animarse unos a otros. Baste decir que debemos amarnos unos a otros como amamos a Dios. Amar de manera intencional y sentida es la meta. Así es como se nos conoce como sus discípulos, por la forma en que nos amamos unos a otros.

El Pastor no solo proporciona un entorno donde los discípulos pueden edificarse unos a otros, sino que también proporciona un _____ donde pueden ayudar a sus discípulos a crecer.

Los Pastores Protegen y Mantienen a las Ovejas.

Protegemos manteniendo juntas a las ovejas y evitando que se alejen, se extravíen y se pongan en peligro. Los protegemos contra _____ doctrinas, mentalidades _______ y relaciones y entornos destructivos.

Los Pastores Protegen a sus Ovejas Cuidandolas con Oración.

> *1 Peter 5:2 NVI **cuiden como pastores el rebaño de Dios que está a su cargo,** —no por obligación ni por ambición de dinero, sino con afán de servir, como Dios quiere;*

La conciencia de la _________ comienza con nosotros vigilando nuestro propio caminar y estando en el Señor continuamente. Uno de los hombres de Dios que ayudó a la Iglesia a entender la "observación" es Watchman Nee, un evangelista chino. Él dijo;

> *"No solo debemos estar atentos al guardar el tiempo de oración, sino también estar atentos durante el tiempo de oración para que podamos ser realmente efectivos en la oración."*

Definición de Observación

> *"**Observar es una conciencia espiritual anticipada o estar _____ con respecto a las cosas que suceden a nuestro alrededor.**"*

*"**Alerta**"* se define como *"**la capacidad de anticipar respuestas**"*

correctas a lo que está ocurriendo a nuestro alrededor."

Este estado de alerta se observa especialmente a través de la oración. Es mientras oramos por nuestros discípulos, una y otra vez, que respondemos a aquellas cosas que nos vienen a la mente por el Espíritu Santo, que luego pueden impulsarnos a orar de manera más intencional y completa por las cosas. Respondemos al impulso o susurros del Espíritu Santo en oración.

Jesús Modeló Observando

En una ocasión, Jesús modeló esta *"Observación"* y *"Alerta"* cuando dijo a Pedro esto; *"Satanás quería zarandearlo, pero oro por el."*

> *Lucas 22:31-32 (NVI) 31 "Simón, Simón, **Satanás ha pedido zaran-** dearlos a ustedes como si fueran trigo. 32 **Pero yo he** ____ **por** ti, para que no falle tu fe. Y tú, cuando te hayas vuelto a mí, fortalece a tus hermanos»."*

La vida de Pedro se salvó como resultado directo de la conciencia y el estado de alerta de Jesús en la oración mientras velaba por los que estaban bajo su cuidado.

El Espíritu Santo es asombroso. Él siempre nos ayuda y nos guía cuando mantenemos a nuestros discípulos en nuestras oraciones. Él siempre nos enseña y nos dirige. Cuanto más vivamos en sintonía con el Espíritu Santo, más alertas y conscientes estaremos de las cosas que nos rodean y de las vidas de aquellos que están bajo nuestro cuidado. El Espíritu Santo nos revelará cosas que puedan suceder, buenas o malas. El Espíritu Santo podría hacernos conscientes de las cosas que él está ocupado trabajando en la vida de nuestros discípulos. Cuanto más tiempo pasemos siendo conscientes y espiritualmente alerta, más nos encontraremos en la cresta de la ola en lo que el Señor está ocupado haciendo dentro y alrededor de nuestras vidas. Este estado de alerta nos ayuda a trabajar de manera más eficiente para Dios.

"Vigilar" podría definirse más completamente como,

- Mantenerse espiritualmente despierto para ________.
- Para observar de cerca.
- Estar ______.

El estado de alerta espiritual es vital para el pastoreo eficaz de aquellos que están bajo nuestro cuidado. Tal estado de alerta incluye nuestra capacidad para anticipar o comprender lo que está sucediendo a nuestro alrededor.

"Anticipar" significa *"actuar anticipadamente para prevenir."* observar es pastorear en ______.

¿Cómo cuidamos de nuestras Ovejas?

- Velamos cuando ______ constantemente por aquellos que están bajo nuestro cuidado.
- Los vigilamos cuando le ______ a Dios que nos muestre su mayor propósito para cada uno de ellos. Mientras hablamos del propósito de Dios en sus vidas, los vigilamos para asegurarnos de que caminen y se desarrollen de acuerdo con el propósito que Dios tiene para cada uno de ellos.
- Velamos cuando ________ sus vidas y consideramos en oración qué guía, enseñanza, instrucción o ayuda podrían necesitar que los ayude a llegar a ser más como Cristo.

Los Pastores protegen a sus ovejas manteniéndolas juntas.

Como pastores bíblicos, traemos y mantenemos nuestras ovejas juntas para poder protegerlas mejor. Jesús habló del pastor que entraba por la puerta para cuidar de sus ovejas. Que habla de tenerlas juntas. Jesús modeló este tipo de pastoreo discipulando a sus discípulos en un ______. El Pastor tiene dos herramientas con las cuales pastorea sus ovejas: *una vara y un Bastón.* **La Vara** se usó para ________ de animales peligrosos, así como para **disciplinarlos,** y **el**

Basonton se usó para **mantener juntas** a las ovejas extraviadas como un rebaño, así como para **guiarlas.**

> *Salmos 23:4 (RVA 2015) Aunque ande en el valle de sombra de muerte no temeré mal alguno, porque tú estarás conmigo. **Tu vara y tu cayado me infundirán aliento.***

En su represión a los pastores de Israel, una de las principales preocupaciones fue que los pastores permitieron que las ovejas se dispersaran sin **mantenerlas reunidas.** Como pastores, debemos quedarnos con nuestras ovejas para cuidarlas.

> *Ezequiel 34:11-13 NVI "Así dice el Señor omnipotente: Yo mismo me encargaré de buscar y de cuidar a mi rebaño. 12 Como **un pastor** _____cuando están dispersas, así **me ocuparé de mis ovejas y las rescataré** de todos los lugares donde, en un día oscuro y de nubarrones, se hayan dispersado. 13 **Yo las sacaré de entre las naciones;** las reuniré de los países, y las llevaré a su tierra. Las apacentaré en los montes de Israel, en los vados y en todos los poblados del país."*

En cierto sentido, mantuvo juntas a sus ovejas hasta tal punto que al final de su ministerio terrenal declaró que las *"**protegió y las mantuvo a salvo,**"* y que **"no _____ *a ninguna*"** de las que le habían dado.

> *Juan 17:12 NVI Mientras estaba con ellos, **los protegía y los preservaba** mediante el nombre que me diste, **ninguno se perdió** sino aquel que nació para perderse, a fin de que se cumpliera la Escritura.*

¿Cómo mantenemos unido a nuestros discípulos?
• Los _______ con regularidad para los momentos de ministrarles como grupo.

- Nos mantenemos en contacto con nuestros discípulos a ______llamándolos, compartiendo comidas juntos, visitándolos o reuniéndonos para tomar un café en alguna cafetería.
- Mantenemos a nuestros discípulos al frente de nuestros corazones y mentes al ____ por nuestros discípulos a diario.
- Nos reunimos como grupo para poder ________juntos.
- Cuando nos reunimos, permitimos momentos igualmente justos para _______.
- Nosotros tomamos tiempo para _____ juntos.
- Practicamos la __________________________________ durante nuestro tiempo juntos.

Los Pastores protegen a sus ovejas aprovechándolas con las Verdades de la Palabra de Dios.

Los protegemos enseñándoles las _______ de la Palabra de Dios de manera sistemática y estructurada. Los protegemos asegurándonos de que se alimenten y vivan de la Palabra de Dios, y no de los impulsos sensoriales del mundo. El antídoto para las enseñanzas falsas es formar un cerco de protección alrededor de nuestros discípulos al llevarles la sana doctrina y enseñanza. La ___ doctrina y la enseñanza apartan a nuestras ovejas de los lobos.

> *2 Timoteo 3:14-17 NVI Pero tú permanece firme en lo que has aprendido y de lo cual estás convencido, pues sabes de quiénes lo aprendiste. 15 Desde tu niñez conoces **las Sagradas Escrituras, que pueden darte la sabiduría necesaria** para la salvación mediante la fe en Cristo Jesús. 16 **Toda la Escritura es inspirada por Dios y útil para enseñar, para reprender, para corregir y para instruir en la justicia, 17 a fin de que el siervo de Dios esté enteramente capacitado** para toda buena obra.*

Una gran parte del capítulo 2 de 1 Tito está dedicada a lo que necesitaba para enseñar al rebaño. Instruye a Tito para que enseñe la sana doctrina a los ancianos y a los jóvenes, a la mujer, a los esclavos y a los niños.

> *Tito 2:1 NVI Tú, en cambio, predica lo que está de acuerdo con la ____ doctrina.*

> *Tito 2:11-14 NVI "En verdad, dios ha manifestado a toda la huma-nidad su gracia, la cual trae salvación 12 **y nos _____ a rechazar la impiedad y las pasiones mundanas. Así podremos vivir en este mundo con justicia, piedad y dominio propio,** 13 mientras aguardamos la bendita esperanza, es decir, la gloriosa venida de nuestro gran Dios y Salvador Jesucristo. 14 Él se entregó por nosotros **para rescatarnos de toda maldad y puri-ficar para sí un pueblo elegido, dedicado a hacer el bien"***

> *Tito 2:15 NVI **Esto es lo que debes ______**. Exhorta y reprende con toda autoridad. Que nadie te menosprecie.*

Protegemos a nuestras ovejas al enseñar las verdades de la Palabra de Dios de manera sistemática y sólida.

¿Cómo les enseñamos?

- Les enseñamos asegurándonos de que vivan de la Palabra de Dios a _____.
- **Les enseñamos** que la Palabra de Dios es el **Fundamento** y el _____ que se relaciona con **cada parte de nuestras vidas.**
- **Les enseñamos** cómo ______ la Palabra de Dios.
- **Los equipamos** ________ el Modelo de Equipamiento.
- Les enseñamos ayudándoles y __________ **una experiencia de aprendizaje** compartida siendo más facilitadores que contándoles, especialmente a medida que maduran en su caminar con Dios.

Los Pastores brindan un ejemplo a seguir para sus discípulos.

Brindamos a nuestros Discípulos dándoles **un _____ a seguir.** Discípulos dándoles un ejemplo a seguir. Les proporcionamos un ambiente de aprendizaje seguro donde pueden Aprender la Palabra de Dios, apreciar la Voz del Espíritu Santo y crecer en su fe. Nada nos prepara para la vida como la Palabra de Dios.

El mayor legado que alguien puede dejar es **su ejemplo.** Tal vez en tu vida sea tu mamá o tu papá, o tu pastor quien es ese modelo o ejemplo que sigues. Para cada creyente tenemos esta instrucción para ser un buen ejemplo.

> *Tito 2:7-8 NVI Con tus buenas obras, **dales tú mismo _____ en todo.** Cuando enseñes, hazlo con integridad y seriedad, **8** y con un mensaje sano e intachable. Así se avergonzará cualquiera que se oponga, pues no podrá decir nada malo de nosotros.*

> *1 Timoteo 4:12 NVI Que nadie te menosprecie por ser joven. Al contrario **que los creyentes vean en ti un _____ a seguir** en la manera de hablar, en la conducta, y en amor, fe y pureza.*

> *1 Pedro 5:2-4 NVI **Cuiden como pastores el rebaño de Dios que está a su cargo,** —no por obligación ni por ambición de dinero, sino con afán de servir, como Dios quiere. 3 No sean tiranos con los que están a su cuidado, sino **sean ______ para el rebaño.** 4 Así, cuando aparezca el Pastor supremo, ustedes recibirán la inmarcesible corona de gloria.*

Proveemos para nuestros Discípulos dándoles **un ejemplo vivo** a seguir. Jesús nos llamó a seguir sus pasos. El apóstol Pablo se convirtió en un ejemplo para los creyentes y los instó a seguir su ejemplo. Debemos darles a nuestros discípulos un ejemplo a seguir; de lo contrario, suscribimos la regla de los fariseos que instruían a las personas a cumplir con las reglas y regulaciones que ellos mismos no practicaron en sus propias vidas. Esta instrucción vino desde arriba.

Jesus les dijo a sus discípulos **les dio un ejemplo a seguir** e insistió en que siguieran su ejemplo. Según todos los relatos de lo que leemos en el Nuevo Testamento, siguieron el ejemplo que Jesús les dio.

> *Juan 13:15 NVI* **Les he puesto el __________**, para que hagan lo mismo que yo he hecho con ustedes.

El apóstol Pablo siguió este mismo enfoque en su ministerio al apelar a sus discípulos a seguir su ejemplo de la misma manera que él estaba siguiendo el ejemplo establecido por Jesús.

> *1 Corintios 11:1 NVI* **Imítenme a mí, como yo imito a Cristo.**

> *Efesios 5:1 NVI Por tanto,* **imiten a Dios,** *como hijos muy amados*

El apóstol Pedro se hizo eco de este enfoque, tanto al exhortar a los creyentes a seguir el ejemplo de Cristo siguiendo Sus pasos, como al exhortarnos, como Sus pastores, a *"ser ejemplos".*

> *1 Pedro 2:21 NVI Para esto fueron* **llamados,** *porque* **Cristo** *sufrió por ustedes,* **dándoles ejemplo** *para* **que sigan sus pasos.**

Comprométete en tu vida a ser un ejemplo que otros puedan seguir.

Los Pastores lideran y guían a sus ovejas.

Otra forma en que mantenemos al rebaño confiado a nuestro cuidado y vigilancia es __________ a *"pastos verdes y aguas tranquilas"* y un lugar donde sus almas puedan refrescarse.

> *Salmos 23:2-3 NVI En verdes pastos* **me hace descansar.** *Junto a tranquilas aguas* **me conduce; 3** *me infunde nuevas fuerzas. Me guía por sendas de justicia por amor a su nombre.*

Cada oportunidad que tenemos para abrir la Palabra de Dios, leerla juntos, escuchar lo que el Espíritu Santo nos dice y cómo podemos aplicarlo a nuestras vidas, nos brinda la oportunidad de cuidar, proteger y proveer a nuestras ovejas de manera efectiva. La Palabra nos restaura, nos refresca, nos guía, nos guía y finalmente nos dirige.

*Salmos 1:2-3 NVI sino que en la ley del Señor se deleita, y día y noche medita en ella. **3 Es como el árbol plantado a la orilla de un río que**, cuando llega su tiempo, da fruto y sus hojas jamás se marchitan ¡Todo cuanto hace prospera!.*

Como pastores, guiamos a nuestros discípulos a los verdes pastos de la Palabra, los verdes pastos de los encuentros en el Espíritu Santo y los verdes pastos de edificación mutua a través de los dones y el poder del Espíritu Santo. Nada nos refresca como el tiempo que pasamos en la Presencia de Dios.

Conclusión

Esta sesión no concluirá sin que tomemos una decisión consciente de comprometernos a ser un Pastor tan decidido.

Exploremos Juntos:

El Pastor les proporciona un entorno de cuidado en el que pueden practicar la protección y la provisión. Aprendimos cuál es la mejor forma de animarnos y fortalecernos unos a otros dentro de los muros de este entorno protegido.

También vimos como **los Pastores protegen en oración a sus ovejas velando por ellas.** Los protegemos y mantenemos estando espiritualmente alerta y vigilantes en oración. También los protegemos manteniéndolos juntos y enseñándoles la sana doctrina.

Buscamos **brindar a nuestros Discípulos un ejemplo a seguir,** y finalmente, **comprometernos a liderarlos y guiarlos** por los caminos correctos y a lugares donde sus almas se **refrescaran.**

"Oro para que se comprometa a ser ese pastor para brindar un ejemplo

que otros puedan seguir. Oro para que Dios nos ayude a mantener y proteger a los que están confiados a nuestro cuidado, "para que nadie perezca". También oro para que tengamos corazones y mentes abiertos para estar espiritualmente alerta y conscientes de lo que el Señor podría estar haciendo en la vida de nuestros discípulos, para que podamos liderarlos, guiarlos y protegerlos de manera más eficiente. Que Dios te bendiga en tu búsqueda de ser el mejor pastor que puedas ser con la ayuda del precioso Espíritu Santo. Amén"

HOJA DE ASIMILACIÓN
EL PROPÓSITO DE UN PASTOR

1. Complete la oración. *El propósito de un pastor es* **cuidar** *a las ovejas* __________ *y* ________ .

2. Complete la oración. *La mejor manera de discipular a alguien es asumir el papel de _____ para ellos.*

3. Complete la oración. *La parte de '________' es la parte más completa y atractiva y requiere _________ y resistencia.*

4. ¿Qué pasaje de las Escrituras nos anima especialmente a proporcionar un entorno solidario?. _______________________________

5. Nombra dos formas en las que podemos animarnos y fortalecernos mutuamente. ____

____

____

6. Complete la oración. *Los protegemos contra ______ doctrinas, mentalidades _______ , relaciones y entornos destructivos.*

7. ¿Cuál es la forma más eficaz de velar por nuestros discípulos? De una referencia Bíblica sobre la vida de Cristo. ________________

____

____

8. Complete la oración. Pastorear es vigilar en ______.

9. Los Pastores protegen a sus ovejas. ¿Cuáles son las dos herramientas que utilizan y cuál es el propósito de cada una de ellas?

____

____

________________.

10. Jesus hizo tres afirmaciones en su oración en Juan 17 verso 12 ¿Cuáles fueron sus tres afirmaciones? ________________

____

____

11. Dé tres pasajes de las Escrituras que nos exhortan a proteger a nuestros discípulos enseñándoles la sana doctrina. ________________

____

____

____

12. El mayor legado que alguien puede dejar es su ejemplo. Provea algunas Escrituras como apoyo bíblico para esta declaración. ________

____

____

____

13. ¿Qué propósito tiene el Buen Pastor en el Salmo 23 versículos 2-3

____

____

____

24

SESIÓN CUATRO: DESARROLLAR RELACIONES PROFUNDAS Y SIGNIFICATIVAS

La parte más eficaz del pastoreo es *proporcionar un lugar donde la vida de las personas puedan _________, renovarse, alentarse, y edificarse.*

Esta sesión trata sobre **Cómo desarrollar _________ significativas** que pasaran la prueba del tiempo. Para capacitarnos **para discipular eficazmente a nuestros discípulos**, en **primer lugar**, debemos estar **completamente ____________ con el pastoreo y el cuidado** de aquellos que están a nuestro cargo, en **segundo lugar, _________ con un propósito completo relaciones profundas y significativas, en tercer lugar, la verdadera transformación** puede tener lugar, y en **cuarto lugar,** nuestros discípulos pueden finalmente **servir el propósito que Dios** tiene para sus vidas.

Desarrollar relaciones profundas y significativas

Desarrollamos relaciones profundas y significativas a lo largo de un camino conocido. **Comprender cómo mantener un ritmo** responsable en el **desarrollo de relaciones profundas y significativas lo ayudará a impactar** a los demás de manera más **efectiva.**

El flujo y reflujo de cómo desarrollamos una relación con un propósito requiere "**saber cómo**" así como **diligencia en la** _______.

Si profundiza demasiado rápido, es posible que se encuentre en una **vulnerabilidad más allá de la profundidad de la relación**, y eso lo expondrá innecesariamente a lastimarse.

Que su ministerio en el Espíritu y el equipamiento sistemático acompañado, formen la base sólida a lo largo del tiempo, de la cual buscará el desarrollo de relaciones para toda la vida. Para ayudarnos, veamos algunos principios clave que nos ayudarán a comprender.

LA VENTANA DE JOHARI

La Ventana de Johari es una **herramienta imaginaria** que hemos usado para pensar sobre las relaciones. La **Ventana de** _______________ consiste de **cuatro cuadrantes**; cada uno representa un aspecto diferente y **dimensión de cómo somos percibidos** y **lo que la gente sabe sobre nosotros, y lo que sabemos sobre nosotros mismos, y cómo nos relacionamos con los demás.**

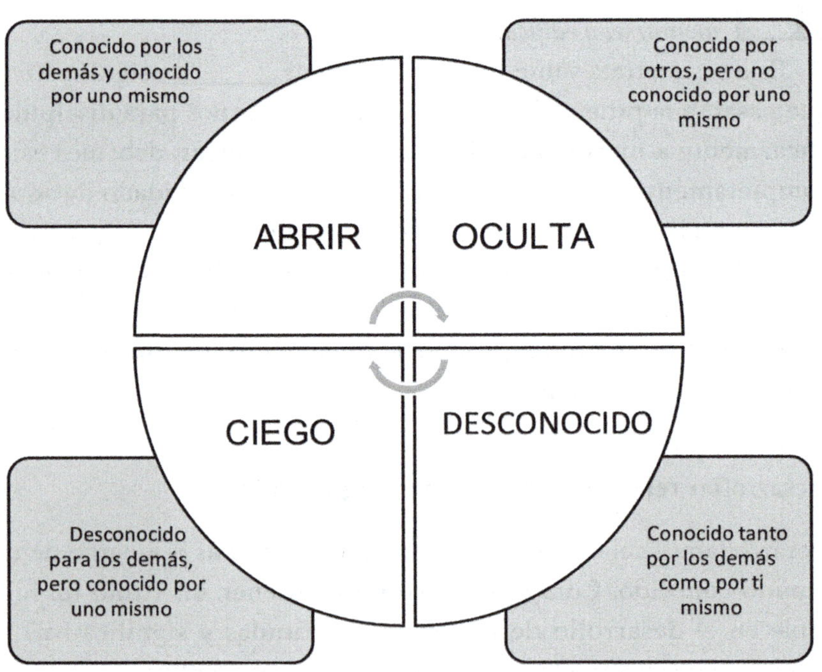

Gráfico de la Ventana de Johari

La VENTANA DE JOHARI nos trae la conciencia de que no todo lo que sabemos sobre nosotros es conocido por los demás, sino también, que otros ven y saben cosas sobre nosotros de las que no necesariamente somos conscientes.

Hay cuatro aspectos a considerar a la hora de desarrollar la auto-conciencia, tanto para nosotros mismos como dentro de aquellos a quienes lideramos: el primero es el área **ABIERTA,** luego hay un área que está **OCULTA** (no revelada) por nosotros mismos pero desconocida para los demás, la tercera área representa lo que podría ser visto y conocido por otros pero desconocido para nosotros, a lo que estamos totalmente **CIEGOS** , y finalmente hay un área desconocida y **DESCONOCIDA** , dentro de cada uno de nosotros, no conocida ni por nosotros mismos ni por los demás.

Explorémoslos individualmente.

La Dimensión ABIERTA

La dimensión **ABIERTA** a nuestras vidas representa ese aspecto de nuestras vidas que es _______ tanto por nosotros mismos como por los demás. Este podría ser **nuestro Nombre**, el **color de nuestros ojos**, el **lugar en que vivimos**, el **idioma** que hablamos, las **relaciones** que tenemos, nuestra **educación**, y nuestras **creencias**. Generalmente, estas son las cosas que elegimos compartir con los demás, en diversos grados, como veremos más adelante. Esto representa cosas que nos sentimos cómodos de compartir, o que podrían saber sobre nosotros y que otros también conocen.

La dimensión OCULTA

La **dimensión OCULTA** representa ese lado de nosotros **donde sabemos cosas sobre nosotros mismos** que están _______ **al conocimiento de los demás.** Es posible que la gente te conozca como una persona de habla inglés y asuma que eres inglés, sin saber que en realidad eres un sueco nacido en Alemania. Otros pueden conocerte como morena cuando en realidad eres rubia. Otras cosas ocultas pueden representar su **sistema de creencias, prácticas, hábitos, pasatiempos, educación, herencia o preferencias.** Es posible que **usted los conozca, pero que estén ocultos a la vista o al conocimiento de otros.**

La dimensión CIEGA

La dimensión CIEGA representa ese lado de nuestras vidas que otros ven y saben de nosotros y a la cual estamos completamente ciegos. Otros ven y observan cosas en nosotros, o sobre nosotros que son __________ **para nosotros.** Ven patrones de comportamiento, actitudes y formas que pueden ser aprehensibles, pero podemos estar ciegos al hecho de que nos estamos comportando de formas inapropiadas.

Antes de que "*Naciéramos de Nuevo*", hablábamos como el mundo, nos comportábamos y actuamos como el mundo, cegados al hecho de que nuestros pecados nos cegaban para no ver cuán lejos de Dios estábamos y cuán aprensible ha sido nuestra conducta. Una vez que nos abrimos a Jesucristo, nos quitan las vendas de los ojos y nos damos cuenta de nuestros pecados y deficiencias.

Hay áreas o aspectos de nuestras vidas a los que debemos estar abiertos, que otros observan en nosotros y a nuestro alrededor, a los que actualmente estamos ciegos. Nuestro viaje con los demás siempre debe hacernos **conscientes de que el mundo no solo existe como lo vemos o entendemos,** y estar **abiertos a aprender** y **comprender mejor** las cosas, tanto sobre nosotros mismos como sobre los demás. Esta aptitud nos ayudará a nosotros y a los demás a crecer juntos y desarrollar relaciones más profundas y significativas.

Dimensión DESCONOCIDA

La dimensión DESCONOCIDA representa *esa parte de nuestras vidas* a la que *nunca nos hemos despertado*, ni *nos hemos dado cuenta*, ni hemos descubierto, *pero lo mismo ocurre con otras personas* que entablan una relación con nosotros. *La dimensión DESCONOCIDA es un territorio inexplorado y __________ tanto para otros como para nosotros.*

El OBJECTIVO de comprender la Ventana de Johari

El objetivo de comprender la ventana de **JOHARI** es *ayudarnos a comprender* la dinámica que está involucrada cuando *llevamos a las personas al autodescubrimiento, la apertura, la vulnerabilidad y la transformación final.* Esto nos ayuda a comprender que las personas pueden *estar abiertas en algunas áreas* pero *cerradas intencionalmente en otras áreas.* Nuestro viaje hacia el desarrollo de relaciones profundas y significativas que honren a Dios, buscará formas en las que *trabajaremos para hacer que la dimensión ABIERTA sea más grande* y las otras áreas más pequeñas y más pequeñas.

No es posible una relación profunda si no nos abrimos a los demás, al mismo tiempo, permitimos que los demás nos ayuden a tomar conciencia de las posibilidades a las que antes estábamos cerrados.

Como pastores, deseamos ayudar a nuestros discípulos a ser más como Jesus. Deseamos que se abran al sueño que Dios tiene para ellos. Queremos ver a la gente transformada por el poder del Espíritu Santo. Deseamos verlos crecer, desarrollarse y operar de una manera que nunca soñaron. *Deseamos ver a la Persona con propósito, destinada a la grandeza descubierta* y *desbloqueada,* y esto requiere oración, habilidad y enfoque intencional en el objetivo final.

Cinco niveles de profundización de las relaciones.

Otra ayuda para desarrollar relaciones profundas es comprender los *Cinco niveles de relaciones cada vez más profundas.* Exploremos los diferentes niveles de comunicación. *El propósito es ayudarnos a aprender* a comprender *el camino largo del cual se desarrollan las profundidades sólidas de las relaciones.* Esto nos ayudará a comprender cómo desarrollar relaciones más profundas con nuestros discípulos a lo largo de un camino responsable, así como a guiar a nuestros discípulos, a través de las diversas etapas del desarrollo del grupo, y sus interrelaciones entre ellos, para hacerlo de una manera responsable.

Si las personas se revelan a sí mismas demasiado rápido*, *se vuelven vulnerables más allá del nivel de relación que han desarrollado. Esto es peligroso y puede hacer que las personas abandonen el grupo innecesariamente, ya que se sienten incómodas con su revelación prematura. La divulgación es buena, pero solo en un momento en que se justifica y donde la atmósfera para la transformación es adecuada. Veamos los cinco niveles:

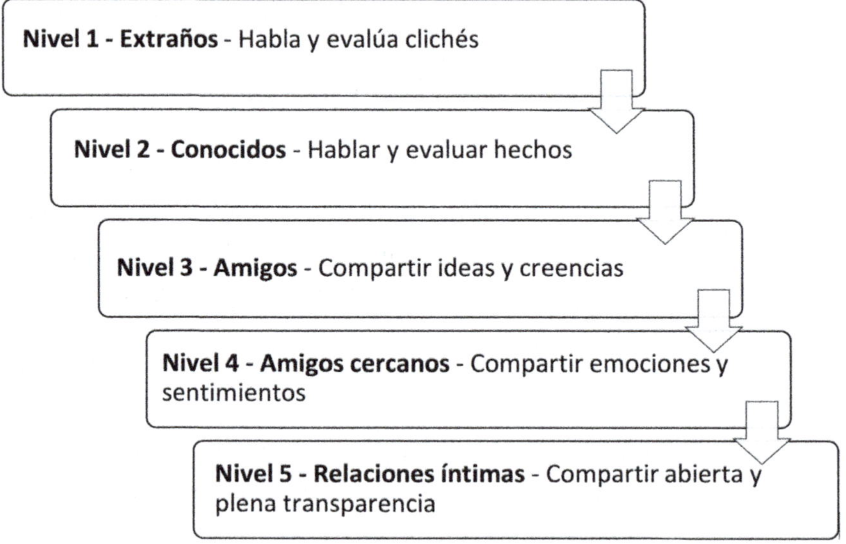

Diagrama: Cinco niveles de relaciones cada vez más profundas

Extrañas – Habla clichés.

Al comienzo de cada relación, nuestras conversaciones se basan en _______. Apenas decimos nada significativo excepto lo que es de conocimiento común. Por ejemplo, *"Hace calor,"* o *"el autobús está lleno."*

Conocidos – Hablar hechos.

Una vez que *nos familiarizamos* con las personas, *hablamos* más *de* ____ *verificables*, para que la relación se desarrolle. Si los hechos no coinciden, la relación seguirá siendo cortés, pero nunca será más profunda. Dado que la *confianza es uno de los ingredientes clave esenciales* para una buena relación duradera, es *imperativo que se asegure de que lo que comunica sea verdadero y auténtico*. Antes que la gente te quiera o incluso te quiera por quien eres, sin saberlo, te valoran en base a tus palabras: lo que dices, cómo lo dices y la confianza con la que hablas. *Si las personas confían en los hechos que usted comparte, seguramente buscarán mantener y desarrollar la relación.*

Amigos – Ideas y Creencias.

Una vez que las personas pasen *de ser simplemente conocidos a ser conocidos por su nombre de pila* y se persiga el compromiso mutuo, *se entretendrá el intercambio de* ____ *y* ______. *confía en los hechos que compartes, es más probable que adopten los patrones de pensamiento de tus ideas y creencias.* Este intercambio progresivo y el entretenimiento de ideas y creencias casi siempre predican relaciones transformadoras y más profundas.

el potencial de impactar la vida de las personas se vuelve mayor en este punto. La oportunidad de llevar a las personas a la transformación se vuelve mayor en este punto. *Requiere*, más allá de compartir sus ideas y creencias, *una búsqueda intencional* de *"conocer al amigo"* para finalmente equiparlo en el propósito de Dios. Construir relaciones con un propósito es de suma importancia si deseamos ver vidas ______ y *transformadas*. Ninguna relación casual tiene un significado real ni sirve para ningún propósito en la vida.

Amigos Cercanos - Comparten emociones y Sentimientos.

Con el tiempo, a medida que las personas se atrincheran en la vida de los demás y, para nosotros, veamos a las personas crecer en el

Señor, madurar y, en última instancia, convertirse en Padres y Madres de Naciones, la prima es *permanecer enfocados en desarrollar con oración las relaciones más profundas* para que podamos en última instancia, juntos impactan a otros para el avance del Evangelio de Jesucristo.

Durante esa fase de desarrollo de relaciones profundas y significativas, podemos movernos a un lugar donde deberíamos poder **compartir** cómo *nos* _______ y *expresar nuestras emociones* sin culpa ni ningún sentimiento de vigilancia. Si confías en alguien cuyas ideas y creencias aceptas, entonces el siguiente paso natural es dejarle ver cómo te sientes de verdad. Esta podría ser la expresión de decepción, alegría, satisfacción, amor e incluso miedo. A medida que compartamos nuestras emociones y sentimientos con mayor libertad y recibamos una respuesta apropiada y recíproca, la relación se profundizará aún más. Si no hay reciprocidad o respuesta adecuada, como lo que esperaría de su intercambio, entonces la probabilidad de que la relación se profundice aquí se estanca.

Nuestro objetivo es ayudar a nuestros discípulos a desarrollar una relación más profunda y significativa que les permita traer una transformación en sus vidas. Cuando nos volvemos abiertos y honestos acerca de nuestros *sueños y esperanzas*, nuestros *miedos y fracasos*, desarrollamos relaciones de por vida. Esta fase lleva a las personas a volverse *más vulnerables y expuestas*, sin embargo, si hemos tomado el camino cauteloso de desarrollar la relación con cuidado, entonces se producirá una verdadera transformación y es más probable que las personas cambien y se transformen a la semejanza de Cristo.

Mi advertencia es la siguiente: *nunca se mueva ni desarrolle relaciones más allá del _______ recíproco y la _______.*

Relaciones Íntimas – relaciones abiertas y completamente transparentes.

El nivel más profundo de una relación está realmente reservado para las relaciones de pacto, o el matrimonio para ser más específico.

Al desarrollar estas relaciones, es importante saber que cuanto más profundo sea el nivel de la relación, más transparencia existirá y, por lo tanto, más vulnerabilidad. ***La transformación solo existe a lo largo del camino de volverse __________ y vulnerable.*** A medida que ayudamos y guiamos a nuestros discípulos a lo largo de este camino de revelación, vulnerabilidad y transformación, sus vidas se enriquecerán y el resultado será un Cuerpo unificado de creyentes que cumplirá el propósito de Dios para cada una de sus vidas.

Simultáneamente, y junto a esta vía de desarrollo de relaciones profundas y transformadoras, existe otra dinámica de la que debemos ser conscientes y es el *ciclo de la relación*.

Las relaciones se desarrollan a través de ciclos.

Fase 1: Historia

La primera fase de la construcción de relaciones con un propósito está definida por el status quo; cada uno siendo su propia persona, viendo la vida y las cosas desde su *perspectiva unidimensional*. Esto marca el punto de partida de cada relación.

En esta fase, dado que evangelizamos, podríamos comenzar con *La comunicación de Nivel Uno y Nivel Dos*. Esta fase también se identifica por nuestras búsquedas de entablar conversación con extraños. *Abrimos conversaciones con _______ y luego haciendo preguntas _______ para conocerlos mejor.*

Las personas se abren más rápido si mostramos un *interés sincero en situaciones no amenazantes*. Las situaciones no amenazantes son aquellas en las que potencialmente se irán en minutos. Si es más probable que se "tope" con estos extraños con más frecuencia, entonces *manténgalo constante* y con un *nivel bajo de hacer preguntas impertinentes*. En la superficie, deberían parecer casuales, como si solo estuvieras mostrando interés. Recuerde, *nos conectamos con extraños para encontrar "hombres de paz"* con quienes podamos compartir a Cristo. Buscamos corazones abiertos donde parezca que podamos vernos a nosotros mismos construyendo relaciones profundas y significativas que potencialmente avanzarán enormemente en el Reino de Dios.

Cuando reunamos a nuestros *"hombres dignos"* por primera vez, también comenzarán su relación conjunta en este punto. *Ayúdalos a retomar lo desconocido comunicándoles las cosas que tienen en común y comparten.* Les ayuda a conectarse en una atmósfera positiva.

Cuando *Felipe llevó a Nicodemo a Jesús*, se lo facilitó al hablarle de Jesus. Cuando Andrés dejó a Juan el Bautista para seguir a Jesús, se llevó a su hermano. En ambas ocasiones, los discípulos *prepararon el camino* para que sus "amigos y familiares" se encontrarán con el Señor. En cierto sentido, debemos hacer lo mismo cuando construimos nuestros grupos de discipulado.

Juan 1:41-42 NVI Andrés encontró primero a su hermano Simón, y le dijo: "Hemos encontrado al mesías" (es decir, el Cristo). 42 Luego lo llevo a Jesus, quien, mirándolo fijamente, le dijo: —Tú eres Simón, hijo de Juan. Serás llamado Cefas (es decir, Pedro).

*Juan 1:43, 45 NVI Al día siguiente, Jesús decidió salir hacia Galilea.
Se encontró con Felipe, y lo llamó: —Sígueme." 45 **Felipe buscó
a Natanael** y le dijo: "**Hemos encontrado a Jesús de Nazaret el
hijo de Jose, aquel de quien escribió Moises en la ley,** y de quien
escribieron los profetas. "*

El comienzo de establecer una relación es en su mayor parte fácil,
a menos que simplemente no te conectes con las personas a las que
estás persiguiendo. En ambas ocasiones vemos que el denominador
común era el conocimiento de Jesús de uno, y luego compartirlo con
el otro.

***Compartir algo ______ sobre aquellos a quienes se presenta, siempre
establece un buen punto de partida positivo para comenzar nuevas relaciones.*** Jesús se conectó inmediatamente con aquellos que le fueron
presentados, ministrándoles por el Espíritu Santo. Necesitamos estar
constantemente sintonizados con el Espíritu Santo para conectarnos
con las personas de manera más efectiva. ***Divine connections has the
capacity to catapult relationships deep within one or two encounters.***

Fase 2: El Reto

La segunda fase de la construcción de relaciones con un propósito es
donde las cosas se vuelven un poco más complicadas a ***medida que nos
damos cuenta de lo que nos gusta y no nos gusta de la otra persona.*** Si
pudiéramos tener presente la razón por la que sentimos que
debíamos comenzar y perseguir la relación específica, nos ayudará a
desarrollar "esa" persona. ***Durante esta fase, las personas son
_________ y a menudo, tienen la sensación de ser desafiadas.***

- Somos desafiados __________ al observar los ***diferentes
  valores*** que defienden las personas.
- Somos desafiados por lo ***que la gente respalda*** y considera
  un ***comportamiento normal.***
- Somos desafiados por el ***nivel de*** _______ de las personas.

- Somos desafiados por *nuestras propias adaptaciones emocionales.*
- Somos desafiados por *los hábitos, las prácticas y los dichos de los demás.*
- Nos desafía la forma en que las personas responden a las circunstancias __________.
- Somos desafiados __________ al enfrentar nuestras propias deficiencias y la necesidad de Dios.
- Somos desafiados *a medida que llegamos a conocer el propósito que Dios tiene para nuestras vidas.*
- Somos desafiados a medida *que nos damos cuenta de los cambios que se requieren* para obedecer a Dios.
- También nos sentimos desafiados cuando consideramos *cuánto tiempo desperdiciamos en no seguir a Dios.*

*Durante esta fase nos abrimos, volviéndonos más transparentes y vulnerables.*Es esta apertura la que nos desafía a medida que aceptamos lo vulnerables que nos está haciendo. Una de las áreas en las que nos enfrentamos, en el camino de la apertura y la vulnerabilidad, es el de *transformarnos a la semejanza de Cristo. Nosotros,* por necesidad, *tenemos que enfrentarnos a desafiar nuestra educación,* nuestros valores, hábitos y prácticas culturales, y esto conduce a *la siguiente fase de conflicto.*

Cada vez que *se nos desafía en nuestras creencias, comportamiento y patrones de pensamiento,* nos damos cuenta de que *nuestra naturaleza adámica se opone a la sólida sabiduría bíblica,* y eso nos lleva a *un conflicto del Evangelio que debe resolverse con la ayuda del Espiritu Santo un Beuen Pastor.* A menudo nos enfrentamos a nuestros pecados y al impacto que han tenido en nuestras vidas. Nos enfrentamos a cómo vivíamos nuestras vidas y pensamos que era correcto y normal, solo para descubrir que estaba mal.

Estas cosas nos llevan a una confrontación de quienes somos y como se requiere el cambio para convertirnos en las personas que queremos llegar a ser, y lo que Dios quiere que seamos. El agente constante que trabaja principalmente en nosotros es el Espíritu Santo que trae esta confrontación o convicción. **Una condena exige un cambio.** Cuando el Espíritu Santo nos convence de pecado en nuestra vida, nos llama a cambiar nuestros caminos.

> *Juan 16:8 NVI Y, cuando él venga,* **convencerá al mundo de su error en cuanto al pecado,** *a la justicia y al juicio:*

Cuando el apóstol Pablo les escribió a los *Tesalonicenses*, se dirigió a ellos sobre una serie de temas que *les trajeron una profunda convicción.*

> *1 Tesalonicenses 1:5 NVI porque nuestro evangelio les llegó no solo con palabras, sino también con poder, es decir, con* **El Espíritu Santo y con profunda convicción.** *Como bien saben, estuvimos entre ustedes buscando su bien.*

Fase 3: Conflicto

Cualquier desafío a nuestros valores, hábitos, comportamiento, creencias y conocimientos siempre va seguido de un periodo de _______. El resultado del conflicto determina los valores, prácticas y comportamientos que defenderemos o adoptaremos en nuestras vidas. Este conflicto es a menudo más a *un nivel espiritual* que a un nivel físico. Dependiendo de la profundidad de nuestra *mentalidad arraigada,* el *conflicto puede ser una experiencia más dolorosa* en un área que en otras partes de nuestras vidas donde podemos *observar más fácilmente la sabiduría hacia el cambio y las transformaciones.*

Siempre necesitamos recordarnos a nosotros mismos lo que las Escrituras nos enseñan.

> *Efesios 6:12 RVR1960 Porque* **no tenemos lucha contra sangre y carne,** *sino contra principados, contra potestades, contra los gobernadores de las tinieblas de este siglo, contra huestes espirituales de maldad en las regiones celestes.*

*2 Corintios 10:3-6 NVI pues aunque vivimos en el mundo, **no libramos batallas como lo hace el mundo.** 4 Las armas con que luchamos no son del mundo, sino que tienen el poder divino para derribar fortalezas. 5 Destruimos argumentos y toda altivez que se levanta contra el conocimiento de Dios, y llevamos cautivo todo pensamiento para que se someta a Cristo. 6 Y estamos dispuestos a castigar cualquier acto de desobediencia una vez que yo pueda contar con la completa obediencia de ustedes.*

Este conflicto espiritual, combatido con armas y armamento espiritual, nos alinea con la voluntad y el Propósito de Dios. La esperanza es que ***la convicción nos lleve a un lugar de obediencia a Dios*** y el favor de Dios. Para algunos, la convicción puede llegar en un momento de oración y contemplación en la Palabra, para otros puede ser más un proceso.

La Transformación tiene lugar a través del conflicto.

Nuestro propósito como pastores es ayudar a nuestros discípulos en esta fase de conflicto. ***Nunca haga el conflicto de ellos su conflicto, ni le reste importancia al conflicto*** y el trauma que puedan experimentar al ***"dejar ir"*** o "dejar" atrás las cosas del pasado. ***Nunca lo tome como algo personal*** , ya que podrían desahogarse en el proceso de tratar de aceptar el cambio que se requiere para crecer en su fe y estatura en Cristo. ***Sin ser desafiados***, a través de la Palabra, el Espíritu Santo, oa través de nosotros, mientras compartimos las Verdades de la Palabra de Dios con nuestros discípulos, ***ningún cambio o transformación es posible.***

El apóstol Pablo escribió a la iglesia en Corinto y enfatizó la forma en que fueron desafiados por su carta, pero lo que es más importante, se observó claramente la convicción que trajo y la transformación final en su carácter y ministerio. Para esto confiamos en Dios por nuestros discípulos.

2 Corinthians 7:8-12 RVR1960 **Porque aunque os contristé con la carta, no me pesa,** *aunque entonces lo lamenté; porque veo que aquella carta, aunque por algún tiempo, os contristó — 9 Ahora me gozo, no porque hayáis sido contristados,* **sino porque fuisteis contristados para arrepentimiento;** *porque habéis sido contristados según Dios, para que ninguna pérdida padecieseis por nuestra parte. 10* **Porque la tristeza que es según Dios produce arrepentimiento para salvación,** *de que no hay que arrepentirse; pero la tristeza del mundo produce muerte. 11* **Porque he aquí, esto mismo de que hayáis sido contristados según Dios,** *¡que solicitud¡,* **produjo en vosotros,** *qué defensa, qué indignación, qué temor, qué ardiente afecto, qué celo, y qué vindicación! En todo os habéis mostrado limpios en el asunto. 12 Así que, aunque os escribí, no fue por causa del que cometió el agravio, ni por causa del que lo padeció, sino para que se os hiciese manifiesta nuestra solicitud que tenemos por vosotros delante de Dios.*

Esta convicción no es más que un gran conflicto que resulta en tristeza y arrepentimiento según Dios, y finalmente en una vida transformada.

Fase 4. Transformación

La cuarta fase se define por ser transformado en tu vida. Aprendí sobre transformadores en la escuela. Los transformadores toman un tipo de electricidad de una fuente y la transforman en otra forma y consistencia en el otro extremo. *La transformación tiene lugar cuando ponemos nuestro viejo yo como arcilla en las manos del Dios Todopoderoso,* nos sometemos a él, permitiéndole que nos forme y cree algo hermoso en nuestras vidas.

"La transformación es el proceso mediante el cual nuestra vieja naturaleza, que abarca nuestra voluntad, intelecto, emociones, valores, hábitos, ambiciones y prácticas, es transformada por un proceso

combinado de someternos a nosotros mismos, con la voluntad de cambiar permanentemente, junto con el deseo del Espíritu Santo para traer la santificación y la creación renovada en el otro extremo"

Una vez que llegamos a un lugar de convicción, como aquellos guiados por el Espíritu Santo, y constantemente bajo Él obrando consagración en nosotros, nos arrepentimos, cambiamos y nos volvemos para bien. Este cambio se llama *transformación.*

> *1 Corintios 7:11 11 CST (Nueva Versión internacional Castilian)*
> ***Fijaos lo que ha producido en vosotros esta tristeza que proviene de Dios:*** *¡qué empeño, qué afán por disculparse, qué indignación, qué temor, qué anhelo, qué preocupación, qué disposición para ver que se haga justicia! En todo habéis demostrado vuestra inocencia en este asunto.*

Dios tiene nuestro mejor interés en el corazón, y nosotros también debemos hacerlo por aquellos a quienes dirigimos y cuidamos durante su proceso de transformación. ***Recuérdese constantemente a sí mismo***, y a sus líderes el objetivo que tenemos ante nosotros. ***Mantengamos nuestros ojos enfocados en la meta de llegar a ser y ser como Jesus.***

> *Filipenses 2:5 NVI castilian* ***Vuestra actitud debe ser*** *como la de Cristo Jesús:*

> *Filipenses 3:10 NVI* ***Lo he perdido todo a fin de conocer a Cristo,*** *experimentar el poder que se manifestó en su resurrección, participar en sus sufrimientos y llegar a **ser semejante a él en** su muerte.*

Cambiar para Bien

Este tipo de cambio es bueno, ***nos convierte en mejores personas***, y ***mejores personas con quien estar***. Este tipo de cambio presenta a Jesús a los demás de una manera real y transferible. Este cambio provoca

cambios en nuestra forma de hablar, nuestras acciones, nuestro comportamiento y nuestras reacciones.

Transformación

Nuestro objetivo es ver a las personas transformadas en su persona, carácter y naturaleza. *Deseamos equiparlos con todo lo bueno que los lleve a ser completamente transformados hasta que Cristo sea formado en ellos.*

> *Romanos 12:2 NVI No se amolden al mundo actual, sino **sean transformados mediante la renovación de su mente.** Así podrán comprobar cuál es la voluntad de Dios, buena, agradable y perfecta.*

> *2 Corintios 3:18 NVI Así, todos nosotros, que con el rostro descubierto reflejamos como en un espejo la gloria del Señor, **somos transformados a su semejanza** con más y más gloria por la acción del Señor, que es el Espíritu.*

El propósito de la transformación es que Cristo sea formado en nosotros. Nuestro trabajo como pastores es ayudar a nuestros discípulos a ser transformados hasta que Cristo sea formado en ellos.

> *Gálatas 4:19 Queridos hijos, por quienes vuelvo a sufrir dolores de parto **hasta que cristo sea formado en ustedes,***

El apóstol Pablo habla de la meta de Dios y los medios de ver a su pueblo equipado y movilizado para el servicio. *Somos mucho más eficaces en la edificación de la Iglesia cuando somos maduros y Cristo se formó en nosotros.*

> *Efesios 4:12 **Su intención era el perfeccionamiento y el completo equipamiento de los santos** (Su pueblo consagrado), [que debían*

hacer] la obra de ministrar hacia la edificación del cuerpo de Cristo (la iglesia),

*Romanos 8:29 NVI Porque a los que Dios conoció de antemano, también los predestinó a ser transformados **según la imagen de su Hijo**, para que él sea el primogénito entre muchos hermanos.*

*1 Corintios 15:49 NVI Y, así como hemos llevado la imagen de aquel hombre terrenal, **llevaremos también la imagen del celestial.***

Dios desea que llevemos la imagen de su Hijo así como llevamos la imagen de nuestra naturaleza adámica. Esto es posible con el poder del Espíritu Santo.

"La transformación tiene lugar cuando combinamos ser vulnerables, transparentes y humildes, con la _______ y la apertura para ______ y renovarnos en la persona que Dios soñó que fuéramos."

Vulnerabilidad y transparencia

Una de **las mayores expresiones de vulnerabilidad y transparencia es cuando confesamos nuestros pecados a Dios.** Cuando estamos en una relación de pastoreo cariñoso y confesamos nuestros pecados, brinda la oportunidad de que se produzcan cambios y transformaciones.

*Santiago 5:16 NVI Por eso, **confesaos unos a otros vuestros pecados**, y orad unos por otros, para que seáis sanados. La oración del justo es poderosa y eficaz.*

*Hechos 19:18 Muchos de los que habían creído llegaban ahora y **confesaban públicamente sus prácticas malvadas.***

Se necesita mucha humildad para decirle a tu "pastor" que has pecado y que necesitas ayuda y perdón. Requiere un ambiente de amor y aceptación en el que se le pueda hacer responsable de apartarse de los caminos y prácticas perversas. Como pastores de Dios, deseamos ver a nuestros discípulos apartarse de los caminos mundanos para caminar de manera piadosa y ejemplar.

Entonces, el primer paso es mantener el enfoque claro en nuestros corazones y mentes, que servimos como Sus siervos para equipar a nuestros discípulos para que sean transformados a la semejanza de Cristo Jesús. Para hacer esto de manera eficiente, *necesitamos crear un entorno donde las personas puedan ser vulnerables y transparentes,* pero también donde se les pueda hacer responsables, *para asegurarnos de que realmente cambien y se transformen en las personas que Dios desea que sean.*

Edificar

Nuestro objetivo está definido: que *el cuerpo sea edificado en El*!

> *Efesios 4:12-13 NVI "a fin de capacitar al pueblo de Dios para la obra de servicio, **para edificar el cuerpo de Cristo. 13 De este modo, todos llegaremos a la unidad de la fe** y del conocimiento del Hijo de Dios, a una humanidad perfecta que se conforme a la plena estatura de Cristo."*

Nuestra oración es que crezcas en la comprensión de estas habilidades simples pero poderosas que te asistirán para ayudar a tus discípulos, a desarrollar relaciones profundas y que avancen en el reino.

HOJA DE ASIMILACIÓN
DESARROLLAR RELACIONES PROFUNDAS Y SIGNIFICATIVAS

1. Complete la declaración. *La parte más eficaz del pastoreo es* **proporcionar un lugar donde la vida de las personas pueda __________,** *renovarse, alentarse y edificarse.*

2. Complete la declaración. *El flujo y reflujo de cómo desarrollamos una relación con un propósito requiere* **"saber cómo"** *así como* **diligencia en la** __________.

3. Nombra los cuatro cuadrantes de la Ventana de Johari y explica brevemente la importancia de cada aspecto para que lo consideremos al desarrollar relaciones profundas y significativas.

- ____
- ____
- ____
- ____

4. ¿Cual es el objetivo de comprender la ventana de Johari?

____

____

5. Nombra los cinco niveles de profundización de las relaciones y proporciona una breve descripción de cada nivel.

- ____
- ____
- ____
- ____

6. Complete la oración. *Abrimos conversaciones con _______ sinceros y luego haciendo preguntas _______ para conocerlos mejor.*

7. Complete la oración. *Compartir algo _______ sobre aquellos a quienes se presenta, siempre establece un buen punto de partida positivo para comenzar nuevas relaciones.*

8. Nombra algunas áreas en las que a menudo nos enfrentamos a desafíos cuando desarrollamos nuevas relaciones.

- ____
- ____
- ____
- ____
- ____
- ____
- ____

9. ¿Cuáles son las cuatro fases de la construcción de relaciones?

- ____
- ____
- ____

10. Complete la oración. *Cualquier desafío a nuestros valores, hábitos, comportamiento, creencias y conocimientos siempre va seguido de un período de _______.*

11. Definir el proceso de transformación.

____

____

____

____

12. ¿Cuál es el propósito de la transformación? Provea una escritura biblia de apoyo para su respuesta.

____

____

____

____

13. Complete la oración. *"La transformación tiene lugar cuando combinamos ser vulnerables, transparentes y humildes, con la _______ y la apertura para _______ y renovarnos en la persona que Dios soñó que fuéramos."*

25

SESIÓN CINCO: CLAVES PRÁCTICAS

Esta sesión nos proporcionará formas prácticas de liderar un grupo de manera efectiva y eficiente.

Configuración del lugar de reunión.

Establezca el lugar de reunión en un _____ en lugar de un salón de clases. Asegúrese de tener una cantidad cómoda de asientos disponibles para todos. Preferiblemente, nadie debe sentarse a un nivel más bajo que los demás. Si su cultura es cómoda para estar sentado en el piso, entonces haga espacio para que todos se sienten en el piso.Si su cultura se sienta en sillas, asegúrese de que todos se sienten a una altura razonable entre sí y de que *todos puedan ver a todos los demás en la sala.* We *Fomentemos la comunicación abierta y transparente* y este arreglo ayudará a que las personas sean abiertas y *libres para ministrarse entre sí,* así como para observar y compartir juntos.

WWM's

Una vez que reunimos a nuestros discípulos en un grupo, hay una serie de claves prácticas que nos ayudarán a coordinar estas reuniones de una manera ordenada y funcional. Hay algo que ahora se conoce comúnmente como el WWM's para el funcionamiento eficaz del grupo. El **WWM's representa: Bienvenida, Adoración, Ministrar, y La Palabra, Testigo (testimonio), Misión.** Estas 4 W's y 2 M's forman el esquema general de nuestros *60-90 minutos juntos como grupo.* Veamos estas 6 partes integradas para liderar un encuentro grupal efectivo.

Bienvenida

1. Da la Bienvenida personalmente a las personas a tu casa.

Dé la bienvenida a las personas cuando lleguen a su casa. Es preferible que___ encuentre con sus invitados en la puerta. Demuestra que los valoras.

- ¿Pregúnteles cómo están?
- ¿Preguntarles sobre su día?
- ¿Pregúnteles cómo se sienten?
- ¿Hacerles preguntas de seguimiento sobre el bienestar de su familia? Siempre comience con la persona y luego amplíe a la familia inmediata y otras circunstancias.

2. Conecta a las personas durante este tiempo.

Utilice este tiempo de bienvenida para ayudar al grupo a _________ mejor entre sí también, especialmente en la fase inicial de la reunión.

- **Amabilidad** - El propósito es hacerlos sentir bienvenidos y que usted se sienta bendecido de que estén allí. Recuerde, queremos pastorearlos a través de la Palabra, por los dones del Espíritu Santo y por medios naturales. Tenemos la suerte de que la gente se acerque a nosotros. Trátelos con honor y respete su tiempo y esfuerzo.
- **Hospitalidad** - Una de las mejores formas de mostrar

hospitalidad es ofrecerles algo de _____. El propósito no es tener una fiesta para beber té, sino simplemente una forma de mostrar hospitalidad y dejar que la gente se acomode y se relaje. Es solo para hacer que la gente se sienta relajada y bienvenida. Incluso un vaso de agua funcionará.

3. Oficialmente, bienvenidos a todos.

Una vez que hayan llegado todos los invitados esperados, cierre todas las conversaciones, *levantando un poco la ___ y dándoles la bienvenida a todos* por venir. Siempre declare abierta su reunión diciendo algo expectante y positivo. *"Estoy tan emocionado por este tiempo juntos. Creo que el Espíritu Santo realmente nos ministrará a cada uno de nosotros hoy,"* o *"He sido tan bendecido con la Palabra hoy. Espero poder compartir la Palabra de Dios con nosotros hoy,"* O *"Estamos muy bendecidos de poder reunirnos y compartir este tiempo juntos como amigos."*

El propósito de ese proceso de bienvenida es *ayudar a las personas a relajarse, olvidarse de los desafíos, luchas, y preocupaciones de su día*, y *adaptarse* al propósito de su presencia.

Dar la **bienvenida a las personas abre** sinceramente **su corazón a ti y a Dios.**

4. Inicie con Oración

Siempre es una gran idea abrir cada reunión en oración para establecer el tono y afirmar el propósito de la unión. Es posible que desee comenzar sus reuniones con oración o pedir a uno o más miembros de su grupo que se abran en oración. El propósito de este tiempo de oración es dar la bienvenida al Señor en medio de ustedes, y comprometer sus corazones a adorarlo, a escucharlo, a valerse de ustedes para ser instrumentos a través de los cuales Él pueda ministrar para edificar y animar a otros.

Adoración

Declare su propósito de adorar juntos.

Inmediatamente después de dar la bienvenida y orar, llame la atención de su gente sobre *el propósito* de su reunión que es *Adorar a Dios, escucharle, aprender de él, y comprometerse a su servicio.*

Liderando la Adoración

Muy pocas personas realmente tienen confianza en liderar la adoración, así que, si tiene a alguien que guíe al grupo en un momento de cantar canciones de adoración, considérese muy afortunado. Para el resto de nosotros, tenemos que prepararnos para dirigir el canto de *2-3 canciones* que se enfoca en llevar nuestra alabanza y adoración a Jesús. You can use *musica de adoracion de su coleccion de musica cristiana* si se puede hacer sin problemas.

Simplifique la Adoración.

Mi consejo es que *sea lo más natural posible*, porque la adoración no solo debe realizarse cuando nos reunimos, sino que *debemos ser adoradores de Dios todos los días de nuestra vida.* Cantar *A Capella* (sin música, solo voces) es bueno. Ayuda a las personas a escuchar sus propias voces mientras adoran a Dios.

Adoración de Corazón

La adoración debe salir de nuestro corazón para tocar el corazón de Dios. Nuestro tiempo en la adoración está dedicado para que podamos enfocarnos en Él, Su Espíritu y Su Palabra. Queremos *abrirle nuestro corazón y nuestra mente.*

Sé considerado en tu Adoración

Sea respetuoso cuando se reúna en lugares donde hay otras personas viviendo cerca de donde se encuentra. En otras palabras, no cantes tan alto que llames innecesariamente una atención no deseada hacia tu canto como para desanimar a la gente con tu adoración desconsiderada. La Adoración debe realizarse *al mismo nivel que se la presentaría a Dios durante sus propios momentos de adoración.*

Asegúrese de que las personas se conecten con Dios en la Adoración.

Asegúrese de que la adoración *lleve a las personas a conectarse con Dios.* Como líder del grupo, siempre se debe orar antes de cada reunión de grupo para que pueda liderar la adoración con su ejemplo, aunque la persona que se supone que debe dirigir la adoración no lo sea.

Recuerde que *el tiempo de adoración es para establecer la atmósfera para un tiempo de ministerio* a la gente y entre ellos.

Canta desde tu corazón y enfoca tu atención en Él.

> *Juan 4:23-24 NVI "Pero se acerca la hora, y ha llegado ya, en que los verdaderos adoradores rendirán culto al Padre en espíritu y en verdad, porque así quiere el Padre que sean los que le adoren. 24 Dios es espíritu, y quienes lo adoran deben hacerlo en espíritu y en verdad."*

Centrarse en la Naturaleza y el Carácter de Dios en la Adoración.

Una de las formas de dirigir la adoración es elegir un tema sobre la _________ y el _______ de Dios, y luego adorar a Dios con cánticos acorde a su naturaleza y carácter. Otra forma es elegir los Cantares de las Escrituras, especialmente los que aprendimos de los ______. A menudo son fáciles de aprender y recordar. El propósito es ayudar al grupo a expresar su amor y devoción a Dios, en una canción.

Ministerio

El tiempo del ministerio es uno de los momentos más impactantes de cada reunión,ya que el _________ *del Espíritu Santo satisface las necesidades de la gente.*

Sea un Instrumento de Dios

Prepárese para ser un instrumento a través del cual el Espíritu Santo pueda satisfacer las necesidades espirituales de su pueblo. El apóstol Pablo nos enseñó que deseaba reunirse, impartir algún don espiritual para fortalecer y animar a los creyentes. Deberíamos hacer lo mismo durante este tiempo de ministerio.

> *Romanos 1:11-12 NVI "11 Tengo muchos deseos de verlos **para impartirles algún don espiritual que los fortalezca**– 12 mejor dicho, para que unos a otros nos animemos con la fe que compartimos."*

Permita que Operen los Dones del Espíritu Santo.

Que los dones del Espíritu Santo se utilicen para edificarse mutuamente. Sea un ejemplo y anime al grupo a ministrarse unos a otros de manera ordenada.

Si centran su tiempo juntos en Jesús, la Palabra y Su Espíritu Santo, entonces Él los fortalecerá en su fe. Recuerda, queremos más de Él en nuestras vidas!

Este tiempo de ministerio proporcionará consuelo, cuidado, dirección, aliento e instrucción.

Limite los Llaneros Solitarios

No permita que una sola persona ministre solo o principalmente. Si va a haber esa persona, serás tú, sin embargo, tu objetivo es animar a tu grupo, quienes deberían estar todos llenos del Espíritu Santo y haber descubierto sus dones espirituales en algún momento después de que ellos hayan hecho el ejercicio espiritual. Encuentro de fin de semana de descubrimiento de regalos.

El ministerio del Cuerpo es clave durante ese tiempo.

Facilita este tiempo. No lo fuerce, sin embargo, lidere con su ejemplo. El tiempo del ministerio no es un consejo espiritual. Es escuchar lo que el Espíritu Santo le dice a su pueblo.

Alentar

Anímense unos a otros. Edifíquense unos a otros.

Llevando el Tiempo del Ministerio a su fin.

Termine el tiempo del ministerio _________, según sea apropiado compartir, lo que el Señor hizo y dijo durante este tiempo. Siempre es una manera más fácil de cerrar este tiempo de ministerio *con una ______ acción de gracias* que usted dirige.

La Palabra

Escuchar y Recibir la Palabra

El tiempo del ministerio debe *conducir a escuchar y recibir la Palabra* del Senor.

Recibir Instrucción en la Palabra

Durante el tiempo de la Palabra, inicialmente, principalmente enseñamos a nuestros discípulos los materiales de la Serie de Fundamentos de Discipulado del Paso Uno y del Paso Dos.

* **¡Nota al Profesor!** *Durante esta fase de encuentro de fin de semana, desempaquetaremos e interiorizaremos el material de encuentro de fin de*

semana, especialmente cómo podríamos ponerlo en práctica. Será ventajoso si preparas una"Palabra" adecuada a partir del material de algún Paso anterior durante este tiempo.

Eres el participante inicial de la Palabra

Durante la enseñanza de los pasos 1 y 2, sin duda será el director principal. Esto podría llevarle la mayor parte de 6 meses para completarlo. Durante los primeros 6 a 9 meses de la reunión de su grupo, usted será el maestro principal.

Directiva para Facilitar

En la *etapa inicial, será altamente* _______ *durante este tiempo de enseñanza;* sin embargo, a medida que sus discípulos pongan las cosas en práctica y dirijan sus propios grupos, descubrirá que se producirá una transición cuando les brinde una Palabra de aliento, y luego aplicación a ellos cumpliendo el llamado de Dios en sus vidas. *El objetivo es que te conviertas en un Facilitador.*

Recuerde, queremos que nuestros discípulos se conviertan en seguidores plenamente maduros de Jesús. Deseamos ver que escuchan a Dios con claridad y que ponen en práctica las mismas cosas que les enseñaron. La única forma en que esto es posible en este sentido es hacer una transición intencional de liderar de una manera altamente directiva a convertirse más en un líder que camina junto a sus discípulos mientras ponen las cosas en práctica. Este *"caminar al lado"* se llama facilitación.

Poniéndolo en Práctica

Es fundamental que recordemos siempre que nuestras discusiones en torno a la Palabra siempre deben culminar en la: *¿Como puedo poner esto en práctica en mi vida?* Si hay algo de compartir, es la confesión del compromiso de ponerlo en práctica.

Este *no es un momento para que se ventilen argumentos u opiniones.* El tiempo de la Palabra no debe ser un tiempo de disciplina.

Que se centre en la Biblia

Nuestras discusiones siempre deben basarse en lo que enseña la Palabra de Dios. Es el momento de aprender la Palabra de Dios. *La biblia forma la columna vertebral de todo el material de discipulado* que desarrollamos. Manténgalo vacío de la autointerpretación y más bien, como un niño, reciba la Palabra de Dios como Dios nos la dio.

Testigo

Testificar

Ponga fin al tiempo de la Palabra *pidiendo a las personas que* _________ de lo que el Señor hizo por ellos durante esa reunión. Los testimonios fortalecen la fe de las personas a medida que escuchan y proclaman lo que el Señor ha hecho por ellos.

Testimonios de Un Minuto

Comparta testimonios de un minuto. Asegúrese de obtener tantos testimonios como sea posible. A veces es más fácil hacer que las personas compartan durante un minuto que hacer que compartan en absoluto. Ofrece un espacio y un tiempo cómodos para compartir, así como limitar a aquellos que podrían dejar de tener la oportunidad de tomar la palabra.

Moderación de Compartir

A veces sucede que alguien puede extender la *restricción de tiempo de un minuto.* Sea prudente si le permite o cierra su testimonio. Una de las mejores formas es intervenir y decir algo como: *"Vaya, es asom-*

*broso lo que el Señor hizo por ti, escuchemos de .... Veo que están igual-
mente emocionados de compartir hoy."*

Testificar Trae Libertad

Cuando las personas aprenden el valor de compartir lo que el Señor hizo
o hace por ellos, *se vuelven más liberadas para compartir fuera* del
grupo con otras personas acerca de la bondad del Señor.

Testificar Activa la Conciencia de lo que Dios está haciendo

Este ejercicio *trae una mayor conciencia, aprecio y reconocimiento de la
obra de Dios* en nuestras vidas. Las personas se vuelven mucho más
conscientes de la obra de Dios en sus propias vidas a medida que
escuchan los testimonios de otras personas que comparten.

Anima a todos a Compartir

Algunos estarán más abiertos a compartir que otros. Nuestro papel es
atraer a las personas a compartir, destacándoles lo que sintieron que
Dios hizo por ellos. *Haz que lo vean por sí mismos.* Inicialmente
tenemos que señalárselo, pero luego los verás respondiendo a esto
por sí mismos de forma espontánea.

Mision

Concluimos nuestros *60-90 minutos junto* con la _____ *de proyección
de nuestra misión.* Es fácil desviarse de la parte de la misión, sin
embargo, hacer que el grupo se tome un momento para compartir en
grupos de dos o tres sobre las áreas principales en las que pueden
confiar en oración en el Señor para trabajar en ellas y a través de
ellas, por lo general activa la Visión que está en ellos a una misión
con Dios.

La Oración hace que nuestras intenciones se conviertan en participación activa.

El *verdadero impacto* de *declarar nuestra misión se produce* cuando *ponemos en práctica nuestras palabras de confesión* _____ por los demás y con los demás. La primera y *principal actividad* para ver cualquier *Misión cumplida*, es cuando unimos nuestros corazones para acercarnos al Trono de Dios y *orar por ella.*

- Nuestra misión es *buscar y salvar a los perdidos*, por lo tanto, dejemos que el grupo forme subgrupos de 3-4 y ore por las demás personas perdidas para que se salven.
- Nuestra misión es *hacer discípulos de todas las naciones*, entonces, en estos grupos oren unos por otros para que Dios bendiga a cada uno con *las personas mas dignas para discipular,* para hacer avanzar el Reino de Dios.
- Nuestra misión es *predicar el evangelio*, por lo tanto, ore pidiendo valentía para poder *aprovechar cada oportunidad y compartir su fe* con los forasteros.
- Nuestra misión es *ser ejemplos a seguir por otros*, por eso, oramos unos por otros para que seamos ejemplos dignos, *cartas abiertas*, que presenten a Cristo de una manera digna.

Epilogo

Cierre cada reunión de discipulado reiterando la misión a la que Dios nos llamó.

En conclusión, debemos ser buenos administradores de nuestro tiempo juntos. Dediquemos unos minutos y observemos los plazos recomendados para lograr estos seis elementos clave para concluir una reunión de impacto dinámico.

Líneas de Tiempo para las reuniones

Bienvenidos

La bienvenida no debe extenderse más de 10-15 minutos. Cuanto más tiempo tome, más difícil será volver a centrar la atención de la gente. *Deje que la gente llegue unos 5 minutos antes de la hora establecida y dé la bienvenida a la gente a tiempo para mostrar respeto por aquellos que llegaron a tiempo.* Si se demora en la hora de inicio, es posible que las personas más dignas dejen de asistir, ya que la probabilidad de que luego también corra con el tiempo estará allí.

La *regla de oro* es esta: cuanto más dignas sean las personas a las que usted ministra, más probable será que sigan una línea de tiempo disciplinada. Hónrelos, ya que es más probable que puedan enseñar a otros.

Adoracion

El tiempo de adoración puede ser de 10-15 minutos y debe fluir sin problemas al tiempo del Ministerio.

Ministerio

El ministerio debe realizarse en un periodo de tiempo de 10-15-minutos, de modo que pueda tener unos buenos 30 minutos para compartir la Palabra o la Enseñanza durante el dia.

La Palabra

Tómese 30 minutos para enseñar la Palabra con tiempo suficiente después para discutir e interiorizar la Palabra o la Enseñanza.

Testigo

De 5 minutos para que las personas compartan su testimonio de lo que El Señor hizo por ellos durante el tiempo que pasaron juntos.

Misión

Asegure al menos 5-10 minutos al final de su tiempo de reunión *para permitir que su gente ore entre ellos*, así como para abrazar su llamado y misión juntos. Si se desborda en otras partes, encontrará que las personas aprovechan la oportunidad para disculparse durante esta conclusión vital.

Esta es probablemente la parte que catapultará más a sus discípulos a su misión y propósito para Dios. Aporta un sentido de responsabilidad y rendir cuentas mutuamente cuando comparten y oran juntos.

Si puede mantener todo esto en menos de 90 minutos, verá grandes frutos de su buena administración.

En conclusión

Como conclusión de esta sesión, abordaremos dos elementos más esenciales que nos ayudan inmensamente a liderar bien nuestros grupos:

Hospitalidad

A muchos *les encanta socializar* después de las reuniones, sin embargo, no dejes que esto sea la norma. *Más bien reunirse en otras ocasiones para el compañerismo y las comidas.* Todos vivimos en un entorno de tiempo limitado donde cada minuto cuenta, por lo tanto, dejemos en claro la expectativa para que las personas no se sientan groseras o antisociales por no demorarse más de los 90 minutos.

Siempre hay quienes quieren quedarse atrás para desempacar o asimilar juntos los acontecimientos del tiempo. Nosotros, como pastores, debemos estar preparados para ello y, de alguna manera, dar la bienvenida a esos momentos a medida que las personas se acercan a Jesús y sus corazones se abren más a Su Voluntad y propósito.

Disciplina

A veces se nos pide que corrijamos a las personas que actuaron de manera inaceptable o de una manera inapropiada, ya sea para ellos mismos o para los demás durante una reunión. Si surge la oportunidad, *pídeles que se reúnan con usted durante un momento conveniente para ambos* para discutir el incidente o la situación que se presentó.

Disciplina en privado, Alabanza en público.

La mayoría de las *ovejas están abiertas a tal corrección y guía*. Las cabras nunca están abiertas a la instrucción y la disciplina. Recuerde, este es el pueblo de Dios que dedicó sus vidas a Cristo y usted los está guiando en su nombre. Recuérdeles que *usted está allí para cuidarlos* y que *su comportamiento o acciones avanzan o frustran el propósito de Dios*, tanto en sus vidas como en las vidas del resto del grupo. *Disciplinar en privado* en la medida de lo posible y apropiado. *Alabe en público!*

Finalmente, disfruta de las reuniones, ya que es aquí donde verás a extraños convertirse en la familia de Dios. Es aquí donde observarás la Gracia de Dios en acción. Es aquí con ellos donde crecerás y madurarás en tu fe y confianza en el Espíritu Santo. *Disfrútalo!*

HOJA PARA ASIMILACIÓN
LAS CLAVES PRÁCTICAS

1. Completa la oración. *Establezca el lugar de reunión en un _______ en lugar de un salón de clases.*

2. ¿Qué significa el acrónimo WWM? _________________________________

____

____

3. ¿Cuáles son los cuatro ingredientes principales para dar una buena Bienvenida? ____

____

____

____

4. Completa la oración. *El propósito de este proceso de bienvenida es ayudar a las personas a ________, olvidarse de los desafíos, las luchas y las ___________ de su día, y adaptarse al propósito de su presencia. Dar la bienvenida a las personas abre ___________ su corazón a ti y a ____.*

5. Completa la oración. *El propósito de su reunión es adorar _______ a Dios, escucharle, ________ de Él, y comprometerse a su _______.*

6. ¿Como sabemos que es la voluntad de Dios tomar tiempo para adorar? Proporcione una Escritura para su respuesta.

____

____

____

7. ¿Qué sucede durante el tiempo del Ministerio y por quien es ministrado?

____

____

8. Ministrar al cuerpo es importante durante el tiempo de ministerio. ¿Qué Escritura nos exhorta a ministrar al Cuerpo? _______________

____

9. Hay dos partes claves para cerrar el tiempo de Ministerio. ¿Cómo cerramos el tiempo de ministerio?

____

____

10. Hay una transición intencional que debe tener lugar en Cómo enseñamos y equipamos a nuestros discípulos durante el tiempo de la Palabra. ¿Cómo estamos enseñando inicialmente y hacia dónde pretendemos hacer la transición? _______________

____

____

____

____

11. ¿Cuáles son las dos partes y enfoques esenciales durante el tiempo de la Palabra? _______________

____

____

12. Durante el tiempo de Testimonio de nuestras reuniones, ¿Cuánto tiempo debemos animar a que duren los testimonios? _____________

____

13. Nombra los posibles resultados de este tiempo de testimonio?

____

____

____

14. Completa la oración. *El verdadero impacto de declarar nuestra misión se produce cuando ponemos en práctica nuestras palabras de confesión* _____________ *por los demás y con los demás.*

15. Nombra los cuatro enfoques principales de nuestra Misión.

____

____

____

16. Proporcionar la asignación de tiempo sugerida para cada uno de los enfoques esenciales de una reunión de grupo.

    1. Bienvenida - _____________________________________

    2. Adoración - _____________________________________

    3. Ministerio - _____________________________________

    4. La Palabra - _____________________________________

    5. Testigo (testimonios) - ___________________________

    6. Misión - ____

17. Completa la oración. *Trae un sentido de responsabilidad y de rendir cuentas* _________ *cuando comparten y* ______ *juntos.*

18. Completa la oración. *Disciplina en* ______ *y alabanza en* ______!

26

SESIÓN SEIS: APLICACIÓN PRÁCTICA

Liderar un grupo es un ejercicio bastante desafiante que también requiere cierta comprensión. En esta última sesión veremos dos áreas prácticas adicionales: *El proceso de equipamiento,* así como *las _____ de formación de un grupo cohesionado que funcione bien.* Ambos son igualmente esenciales para nuestra comprensión, así como para mantenernos cuerdos durante los tiempos tumultuosos que todos atravesamos cuando reunimos a personas de diferentes orígenes y valores, especialmente cuando se trata de discipulados como seguidores de Cristo.

Proceso de Equipamiento

El *proceso de equipar* se ocupa de *equipar intencionalmente* hacia la *transición de la _____* *y la rendición de cuentas* de nosotros mismos a aquellos a quienes dirigimos y cuidamos. Este es un proceso particularmente delicado para llevar, en su mayoría personas adultas, desde la infancia espiritualmente a ser seguidores de Cristo plenamente maduros.

Al igual que con los niños, *durante sus primeros años,* la relación está liderada por nosotros siendo *altamente directivos e instructivos.* A medida que nuestros hijos *crecen*, los hacemos cada vez *más responsables* de sí mismos. Inicialmente les cepillamos los dientes, pero después de un tiempo les enseñamos a hacerlo con nuestra supervisión, y aún más tarde, durante muchos años en algunos casos, tenemos que preguntarles a diario si se cepillaron los dientes. Sin embargo, hay un punto en el que esto ya no es necesario en circunstancias normales. Esta etapa inicial de instrucción altamente directiva no nos define como controladores y manipuladores, es simplemente un papel esencial que debemos desempeñar, ya que nos preocupamos por el bienestar de nuestros hijos.

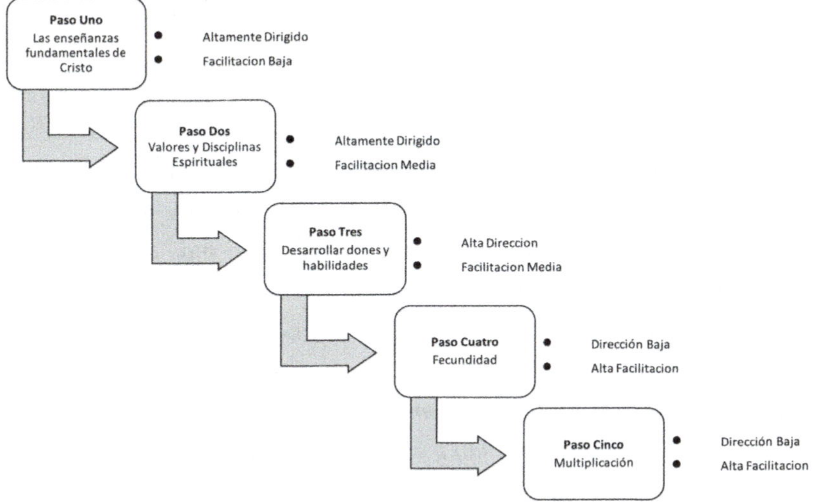

El proceso de discipulado se desarrolla desde un enfoque inicial *altamente dirigido* y sin facilitación, hasta relacionarse en última instancia con instrucción *baja en dirección* y *alta en facilitación*.

Aprendizaje dirigido

Directiva – significa que *diriges el curso del pensamiento*. Instruye con un alto sentido de compartir una verdad irrefutable, lo que significa que no está en discusión.

Cuando usamos el aprendizaje dirigido, equipamos a nuestros discípulos enseñándoles los principios de la Palabra de Dios, tanto al compartir los principios de la Palabra de Dios, pero lo que es más importante, dándoles un ejemplo vivo, a través de la aplicación en su propia vida. *En el aprendizaje dirigido ______, ________, y dirigimos el curso del aprendizaje y la comprensión.*

Facilitando el Aprendizaje

Facilitación – esto quiere decir que usted *proporciona una ___ más enfatizada*, al *hacer preguntas abiertas y de _______*, sobre cómo aplicar los contenidos, más que compartir una información para que sea asimilada.

Para que se produzca una verdadera transformación en este proceso de equipamiento, debemos dar mayor prioridad a crear y proporcionar un ejemplo del que otros puedan aprender, más que ser un transmisor de nueva información. Este aspecto de aprendizaje a través de este proceso de equipamiento *se capta más que se enseña.* Debe *verse y observarse de primera mano* para que los demás lo comuniquen, comprendan y reciban de manera eficaz.

> *2 Timoteo 1:5 NVI Traigo a la memoria tu **fe sincera, la cual animó primero** a tu abuela Loida **y a tu madre** Eunice, y ahora, te anima a ti. De eso estoy convencido.*

Las cosas que el apóstol Pablo animó a enseñar a su hijo espiritual, Timoteo, estaban vivas y eran observadas por otros miembros de su familia, y también en él. Se le animó a enseñar la Palabra pero también con el énfasis de ser un ejemplo para los creyentes. Repetidamente leemos sobre '*enseñar*' y '*mi forma de vida*' en la misma frase u oración. Estos fueron acoplados y este debería ser nuestro enfoque también.

*2 Timoteo 3:10 NVI Tú, en cambio, **has seguido paso a paso mis enseñanzas, mi manera de vivir,** mi propósito, mi fe, mi paciencia, mi amor mi constancia,*

*1 Timoteo 4:11-13 NVI 11 **Encarga y enseña estas cosas.** 12 Que nadie te menosprecie por ser joven. Al contrario, **que los creyentes vean en ti un ejemplo a seguir** en la manera de hablar, en la conducta, y en amor, fe y pureza. 13 En tanto que llego, dedícate a la lectura pública de las Escrituras, y a enseñar y animar a los hermanos.*

*1 Timoteo 4:15-16 NVI 15 Se diligente en estos asuntos, **entrégate de lleno a ellos, de modo que todos puedan ver que estás progresando.** 16 **Ten cuidado de tu conducta y de tu enseñanza.** Persevera en todo ello, porque así te salvarás a ti mismo y a los que te escuchen.*

Nada impacta tanto a los demás como un *ejemplo* ____. Mandamos y enseñamos estas cosas desde el momento en que las vivimos.

Proceso de Dirección

Cuando comenzamos el viaje del discipulado con nuevos creyentes, especialmente durante *el paso uno y dos* donde *les damos instrucción* para *construir una base sólida* para su fe, así como también les enseñamos los *valores del Reino de Dios* y *las disciplinas espirituales* para mantener su crecimiento y desarrollo, desarrollo en el Señor, *nuestro enfoque es proporcionar instrucción altamente dirigida.* Este enfoque altamente dirigido será apreciado y seguido cuando modelamos las mismas cosas que enseñamos. *Cuanto más visible se pueda observar nuestra enseñanza dirigida* en nuestras vidas, *más impactará nuestra enseñanza* en aquellos a quienes guiamos en el Señor.

Cuando procedemos al *Paso Tres en el proceso de Discipulado*, los equipamos a lo largo de *un camino compartido de instrucción y* _________. Les enseñamos y facilitamos que descubran y desarrollen formas de *poner en práctica lo que aprenden*, especialmente en lo que se refiere a los demás. La clave en este Paso del Discipulado es que no solo los equipamos con habilidades, sino también con un entendimiento para la implementación futura. Por lo tanto, es importante *agregar una mayor facilitación* durante estos *encuentros de equipamiento de fin de semana* para que los discípulos no solo piensen en cómo los beneficia, sino también en cómo ayudaran a sus discípulos a crecer.

Los pasos cuatro y cinco son de baja dirección ya que estamos trabajando con *discípulos que se han convertido en amigos*, colaboradores y socios en el avance del Reino de Dios. Tenemos un enfoque *de baja dirección de equipar,* ya que el énfasis *se inclina más hacia el estímulo* para ser un mejor ejemplo y, al mismo tiempo, equipar a sus discípulos *con herramientas para afilar habilidades y mantenerlos* enfocados intencionalmente en la tarea en cuestión. *La parte directiva comienza a disminuir a medida que sus discípulos asumen su relación personal con El Espíritu Santo,* quien es el máximo maestro de todos nosotros.

Seguimos siendo sus pastores y, como tales, siempre continuaremos guiándolos en su caminar con Dios. *Siempre brindaremos atención, orientación, protección y provisión* para su crecimiento y bienestar, y es aquí donde siempre quedará *un componente de baja directiva.* En general, el liderazgo efectivo en esta etapa del crecimiento de nuestro discípulo, *la facilitación es la clave.*

Proceso de Facilitación

La Facilitación sólo se vuelve esencial una vez que se ha instruido en los caminos, *principios* y *valores del reino de Dios.* Una vez que a sus discípulos se les ha enseñado en un área, sólo entonces comienza el proceso de facilitación.

Abierto a Preguntas

El proceso de facilitación se basa en hacer preguntas abiertas, de observación y de aplicación. Las _______ *abiertas* son aquellas que normalmente comienzan con *'Cómo,' 'Qué,' 'Cuándo,' y 'Dónde,'* que requieren algo más que una **respuesta de si o no**.

Preguntas de Observación

Las preguntas de observación son más invasivas porque requieren respuestas bien pensadas. La '_____ *Serendipity* ' es un buen recurso para preguntas de observación y aplicación, en casi todas las partes de las Escrituras en la Biblia.

Las Preguntas de Observación cuestionan el:

"¿Qué aprendo yo (en primera persona) de esta Escritura o enseñanza?"
"¿Qué mensaje en esta Escritura se dirige a áreas de mi vida?"

Preguntas de Aplicación

Preguntas de _________ y respuestas, principalmente, will *proporcionará soluciones* o en el *'Cómo' ponerlas en práctica*. Por ejemplo:

"¿Cómo puedo hacer esto?"
"¿Qué necesito hacer para poner esto en práctica?"
"¿Dónde empiezo?"
"¿Cuáles son los pasos que debo tomar para que esto sea cierto en mi vida y circunstancias?"

Habilidad de Escuchar

Para que estas preguntas tengan el *impacto transformador* por el que oramos, también debemos aplicar nuestras *habilidades de* ______ *para oír* lo que se comunica de forma *oral y no verbal*. La Biblia nos enseña la importancia de escuchar antes de hablar.

~

Santiago 1:19 NVI Escuchando y haciendo "19 Mis queridos herma-
nos, tengan presente esto: _____ deben estar listos para escu-
char, y ser lentos para hablar y para enojarse,"

Proverbios 18:13 NVI "13 Es necio y vergonzoso responder antes de
escuchar–."

Para que seamos eficaces a la hora de facilitar la transformación de nuestros discípulos, debemos *prestar toda nuestra atención cuando nuestra gente habla.*

Aquí tenemos algunos buenos consejos sobre *Cómo ser un buen oyente*:

- *No los interrumpas* cuando hablen.
- *Discernir el espíritu subyacente* del que hablan.
- *Presta atención* a su *comunicación no verbal.*
- *Repite los puntos claves* de lo que están diciendo, para que sepan que *los estás escuchando,* así como también sirve para comunicar que *escuchaste sus principales preocupaciones, luchas o énfasis, y da la oportunidad de aclarar lo que estás escuchando.*
- *Haga preguntas para clarificar.* Por lo general *los alienta a hablar más, especialmente* cuando *tienen la sensación de que parece haber captado algo* que intentaron comunicar.
- *No saques conclusiones* apresuradas.
- *No juzgues a aquellas* personas que tuvieron el coraje de abrirse y hablar. *Esta es una oportunidad para ayudar a su transformación,* especialmente cuando *sigue su apertura* con *palabras de misericordia y gracia y ofrece consejos prácticos* sobre los próximos pasos.

Escuchar bien a menudo llevará a sus discípulos a una mayor _____ y autorrevelación, lo que a su vez podría conducir a una relación más profunda y significativa, y *una relación más profunda con el Señor.*

¡Recuerda la ventana _____!

Habilidades de Comunicación

Es de conocimiento común que las personas recuerdan solo alrededor del _% *de lo que escuchan* (**Verbal.**) El énfasis que ponemos en nuestras palabras (**no verbales**), acelera nuestras palabras con otro _%, sin embargo, la forma en que nos posicionamos (**para-verbal**) agrega otro _% a nuestra comunicación efectiva.

Si desea desglosar esto para comprender mejor cómo podemos usar nuestras *habilidades de comunicación Verbal, Paraverbal y No verbal,* para tener el máximo impacto cuando compartimos, necesitamos expandir estas tres dimensiones a muchas más para incluir la comunicación *escrita,* comunicación *emocional*, y la comunicación *auditiva.*

Todos nos comunicamos todos los días, en cada situación, hagámoslo intencionalmente o no, siempre nos comunicamos. La conciencia que deseo dejarles hoy es que *hay formas de comunicar que son más efectivas y beneficiosas* para que tengamos un mayor impacto cuando pretendemos guiar a las personas en su caminar con Dios.

Las Cosas a Considerar cuando te comunicas son:

- *Tu elección* y *uso del lenguaje* sobre el de cualquier otra persona en la sala.
- *El uso intencional* y *el significado de las palabras* que eliges usar cuando hablas.
- *La forma en que estructuramos nuestras oraciones* tiene un impacto determinado.
- *El timbre, tono y ritmo de nuestra voz lo dice todo*, y ha determinado diferentes significados e impacto.
- *El volumen que usa* (bien sea *alto o bajo*) puede suavizar o afectar igualmente una conversación.

- *La velocidad con la que hablamos* tiene un impacto determinado en qué y cómo nos comunicamos.

Lo *importante, es que los equilibremos con una predeterminación constante para equipar al enseñar cosas* que son tanto *como observables en nuestras vidas*, así como *asegurarnos* de que *nuestros discípulos realmente las aprendan* y *practiquen* en sus propias vidas.

Podemos ser tontos si simplemente traemos una enseñanza sin observar si "*la atendieron*" o si realmente la pusieron en práctica. *Nuestro llamado es asegurarnos* que *pongan en práctica* lo que enseñamos. Una vez escuche esto: "*no has enseñado hasta que han aprendido.*"

Conclusión de las habilidades de Comunicación

Siempre es más fácil enseñar y discipular, a los nuevos creyentes que a las personas que han sido siempre "de Iglesia". Los nuevos creyentes son como esponjas en su fe recién descubierta y están abiertos a aprender todo lo que puedan '*ser como Jesus.*'

Mi oración es que *el Señor te use para llegar a las 2/3 de la población mundial* que nunca han entregado su vida al Señor. Oro para que sean como ovejas y no cabras. Oro para que quieran aprender y que la semilla de la Palabra caiga en buena tierra. Oro para que cumplan con el Llamado de *enseñarles a obedecer todo lo que les he enseñado.*"

Etapas de la Formación de un Grupo

Al liderar y desarrollar un grupo de discípulos para formar un cuerpo cohesionado de creyentes que vivan juntos en armonía y trabajen hacia una meta y un propósito común, también necesitamos comprender las diversas etapas por las que atraviesa un grupo hasta que lleguen a la unidad y tengan un propósito como grupo.

Diagrama: Etapas de Formación

Etapa de Formación

La primera es la etapa de _________ en la que *reunimos a personas que antes no estaban relacionadas.* Durante esta etapa la gente se encuentra *siendo cortés y educada,* dado que es una reunión cristiana, y no se conocen mucho. La *comunicación* típica de *nivel 1 y 2* se experimentará cuando *las personas hablen en clichés* y se evalúen entre sí con respecto a la *comunicación real que se produce.*

Etapa de Desafío

La segunda etapa es donde las personas en el grupo *comienzan a* _________ *entre sí con lo que comparten, defienden, o incluso con respecto a su participación,* o no participación en el grupo. *La etapa de desafío es una etapa cortes* en las que *las personas se ejercitan entre sí para encontrar algún tipo de jerarquía* en el grupo.

Este no es realmente el mayor desafío para formar y liderar un grupo unificado y con propósito. *La clave* es *devolver cada diversión al propósito del grupo* y *apelar a su decisión y compromiso de seguir a Cristo* y crecer en Él como su Señor y Maestro. Durante esta etapa experimentará *el nivel 3 de construcción de relaciones* a medida que las *personas comienzan a compartir y evaluar ideas y* ________.

Durante *esta etapa del desarrollo del grupo,* debemos tener en cuenta que *a.) estas son ovejas*, que necesitan ser pastoreadas en su vida y propósito dados por Dios, y *b.) están asimilando nuevas ideas y conceptos* que, en su mayor parte, son *ajenos a los que se enseñan en el mundo*, y *c.) están haciendo esto mientras crecen y desarrollan nuevas relaciones* dentro de un entorno relacional nuevo y, a menudo extranjero. *Son desafiados* y enfrentan estos desafíos *simultáneamente* en algunos niveles diferentes al mismo tiempo.

La etapa de desafío consiste en ser desafiado *relacionalmente, desafiado espiritualmente* y *desafiado culturalmente.* A menudo se sienten *desafiados personalmente* en lo que se refiere a su crecimiento y asimilación de los valores y disciplinas del Reino de Dios. Se enfrentan *a desafíos relacionales,* ya que sienten la sinergia y la responsabilidad mutua que se está desarrollando en el grupo.

Como pastores, esto exige nuestra profunda oración e intercesión por y en nombre de ellos. *Muchas personas* pueden sentirse *abrumadas* por este *acentuado proceso de cambio y transformación.*

Algunos ______ y *otros* ______ cuando se dan cuenta *del desafío que los llama a "entrar en conflicto" hacia una nueva vida en Cristo.*

Etapa de Conflicto

La etapa del conflicto es donde las personalidades entran en ________ *entre sí.* El *nivel de tolerancia* de muchas personas parece *estar probado más allá de su madurez espiritual.* A menudo se encuentran en *conflicto contigo* como el que trae estas cosas nuevas a sus vidas.

¡No lo tomes personal!

Las personas a menudo te desafían sobre *las cosas que les enseñas*, y *las formas de la Palabra* que les presentas. A menudo, estos *conceptos y valores nuevos*, los llevan a un lugar donde se dan cuenta de que *necesitan tomar decisiones que cambian la vida*. A menudo, debido a la Gracia de Dios y la obra poderosa del Espíritu Santo, se *arrepienten, cambian y se transforman*, pero a veces *no antes de un gran conflicto* dentro *de sí mismos* o *con otros* con quienes conviven. *Espere el conflicto*, pero recuerde, es porque se están *transformando de la oscuridad a la luz*, de la muerte a la vida.

Etapa de Restauración

La Etapa de Restauración es donde las cosas se restauran a la nueva _____. Descubre que *pasan* de un *estilo de vida antiguo a uno nuevo*. Veras como *cambia su lenguaje*, sus *modales*, y su *comportamiento*. Verás un nuevo *entusiasmo y sinceridad en su caminar* con Dios. Siempre recuerdo 2 Corintios 7 cuando veo esta *transformación*.

> *2 Corintios 7:11 NVI Fíjense lo que ha producido en ustedes esta tristeza que proviene de Dios:* ¡qué *empeño*, qué *afán por disculparse*, qué *indignación*, qué *temor*, qué *anhelo*, qué *preocupación*, que *disposición para ver que se haga justicia!. En todo han demostrado su inocencia en este asunto.*

Durante la etapa de Restauración, verá a los discípulos participar *activamente en la Palabra, el Espíritu Santo y la vida cristiana*. Observará su *seriedad y entusiasmo*. Observaras como se *aceptan en amor el uno con el otro*. Verás cómo *se restauran las relaciones*. Observará *humildad y humanidad* en aquellos que salieron de la etapa de conflicto.

Los *primeros _____ de una verdadera transformación* serán su *entusiasmo por hacer algo para marcar la diferencia*. Son estos comentarios y conversaciones los que llevarán al grupo a la siguiente etapa de su formación, que es *convertirse en el Cuerpo de Cristo y cumplir con su propósito dado por Dios.*

Etapa de Misión

La etapa de la Misión es donde ves a estos *discípulos comenzar a* ________ *su fe, guiando a* ____ *a Cristo, formar sus* ______ *grupos de disci-*pulado, y *comprometerse a ser ejemplos* contra los cuales las personas miden su crecimiento y desarrollo. *Todos hemos sido llamados con un propósito.* El cumplimiento de ese propósito viene al final de *un viaje de formación,* ser *desafiado, advertir a través del cambio, transformarse en un seguidor comprometido de Jesucristo,* y finalmente *desear servirle,* y *cumplir Su Propósito* para nuestras vidas. Dios nos está llamando a cada uno de nosotros a estar en misión con él.

Conclusión

Oro para que hayas visto estas etapas desarrollarse en tu propio grupo de vida, y oro para que ahora seas uno de esos pastores gentiles y sabios que ayudarán y guiarán a muchos a través de su transformación en la búsqueda de Cristo con todo su corazón, almas y mentes.

HOJA DE ASIMILACIÓN
LA APLICACIÓN PRÁCTICA

1. Completa la oración. *El proceso de equipar se ocupa de equipar intencionalmente hacia la transición de la ____________ y la rendición de cuentas de nosotros mismos a aquellos a quienes dirigimos y cuidamos.*

2. Completa la oración. *Durante sus primeros años, la relación está liderada por nosotros siendo altamente _______ e instructiva.*

3. Completa la oración. *El proceso de discipulado se desarrolla desde un enfoque inicial _______ dirigido y ___ facilitación, hasta relacionarse en última instancia con ____ instrucción en la dirección y ____ facilitación.*

4. Completa la oración. *En el aprendizaje dirigido _______, _________, y dirigimos el curso del aprendizaje y la comprensión.*

5. Completa la oración. *En la Facilitación proporcionamos una ____, más enfatizada, haciendo preguntas abiertas y de ________.*

6. ¿Qué proceso de Equipamiento es aplicable cuando se enseña a través de la Serie de Fundamentos y Pasos del Discipulado?

Paso Uno - Paso Uno - Las enseñanzas fundamentales de Cristo

- ____
- ____

Paso Dos - Valores y Disciplinas Espirituales -

- ____
- ____

Paso Tres - Desarrollando los Dones y Habilidades -

- ____
- ____

Paso Cuatro - Fructífero -

- ____
- ____

Paso Cinco - Multiplicación -

- ____
- ____

7. Definir Preguntas Abiertas.

____

____

8. Defina preguntas de Observación. Nombra un buen recurso que puedas usar para ayudarte a hacer buenas preguntas de observación de la Biblia?

____

____

9. Defina preguntas de Aplicación. De algunos ejemplos de buenas preguntas de aplicación. _______________________________________

____

____

____

____

10. ¿Que liberará poder transformador en nuestros discípulos cuando hagamos estas preguntas? _______________________________________

____

____

____

____

11. Describa algunas formas en las que podríamos ser mejores oyentes.

____

____

____

____

____

____

____

____

____

12. ¿Qué impacto porcentual tiene cada una de las siguientes formas de comunicación cuando nos comunicamos?

- _% *Verbal*
- _% *No Verbal*
- _% *Paraverbal*

13. Nombra las cinco etapas de la formación grupal, con una breve descripción de la etapa, así como el tipo de comunicación que existe en cada etapa.

- ____
- ____
- ____
- ____
- ____
- ____
- ____
- ____
- ____
- ____

27

SESIÓN SIETE: SESIÓN DE CONSAGRACIÓN

Hechos 20:28 NVI Tengan cuidado de sí mismos y de todo el rebaño sobre el cual el Espíritu Santo los ha puesto como obispos para pastorear la iglesia de Dios, que él adquirió con su propia sangre.

El apóstol Pablo resume su llamado a los ancianos gentiles en Éfeso con algunos cargos.

En primer lugar, los exhorta a "vigilar" sobre sí mismos. Cuídense a sí mismos, espiritual, mental, emocional y físicamente. Manténganse en sintonía con lo que el Espíritu Santo desea hacer en y a través de ustedes. Vigilantes en mantener sus conversaciones sanas y sazonadas, su ejemplo a salvo y su andar por encima de cualquier reproche.

Su segundo llamamiento es que "velen" sobre todo el rebaño del cual el Espíritu Santo los ha puesto por mayordomos. Esto es exactamente lo que el Espíritu Santo está haciendo y hará con cada uno de nosotros, Él confiará ovejas a nuestro cuidado y vigilancia en oración. Debemos tener cuidado de *"vigilar"* a los que están bajo nuestro cuidado. Esto puede comenzar con uno o dos discípulos, pero luego puede extenderse a *"velar"* por toda la congregación.

Finalmente, les recuerda que estas "ovejas" han sido "compradas con Su propia Sangre," y como sus pastores, debemos cuidar de sus ovejas.

También tenemos la exhortación del apóstol Pedro a sus hermanos judíos a través de su primera carta pastoral a ellos.

> *1 Pedro 5:2-4 NVI cuiden como pastores el rebaño de Dios que está a su cargo, no por obligación ni por ambición de dinero, sino con afán de servir, como Dios quiere. 3 No sean tiranos con los que están a su cuidado, sino sean ejemplos para el rebaño. 4 Así, cuando aparezca el Pastor supremo, ustedes recibirán la inmarcesible corona de gloria.*

El apóstol Pedro resume el corazón y el llamado del Pastor del Nuevo Testamento en estos pocos versículos. Su exhortación comienza con un cargo: "***Sed pastores del rebaño de Dios.***"

- La primera instrucción es "***ser un pastor".***
- La segunda exhortación es "***cuidar***" de las ovejas.
- El tercero es "*servir.*" En el Reino de Dios, se trata de servir, no porque tengamos que hacerlo, sino porque estamos "*dispuestos.*" Nuestra "***disposición a servir***" se ve en la medida en que estamos dispuestos a servir a aquellos a quienes Él pone bajo nuestro cuidado y supervisión. Muchas personas evitan este tipo de responsabilidad y servicio, pero aquí vemos que es "***como Dios quiere que seas.***" Dios desea que sirvamos como superintendentes de buena gana y con entusiasmo.
- La cuarta observación de esta porción de la Escritura es el énfasis de que en realidad se nos "*confía*" el cuidado de Sus ovejas. Necesitamos estar a la altura de la encomienda.
- El quinto énfasis está en "***ser ejemplos para el rebaño.***"
- El sexto énfasis es una de algunas notas de advertencia. Esta parte altamente dirigida de las Escrituras cubre

algunos *"no," "no porque debas," "no codicioso de dinero,"* y
"no dominar a los que se te han confiado."

- El énfasis final está en la recompensa por entregarse a esta
causa y propósito. Esta porción termina con una
maravillosa promesa de *"una Corona de Gloria"* para
aquellos que sirvieron al Señor de esta manera. Puede que
no haya que gloriarse en servir como Pastor en esta vida,
pero ciertamente habrá una recompensa para aquellos
que sirvan voluntariamente al Señor y a Sus Ovejas en la
eternidad.

En un momento, el apóstol Pablo le dio un encargo a su hijo espiritual Timoteo, y con eso queremos darte un encargo para que cuides de aquellos a quienes el Señor confiara a tu cuidado. La primera parte del capítulo 4 de la primera carta a Timoteo y el capítulo 4 de la segunda carta a Timoteo habla ampliamente sobre la mayordomía y nuestra parte.

1 Timoteo 4:11-16 NVI Encarga y enseña estas cosas. 12 Que nadie te menosprecie por ser joven. Al contrario, que los creyentes vean en ti un ejemplo a seguir en la manera de hablar, en la conducta, y en amor, fe y pureza. 13 En tanto que llego, dedícate a la lectura pública de las Escrituras, y a enseñar y animar a los hermanos. 14 Ejercita el don que recibiste mediante profecía, cuando los ancianos te impusieron las manos.15 Sé diligente en estos asuntos; entrégate de lleno a ellos, de modo que todos puedan ver que estás progresando. 16 Ten cuidado de tu conducta y de tu enseñanza. Persevera en todo ello, porque así te salvarás a ti mismo y a los que te escuchen.

1 Timoteo 6:11-13 NVI Encargo de Pablo a Timoteo "Tú, en cambio, hombre de Dios, huye de todo eso, y esmérate en seguir la justicia, la piedad, la fe, el amor, la constancia y la humildad. 12 Pelea la buena batalla de la fe; haz tuya la vida eterna, a la que fuiste llamado y por la cual hiciste aquella admirable declara-

*ción de fe delante de muchos testigos. **13** Teniendo a Dios por testigo, el cual da vida a todas las cosas, y a Cristo Jesús, que dio su admirable testimonio delante de Poncio Pilato, te encargo"*

*2 Timoteo 4:1-2 NVI "En presencia de Dios y de Cristo Jesús, que ha de venir en su reino y que juzgará a los vivos y a los muertos, te doy este solemne encargo: **2** Predica la Palabra; persiste en hacerlo, sea o no sea oportuno; corrige, reprende y anima con mucha paciencia, sin dejar de enseñar."*

2 Timoteo 4:5 NVI Tú, por el contrario, sé prudente en todas las circunstancias, soporta los sufrimientos, dedícate a la evangelización; cumple con los deberes de tu ministerio.

Con estas palabras queremos exhortarlos a ir y *"Pastorear el rebaño de Dios,"* como siervos voluntarios de Dios, *"velar por las Ovejas"* confiadas a su cuidado. *"Sean ejemplos"* para las ovejas en todos los aspectos de su vida, *"sean un ejemplo para los creyentes en el hablar, en la vida, en el amor, en la fe y en la pureza."* Que Dios te conceda la fuerza para resistir, la paciencia para perseverar y el valor para predicar la Palabra, aunque te sientas como si fueras la única persona en el planeta que persigue a Dios, Su Voluntad y Su Palabra.

Recuerda, ¡nunca estás solo! El Espíritu Santo siempre está con nosotros.

Traducido por: Roque A. Aronna

28

OTROS LIBROS DE DR. HENDRIK J VORSTER

Fundamentos del Discipulado

Paso Uno - LAS ENSEÑANZAS FUNDAMENTALES DE CRISTO - Manual del Discípulo

Este curso explora el "Cómo" nacer de nuevo y establecer una base sólida para su fe en Jesucristo. Se basa en hebreos capítulo 6 versículos 1 y 2, y explorar:

- Arrepentimiento de obras muertas,
- Fe en Dios,
- Bautismos,
- Imposición de manos,
- Resurrección de los muertos, y
- Juicio Eterno

Manuales del alumno y material didáctico en video estan disponibles en nuestro sitio web: www.churchplantinginstitute.com

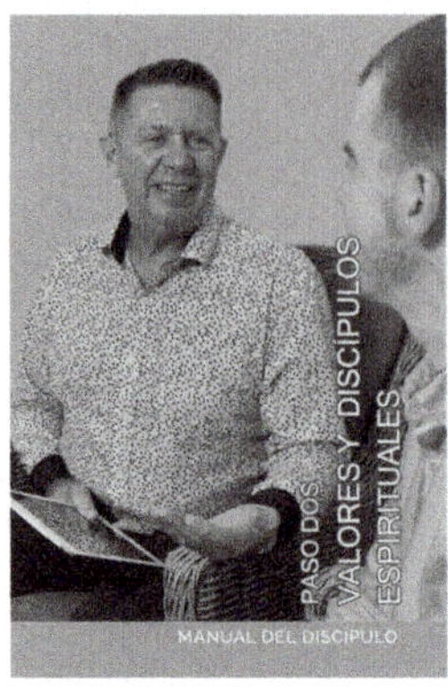

Fundamentos del Discipulado

Paso Dos - Valores y Espiritualidad Disciplinas

Este curso explora el "Cómo" desarrollar disciplinas espirituales, así como los 52 valores que enseñó Jesús. Se basa en las enseñanzas de Jesús a sus discípulos y explora:

Disciplinas Espirituales

Las disciplinas que exploramos son: Leer, meditar en la Palabra de Dios, Oración, Mayordomia, Ayuno, Servidumbre, Sencillez, Adoración y Testificar.

Valores del Reino de Dios

Humildad, Luto, Mansedumbre, Pasión Espiritual, Misericordia, Pureza, Pacificador, Paciente, aguante, Ejemplo, custodio, Reconciliatorio, Resolución, Amar, Discreción, Perdonador, Inversionista del Reino de Dios, Mente divina, Priorizador del Reino de Dios, Introspectivo, Persistente, Considerado, Conservador, Dando frutos, Practicante, Responsabilidad, Fiel, Infancia, Unidad, Servidumbre, Lealtad, Agradecimiento, Mayordomía, Obediencia, Cuidado, Compasión, Cuidar, Confianza, Firmeza, Satisfacción, Ensenable, Deferencia, Diligencia, Fiabilidad, Gentileza, Discernimiento, Veracidad, Generosidad, Bondad, Vigilancia, Perseverancia, Honra y Sumisión.

Manuales del alumno y material didáctico en video estan disponibles en nuestro sitio web: www.churchplantinginstitute.com

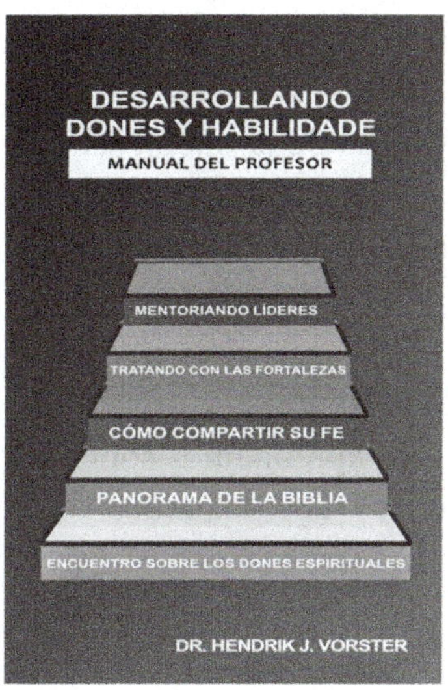

Fundamentos del Discipulado Paso Tres - Desarrollando los Dones y Habilidades

Este curso se desarrolla a través de cinco encuentros de fin de semana. Estos encuentros de fin de semana han sido diseñados para ayudar a los Discípulos a descubrir sus dones espirituales, así como a aprender habilidades para usar sus dones y servir al Señor para la extensión de Su Reino. Los encuentros de fin de semana son:

Encuentro de Fin de Semana Descubriendo los Dones

Aprendemos sobre los dones para el oficio ministerial, los dones de servicio y los dones espirituales sobrenaturales. Descubrimos los nuestros y luego aprendemos como podemos usarlos para edificar la iglesia local.

Encuesta sobre el encuentro del fin de semana Bíblico

Durante este fin de semana hacemos un estudio de la Biblia, desde el Génesis hasta el Apocalipsis. También aprendemos sobre la historia de la Biblia y sobre cómo podemos aprovechar al máximo nuestro tiempo en la Palabra.

Encuentro de Fin de Semana Compartiendo su Fe

Durante este fin de semana aprendemos sobre el mensaje del Evangelio y cómo compartir nuestra fe de manera efectiva.

· · ·

Superando el Encuentro de fin de semana

Durante este fin de semana nos ocupamos de esos cardos y espinas que sofocan el crecimiento y la cosecha de la buena semilla sembrada en nuestras vidas. Abordamos Cómo superar el miedo, la falta de perdón, la lujuria y los afanes del mundo con fe y obediencia

Encuentro del fin de semana del Pastor Lider

Durante este encuentro de fin de semana aprendemos sobre ser un buen pastor y cómo discipular mejor en un grupo pequeño.

Manuales del alumno y material didáctico en video estan disponibles en nuestro sitio web: www.churchplantinginstitute.com

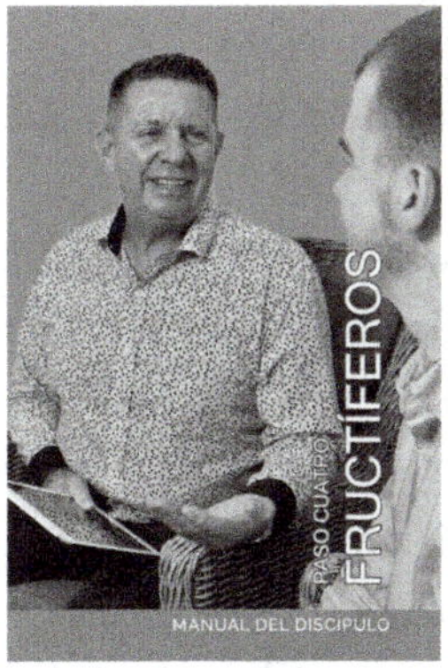

Fundamentos del Discipulado
Paso Cuatro - Discipulando a los Productores de Fruto

Fuimos salvados para servir. Este curso ha sido diseñado para movilizar a los creyentes, desde aprendices hasta practicantes. Estas sesiones han sido preparadas para uso individual, con aquellos que están dando fruto y quieren producir más fruto. Desarrollar estas áreas de manera sostenida y sistemática asegurará tanto la fecundidad como la multiplicación. Attending to these areas will ensure that you bear lasting fruit.

Exploramos:

1. Introducción.

2. Caminando con propósito.

3. Construye relaciones con un propósito. Encontrar hombres dignos.

4. Sacerdocio. Orar eficazmente por los que te han confiado.

5. Cuidar con compasión.

6. Caminando dignamente.

7. Caminando en el Espíritu.

8. Practicando la hospitalidad.

Manuales del alumno y material didáctico en video estan disponibles en nuestro sitio web: www.churchplantinginstitute.com

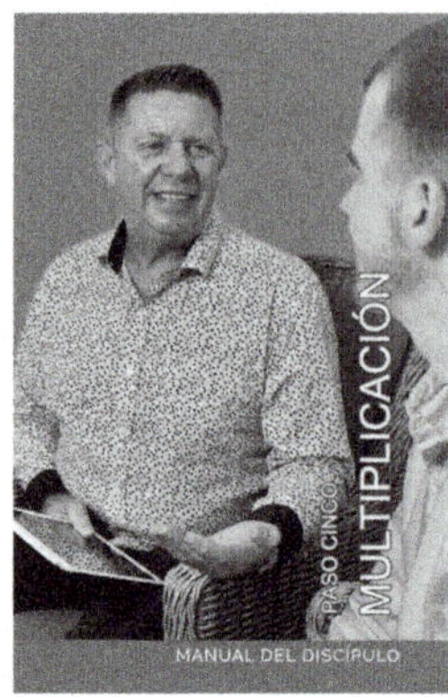

Fundamentos del Discipulado
Paso Cinco - Discipulando Hacia La Multiplicación

Este curso fue diseñado para ayudar a los discípulos productores de frutos a vivir una vida que fomente una vida fructífera. También les dará a nuestros discípulos habilidades y pautas para guiar a sus discípulos a través de temporadas de desafío y crecimiento. Este curso está repleto de principios de liderazgo para avanzar. Cuanto más se abordan y fomentan estas áreas, más experimentaremos el crecimiento y la multiplicación.

Exploramos:

1. Visión y Sueños.
2. Establezca metas piadosas.
3. Desarrollo del Carácter.
4. Desarrollo de los Dones-Impartición y Activación.
5. La fecundidad viene a través del desafío constante.
6. Relaciones: familia, hijos y amigos.
7. El Poder del Aliento
8. Finanzas- Finanzas personales y ministeriales.
9. Lidiar con los contratiempos
a. ¿Cómo lidiar con el fracaso?
b. ¿Cómo lidiar con la traición?
c. ¿Cómo lidiar con el rechazo?
d. ¿Cómo lidiar con los juicios?
e. ¿Cómo lidiar con el desaliento?
10. Recompensas eternas

Manuales del alumno y material didáctico en video estan disponibles en nuestro sitio web: www.churchplantinginstitute.com

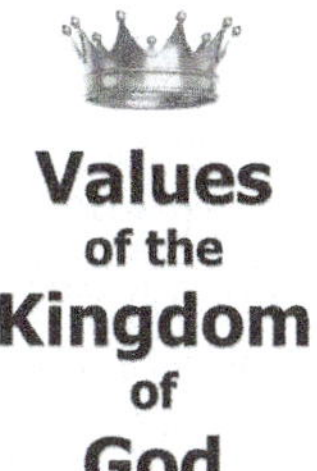

Valores del Reino de Dios

By Dr. Hendrik J Vorster

Todo el mundo desea ser conocido como un tipo de persona agradable. Este libro le ayuda a desarrollar valores hacia un carácter más piadoso. Este libro explora 52 valores del Reino de Dios

Manuales del alumno y material didáctico en video estan disponibles en nuestro sitio web: www.churchplantinginstitute.com

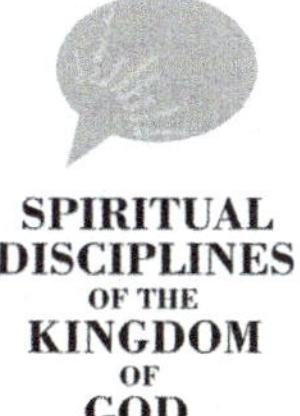

Disciplinas espirituales del Reino de Dios

By Dr. Hendrik J Vorster

Todo creyente desea ser una rama productora de frutos en la viña de nuestro Señor. Desarrollar disciplinas espirituales es desarrollar raíces espirituales de las cuales nuestra fe puede extraer savia para hacer crecer ramas fuertes y fructíferas. Este libro explora nueve disciplinas espirituales del reino de Dios.

Los libros estan disponibles en nuestro sitio web: www.churchplantinginstitute.com

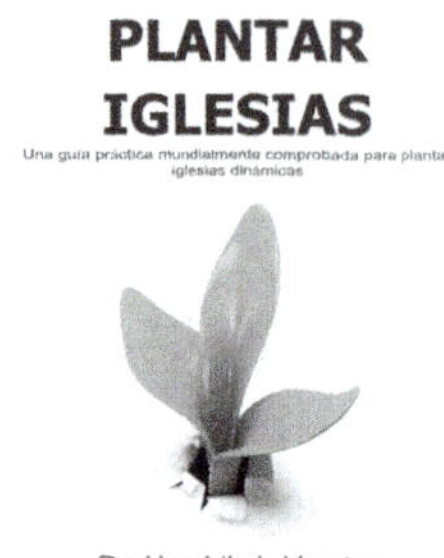

Plantación de Iglesias - por el Dr Hendrik J Vorster

Plantación de Iglesias - Como plantar una iglesia dinámica que hace discípulos.

By Dr Hendrik J Vorster

Este es un manual para aquellos que deseen plantar una iglesia que haga discípulos. Este libro explora todos los aspectos de la plantación de iglesias y se usa ampliamente en más de 70 naciones en 6 continentes. Aquí hay una lista de las áreas que se exploran:

1. El desafío de plantar nuevas iglesias

2. Fases de la plantación de Iglesias

3. Fase uno de la plantación de iglesias: el llamamiento, la visión y la fase de preparación.

4. El llamado a la plantación de iglesias

5. Doce características de los líderes de plantación de iglesias

6. Terminología de plantación de iglesias

7. Fase Dos de la plantación de iglesias: Discipulado

8. El Proceso del Discipulado

9. Fase Tres de la plantación de iglesias: congregación de los grupos de discipulado

10. Comprensión de la finanzas de la plantación de iglesias

11. Entender al personal de la iglesia

12. Fase cuatro de la plantación de iglesias: desarrollo del ministerio y fase de lanzamiento de la iglesia

13. Comprensión e implementación de sistemas

14. Fase cinco de la plantación de iglesias: multiplicación

15. Entender los desafíos en la plantación de iglesias

16. Cómo tener éxito en la plantación de iglesias

17. Cómo plantar una iglesia en casa

Manuales del alumno y material didáctico en video estan disponibles en nuestro sitio web: www.churchplantinginstitute.com

Serie de la Fundación de Discipulado en Video

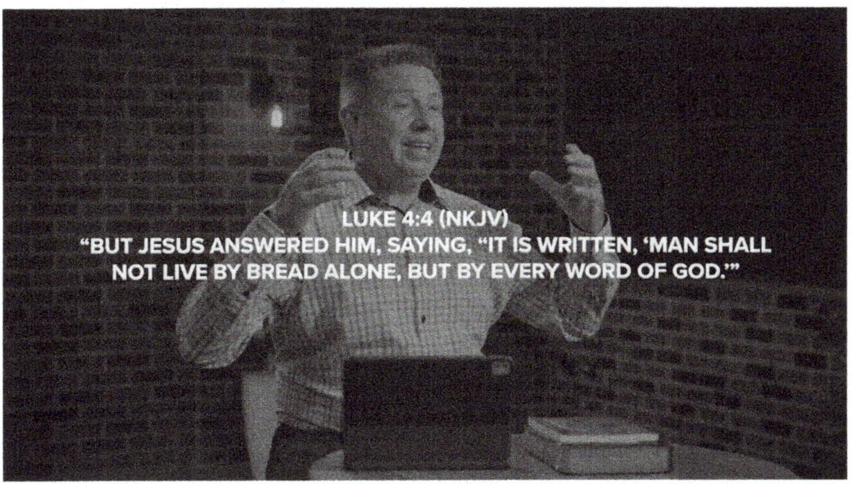

Dr. Vorster enseñando a través de video

185 Enseñanzas en Video están disponibles para cada una de las Sesiones que se enseñan a lo largo de estos Cursos de Discipulado.

Serie de la Fundación Discipulado

Tenemos cinco cursos de discipulado completamente grabados disponibles en video en www.discipleshipcourses.com

- **Paso Uno – Las Enseñanzas Fundamentales de Cristo** (Este curso de 7 semanas ayuda al nuevo Creyente a establecer y construir una base sólida para que su fe construya). Este curso está disponible, sin cargo, previa inscripción gratuita.
- **Paso Dos - Valores y Espiritualidad Disciplinas** (Este Curso de 9 semanas ayuda al joven Creyente a poner raíces espirituales, estableciendo disciplinas espirituales y aprendiendo los valores del Reino de Dios).
- **Paso tres - Desarrollo de dones y habilidades** (este curso generalmente se presenta durante 5 encuentros de fin de

semana, o durante un período de 23 semanas. Exploramos los Dones Espirituales y Cómo usarlos para edificar la Iglesia local. Exploramos la Biblia, y sus orígenes, durante una parte para asegurarnos de construir nuestras vidas sobre el Manual de la Biblia. También aprendemos a compartir nuestra fe. Aprendemos cómo lidiar con fortalezas que podrían retrasarnos en el cumplimiento del propósito de Dios. Y finalmente, aprendemos cómo guiar mejor a aquellos a quienes guiamos a Cristo).

- **Paso cuatro - Discipulado de productores de frutas** (Durante este curso de 8 semanas aprendemos cómo enseñar a nuestros discípulos los principios que desarrollarán y mantendrán la fecundidad).
- **Paso cinco - Multiplicación** (Durante este curso de 11 semanas, aprendemos cómo asesorar a nuestros líderes para liderar productores de frutas fuertes y saludables).

La inscripción gratuita para acceder a estos recursos de video está disponible en www.discipleshipcourses.com

Videos de capacitación para plantar iglesias

Dr. Vorster enseñando a través de video

42 Enseñanzas en Video están disponibles en este Curso de Plantación de Iglesias.

- Introducción a la plantación de iglesias
- ¿Por qué plantar nuevas iglesias?
- Descripción general de las fases de la plantación de iglesias
- Fase 1 - Fase de preparación
- Fase 2 - Fase de Team Building
- Fase 3 - Fase previa al lanzamiento
- Fase 4 - Fase de lanzamiento
- Fase 5 - Fase de multiplicación
- Pruebas de plantación de iglesias
- Próximos pasos

La inscripción gratuita está disponible en www.churchplantingcourses.com

Las sesiones de Coaching Avanzado están disponibles para aquellos que se inscribieron en el Programa de Capacitación de Maestría.

NOTAS FINALES

1 Miller & Huber, Stephen & Robert (2003). *The Bible: the making and impact on the Bible a history*. England: Lion Hudson. p. 21. ISBN 0-7459-5176-7.

2 https://en.wikipedia.org/wiki/Nevi%27im

3 Neusner, Jacob, The Talmud Law, Theology, Narrative: A Sourcebook. University Press of America, 2005

4 Coogan, Michael D. A Brief Introduction to the Old Testament: the Hebrew Bible in its Context. Oxford University Press. 2009; p. 5

5 Coogan, Michael D. A Brief Introduction to the Old Testament: the Hebrew Bible in its Context. Oxford University Press. 2009; p. 5

6 https://theconversation.com

7 [6] What the Bible is All About Visual Edition by Henrietta C. Mears – Gospel Light Publications, 2007. pp. 438–39

8 Bart D. Ehrman (1997). *The New Testament: A Historical Introduction to the Early Christian Writings*. Oxford University Press. p. 8. ISBN 978-0-19-508481-8.

9 *Saint Justin Martyr*, Encyclopaedia Britannica, Inc.

10 *Saint Justin Martyr*, Encyclopaedia Britannica, Inc.